当代中小学
教学改革发展研究

杜德栎　编著

DANGDAI ZHONGXIAOXUE

JIAOXUE GAIGE FAZHAN YANJIU

暨南大学出版社
JINAN UNIVERSITY PRESS

中国·广州

图书在版编目（CIP）数据

当代中小学教学改革发展研究/杜德栎编著 . —广州：暨南大学出版社，2021.9
ISBN 978 - 7 - 5668 - 3199 - 6

Ⅰ.①当⋯　Ⅱ.①杜⋯　Ⅲ.①中小学—教学改革—研究　Ⅳ.①G632.0

中国版本图书馆 CIP 数据核字（2021）第 131483 号

当代中小学教学改革发展研究

DANGDAI ZHONGXIAOXUE JIAOXUE GAIGE FAZHAN YANJIU

编著者：杜德栎

出 版 人：张晋升
策划编辑：杜小陆
责任编辑：潘江曼　梁念慈
责任校对：苏　洁　孙劭贤
责任印制：周一丹　郑玉婷

出版发行：暨南大学出版社（510630）
电　　话：总编室（8620）85221601
　　　　　营销部（8620）85225284　85228291　85228292　85226712
传　　真：（8620）85221583（办公室）　85223774（营销部）
网　　址：http：//www.jnupress.com
排　　版：广州良弓广告有限公司
印　　刷：广州市穗彩印务有限公司
开　　本：787mm×960mm　1/16
印　　张：18.5
字　　数：340 千
版　　次：2021 年 9 月第 1 版
印　　次：2021 年 9 月第 1 次
定　　价：59.80 元

前　言

　　唯改革者进，唯创新者强，唯改革创新者胜。教育要发展，根本在改革。没有中小学教学改革，教育就没有活力，也就没有创新与发展。教学改革是教育事业科学发展的根本途径和强大动力。教师是教学改革的主力军，教师素质的高低关系着教学改革的成败。因此，让师范生和教师具有教学改革意识和创新能力是深化教育改革的重要课题，对于培养创新型教师，提高教育质量，实现教育强国都有重要的现实意义。为了培养师范生和教师的教学改革意识和创新能力，1998 年，笔者还在宝鸡文理学院任教时，就给教育学专业的本科生开设了一门叫"教学改革案例研究"的课程，2010 年后更名为"当代中小学教学改革发展研究"，并开设至今，这是撰写该书的初衷，也就是从那时起，笔者为出版该书做起了准备，作为教学之用。

　　教学改革，有广义和狭义之分。广义是指教育改革，包括国家教育制度等方面的改革；狭义是指学校的教学改革，是教育工作者依据教学规律，为了优化教学生态、提高教学质量，对教学中存在的问题所进行的更新与创造活动。包括教学内容、方法、手段、模式等方面的改革。本书重点研究狭义的教学改革，并且以中小学教学改革为基本研究对象，着重探讨在中小学教学中，教师为了优化教学过程，提高教学质量，改变现有的不合理的教学行为所进行的各种教学创新活动。本书研究的重点是 1978—2018 年中国改革开放 40 年来教学改革发展的背景、成就、问题及展望等。

　　全书内容厘清一条线索，注重两个方面，介绍四种理论，展现多种方法，为的是创新教学模式，唤醒教育梦想，培养教学创新能力。

　　厘清一条线索。中小学教学改革是一种教学现象和基本教学活动，具有一般社会事件"产生—发展—结果"的基本特性，基于此，笔者在撰写本书时，思维的基本逻辑是根据当代中小学教学改革"发生的原因—目的—状态（或过程）—评价—展望"五个环节来探讨论述。这一逻辑不仅是整书的脉络线索，也是探讨每一个具体教学改革的线索。全书共九章内容，其中第一章"当代中国中小学教学改革的基本认识"为教学改革基本原理，主要探讨中小学教学改革的本质、意义、进程、影响因素等；第二章"当代中国中小学教学改革的社会背景与政策"、第三章"当代世界教学改革的主要理论"、第四章"当代世界代表性国家和地区中小学教学改革"，这三章对中小学教学改革产生的原因、条件等方面进行了全面梳理和探讨；第五、六、七三章主要探讨了我国当代最有代表性的中小学教学改革事件；第八章"中小学教学改革与教师专业发展"主要研究教师专业发展是中小学教学改革的前提、教学改革名师专业发展的基本素质及当代中国教学流派发展，突出在改革开放的新时代，培养教师创新素质是有效推进教学改革的前提；第九章"当代中国中小学教学改革存在的问题与创新策略"引导师范生和教师正确评价教学改革中存在的问题，并心系改革，大胆创新，对基础教育教学改革进行多元化创新。

注重两个方面。即在学习和研究中注重理论修养的提升与教学实践经验的积累，将继承与发展、创新相结合，做到理论能指导实践，实践能检验理论，又反过来推动理论进一步完善。

介绍四种理论。四种理论即当代中小学教学改革的人本主义理论、建构主义理论、多元智能理论与有效教学理论。

展现多种方法。书中涉及多种在中国当代产生较大影响的教学改革方法，包括黎世法异步教学法、李吉林情境教学法、张熊飞诱思探究教学法、邱学华尝试教学法、魏书生语文六步教学法、顾泠沅有效教学法、郭思乐生本教学法、窦桂梅小学语文主题教学法、洋思中学"先学后教、当堂训练"教学法、杜郎口中学"三三六"自主教学法、东庐中学"讲学稿"教学法；同时，介绍了国外的著名支架教学法、发现教学法等。

创新教学模式。在学习继承已有教学改革模式的基础上进行教学模式创新，引导师范生探讨形成符合自我教学能力的最优模式，为今后教学创新打下坚实的理性基础。

唤醒教育梦想，培养教学创新能力。认识到中小学教学改革并不是某些教师的专利，而是一切教师的基本权利。我是一名教师，我的一个梦想就是大胆进行教学改革，在继承前人教学改革成果的基础上创新教学模式，不断提高教育教学质量，培养更多优秀的人才，不断提高自身素质，掌握教学规律，形成坚定的教学信念，早日成为教学改革名师，使师范生和教师实现"丰富知识，拓宽视野；引入问题，启迪思维；激活经验，升华体验；示范点拨，训练技能；树立信念，放飞梦想"的育人目标。

唤醒教育梦想的最终目的在于培养师范生和教师教学改革的创新能力。学习教学改革知识、原理和方法等固然重要，但学习的最终目的在于培养和提升教学改革的创新能力。因此，如何培养师范生和教师的创新意识和能力是本书编写时力争实现的核心任务和目标，并作为主线贯穿全书。在这里笔者想重点表达的核心理念是，具有教学改革创新能力的教师才是最优秀的教师，才是实施有效教学的教师，才是真正的卓越教师。

　　全书主要根据笔者30多年的教学科研成果修改而成，其中，嘉应学院张霞老师承担了第四章的编写任务，嘉应学院刘义民博士承担了第八章、第九章的编写任务，硕士生卢小陶承担了本书部分章节的编写工作。在本书的撰写过程中，我们参阅、借鉴了许多学者专家的研究成果，同时得到了嘉应学院教育科学学院、教师发展中心等单位的大力支持，得到了同行的关心与帮助。嘉应学院教育学重点学科为本书的出版提供了资金资助，本书的出版也得到了暨南大学出版社的大力支持，谨此表示真挚的感谢。

　　本书既可供师范院校教育专业的师生作为教材使用，也可作为教师职后培训、教育行政管理人员及一般读者了解当代中小学教学改革发展的读物。

　　由于编者水平和能力有限，书中不可避免地存在着不足之处，敬请专家、同行和广大读者批评指正。

目　录

第一章　当代中国中小学教学改革的基本认识

教育要发展，根本在改革。没有中小学教学改革，教育就没有活力，也就没有创新与发展。教学改革是教育事业科学发展的根本途径和强大动力。

——题记

什么是教学改革？中小学教学改革有何意义？当代中国中小学教学改革的进程如何？特征是什么？有何成就？影响中小学教学改革的因素有哪些？这些是我们研究当代中国中小学教学改革首先要回答的问题。

第一节　中小学教学改革的本质与意义

一、中小学教学改革的本质

教学改革，有广义和狭义之分。广义是指教育改革，包括国家教育制度等方面的改革；狭义是指学校的教学改革，包括教学方法、手段、模式、评价等方面。中小学教学改革就是教育工作者依据教学规律，为了优化教学生态、提高教学质量，对教学中存在的问题所进行的更新与创造活动。这种更新与创造活动包括改进现有教学中存在的明显问题，以及不合理、落后、严重影响教学发展的部分，使之更加合理完善。

（一）教学改革是遵循教学规律，改进存在问题，使教学更加完善高效的活动

改进课堂教学存在的问题、优化教学生态，是我们进行教学改革的直接目的。教学过程既包括人的因素（教师和学生及相关人员），又包括物的因素如教学内容、教学设备、教学环境等众多因素，并由此组成了一个复杂多样、千变万化的系统。在这个系统中，教师、学生、教学内容是影响教学生态的内部基本因素，社会、家庭、教育行政部门是影响教学生态的外部因素，在教学生态中充分发挥这些因素的主动性是取得

教学成功的基本保证。"从生态世界观和方法论的角度而言，作为课程与教学活动系统，其最本质的特点是生态性，或曰生命性，它不是僵化的物质系统而是具有生命活力的生态系统。"① 但由于各种原因，现实教学过程中总是存在这样或那样的教学问题。如"低阶能力的目标倾向、重知轻行的价值取向、'权威—依存'的师生关系、单一化的教学组织形式和方法、程式化的教学设计和机械接受的学习方式"等②。教学改革就是要消除教学中存在的问题，重新认识与把握教学规律，激发教学生态各种因素的积极性与生命力，使教学系统发挥最大功能，产生最大的教学效益和社会效益，提高教学质量。这是教学改革的本质所在。

目前中小学教学中存在哪些问题？这是改革者在进行教学改革前必须明确的问题。首先是遵循教学规律，纠正教学活动自身存在的问题。如课堂教学是以教师为中心、从教师好教的角度来进行教学，还是以学生为中心、从学生好学的角度来进行教学，这是教学改革展开的基本点，从根本上讲，以学生为中心，从学生好学的角度建立教学体系是现代教学改革的核心，因为学生是学习的主体，教学效果最后只能通过学生的学习效果来衡量。这是课堂教学改革进行的内在动力。我国由于受传统"以教师为中心，从教师的教出发"的控制性教学模式的影响，认为理想的教学就是教师教、学生听，这种"满堂灌"的教学模式是以苏联教育家凯洛夫的教学理论为指导，在实践中形成的，具有极强的生命力。"已有教学理论传统之长，深入实践主根之深，形式硬壳之坚，传习的可接受性之强，都使今日教学改革面临着强劲的真实'对手'，教学改革要改变的不只是传统的教学理论，还要改变千百万教师的教学观念，改变他们每天都在进行着的、习以为常的教学行为。这几乎等于要改变教师习惯了的生活方式，其艰巨性就不言而喻了。"③ 这种教学模式将学生看成是接受知识的容器，忽视学生学习的主动性，教学效率不高，是有悖于教学规律而展开的教学活动，如何改变这种教学模式是教学改革面临的首要任务。

围绕教学活动是以学生好学进行还是以教师好教进行的本质革新，涉及一系列需要改变的问题，如教学设计、作业方式、教学评价、教学管理等。

---

① 汪霞. 我们的课堂生态了吗 [J]. 全球教育展望，2005 (5)：17-23.

② 钟志贤. 教学设计视域：大学教学模式的局限与走向 [J]. 开放教育研究，2007 (2)：34-35.

③ 叶澜. 让课堂焕发出生命活力——论中小学教学改革的深化 [J]. 教育研究，1997 (9)：3-8.

教学观念的革新，必然带来教学行为、思维习惯等一系列的变化。在教学中，教师的任何一种课堂教学行为的背后均有其相应的教学观念、教学思想与价值观的支撑，所以说要想真正实现教学改革，不仅要对现有教学行为进行改变，还必须对相应的教学观念及思维习惯进行改革，否则就会"穿新鞋走老路"。在课堂教学改革的过程中，许多教师往往将关注的重点放在课堂教学的阶段和环节上，注重把握课堂教学阶段的连贯性和环节的完整性，重视对课堂一招一式的改革、教学过程一段一环的增加或减少，容易忽视对课堂教学思维方式的调整和改进。因此，教学改革的深化必然要发现与解决教学中不符合教学规律的观念、行为、思维习惯等，建立与教学观念相应的教学生态，使教学更加高效完美。如现有的客观主义教学模式就是以客观主义哲学观念为依据，认为知识是客观的、稳定的、非情境化的，因此知识是外在于学习者的，是现成的和可传递的。反映在教学观上，客观主义认为教学是传递既定的、程式化的"客观知识"的过程，具有客观性和规律性。复杂的知识可以还原和分解为简单的知识，因此对知识的教学可以进行序列化的、线性化的程序设计。这样的教学活动必然具有外在控制性质，教学的实质是对学生的塑造和施加控制的过程。以这种知识观和教学观为指导产生的客观主义教学模式，就必然具有上述的低阶能力的目标倾向、重知轻行的价值取向、"权威—依存"的师生关系、程式化的教学设计和机械接受的学习方式的特征，这些特征具有极大的缺陷与不足，是当代教学改革要解决的一些主要问题。

从外部因素来讲，教学改革要解决的是课堂教学现状不尽如人意、不能满足社会对人才培养的要求等问题。如教学效率低、社会对优质教学的需求大、对培养创新人才的要求高，教学公平、教学歧视以及外部社会环境对教学活动的副作用等。

（二）教学改革是一个复杂、动态的过程

由于教学生态是由一个多任务、多层次、多要素构成的复杂系统，所以教学改革不是一个简单的、线性发展的变革过程，而是一个复杂的、动态的生态变革过程，如同一位加拿大当代著名教育家所比喻："好比一次有计划的旅程，和一伙叛变的水手在一只漏水的船上，驶进了没有海图的水域。"[①] "复杂"既源于课堂教学改革过程中所涉因素的多样性以及由各因素之间的相互作用而导致的种种不确定性、非预期性、非连续

---

① 富兰. 变革的力量：透视教育改革［M］. 中央教育科学研究所，加拿大多伦多国际学院组织，译. 北京：教育科学出版社，2004：33.

性及不可逆性，还源于因素本身的复杂性，诸如课堂中人的复杂性、教学情境的复杂性、知识本身及其选择传递的复杂性等。教学改革系统的复杂性，要求教学改革必须在教育改革之中进行整体改革，让其他各项教育改革为教学改革提供理论，指出方向，准备条件，而不能离开其他因素孤立地进行。① "动态"则意味着课堂教学改革是一个涉及各层次主体（包括教育行政人员、管理者、教师及学生）与客体（影响课堂教学的诸要素）持续不断相互作用的过程，这个过程需要主体（主要是教师）富有创造性和探索性的参与，并克服"原因—结果"的线性思维，用基于系统、整体的视角处理各种动态生成的矛盾和冲突，以应对各种偶然性和不确定性因素所带来的挑战。

（三）教学改革是改革者对教学活动进行策划，优化教学生态的活动

教学活动是由多个因素组成的系统工程。在这个系统中每个因素能否发挥最大效益，并最终促使学生全面发展是改革要解决的核心问题。正如巴班斯基所说："教学过程最优化是在全面考虑教学规律、原则、现代教学的形式和方法、该教学系统的特征以及内外部条件的基础上，为了使过程从既定标准看来发挥有效的（即最优的）作用而组织的控制。"② 为此，我们认为教学改革犹如要演出的一部戏，在这部戏中，教师是导演，学生是演员，整部戏演得好不好，关键看教师如何导演，核心是学生如何演出。教学改革的目的就是要根据教学规律改革戏中不精彩的部分，使教学活动达到艺术的境界。

为了使教学效果达到最优化，激发学生学习的积极性，就需要改革者在教学改革中学会经营教学。一是改革者要有以生为本的思想，与改革的对象与受益者处于平等的地位，共同改革、共同发展。二是要不断积累教学改革的经验与成果，犹如一家百年老店，让学生与社会其他成员能明确你所做的事情及已经取得的成就，使改革具有文化效应。三是改革者要有奉献精神和教育情怀，能投入到自己所进行的教学改革中。古今中外一切教学改革者无不是这样的。中国当代教学改革家邱学华、李吉林、魏书生是这样，国外赞可夫、杜威、艾斯奎斯也是这样。

（四）中小学教学改革是一个循序渐进的过程

课堂教学是由众多因素组成的复杂系统，关涉因素众多，加之完成教学改革过程本身的时间要求，要想在短时间内使各因素相互平衡，产生成效是一件不可能的事情。一个完整的中小学教学改革实验过程，包

① 蒋仲仁. 教育改革中的教学改革 [J]. 教育研究，1985，6（3）：30-35.
② 巴班斯基. 教学过程最优化——一般教学论方面 [M]. 北京：人民教育出版社，2007：55.

括发现教学问题、提出改革方案、验证改革方案、推广改革方案等不同环节，由于每一个环节涉及的内容、人员不同，所需要的时间也不同，但一般教学改革常常是与相应教学改革的学段同步。即小学教学改革实验一轮一般是 5～6 年，初、高中阶段一般是 3 年。这样从发现问题到最后推广，小学要 10～12 年，初、高中需要 6 年左右。那种急于求成、快刀斩乱麻的思想是不适合教学改革的。况且，课堂教学总是有累积性的，是在原有基础上发展的，缺乏继承，没有积累，课堂教学是无法持续变革并取得显著成效的。综观国内外的教育教学变革，能够达到预期目的的常常是渐进式的，而失败的变革又常常是一刀两断式的。如赞可夫的"教学与发展问题"的实验改革，1957—1977 年，他以"教育与发展"为课题，进行了长达 20 年的教育科研与教改实验。洛扎诺夫的暗示教学改革从 20 世纪 50 年代中期开始，他受到一起心理暗示疗法成功案例的启发，开始把全部精力转向暗示教学的研究，直到 1971 年，在保加利亚召开了第一次国际性暗示法讨论会，向世界其他国家推广，这个过程也持续了近 20 年。我国邱学华的尝试教学法，从 1980 年开始，进行实验研究至今已超过了 40 年。由此可知，那种主张课堂教学变革应采取激进策略，要以时不我待的精神快刀斩乱麻，尽快扭转课堂教学的现有状态和面貌的观点是不正确的。对待教学改革只能采取渐进策略，要谨言慎行、"摸着石头过河"，不能过于急躁冒进。

（五）教学改革的本质是处理好教学主客体关系，激发他们的积极性，提升教学效果

教学改革是一项涉及面很广的工作，其目标与内容具有多样性，但教学改革的本质在于如何认识教学主客体以及处理他们的关系，从而促使双方交往互动。关于教学活动中主体的概念，一般是基于认识和实践相结合的角度进行探索的，传统教学论坚持教学主体单一论，教师处于教学活动的主要地位。现在教学论主张教学过程的"主导—主体"论，即教师是主导，学生是主体。我们认为，应坚持"双主体交互论"，即在教学活动中，教师和学生都是主体，"传统的严格意义上的教师教和学生学，将不断让位于师生互教互学，彼此将形成一个真正的'学习共同体'"①。我们坚持教学的双主体交互论是基于如下考虑：教学主体应界定为教学活动的行为者，在教学活动中，教师和学生都是行为者，因而都是教学活动的主体。那种认为只有学生才是主体，教师只是主导的观点，错误区分了主导和主体的范畴，不利于教师作用的发挥。同时，主导和

---

① 朱慕菊. 走进新课程：与课程实施者对话［M］. 北京：北京师范大学出版社，2002：116.

主体又是相对的，都必须相互适应，只有这样才能最终实现教学目标。教学客体是指教学主体行为的对象。一般认为其是由主体以外的其他教学要素构成的，如教材、教学方法、教学手段等。我们认为，这种认识忽视了教学主体的客体化，也就是说，未把教师和学生当作教学客体。实际上，当教学主体进入行为者行为的对象系统，其角色已发生变化，进入了客体系统。广义教学客体论更有利于发挥教学主体作为客体的能动性，这种能动性表现在教学双主体作为客体都能从对方的角度出发，调整自己的行为准则和教学方法以及合理选择其他教学客体，有利于教学效果的提升。

二、中小学教学改革的意义

"中国教育发展的历史就是教育改革的历史，改革成为教育最大的红利，改革成为教育事业发展的强大动力，改革是教育迅速发展的成功经验。"① 审视当代中国中小学教学改革的历程，可以发现，教学改革无疑是基础教育事业发展的强大动力和源泉。

（一）中小学教学改革是培养新时代人才的需要

时代需要创新型人才。培养创新人才，仅靠灌输知识是远远不够的。因此，学校不仅要教会学生知识，还要教会学生如何学习知识，更重要的是教会学生如何研究和创造知识。要想培养创新型人才，课堂教学就必须改变现有理念，树立最高目标。必须进一步深化课堂教学改革，以学生的学为中心组织教学，创设有利于学生学习和发展的教学环境，遵循学生认知规律，根据学生的个性差异因材施教，保护学生的好奇心和求知欲，鼓励学生独立思考、自主学习，实现课堂教学以学生发展为本的理念。

（二）中小学教学改革是全面提高教学质量的根本出路

课堂教学改革是实施素质教育、提高教学质量的基本途径。科学技术是第一生产力。教学要发展，根本在改革，关键是提高教学技术（更多是教学艺术）。就是要把课堂教学改革作为教育改革的重点，坚持把引导学生学会学习作为教育教学改革的根本方向，把课堂教学改革的主要目标定位为在教师的指导下启发学生学思结合、知行统一，使课堂成为学生主动学习、学会学习的场地；发现与解决教学中存在的问题，排除提高教学质量的各种障碍。要通过改革让教师重新认识与把握教学发展

---

① 曾天山. 深化改革是推动教育事业科学发展的强大动力（上）［J］. 人民教育，2013（5）：17－22.

的规律与本质，创新教学方法与模式，使教学活动更加科学化与专业化，这样就从本质上保证了教学质量的提高。教学改革实践也充分证明，通过课堂教学改革，可以大大提高学生的自主、合作、探究能力，培养良好的学习习惯，有效提高教学效率与人才培养质量，是提高教育教学质量、促进学校发展的唯一出路。

（三）中小学教学改革是深化基础教育课程改革的需要

目前，我国基础教育课程改革已进入"深水区"与难于突破的"高原区"。课堂教学变革进入"深水区"后，容易改的或难度不大的方面都已经改得差不多了，越往前走难度越大、障碍越多、情况越复杂、矛盾越突出。课程改革的艰巨性至少从以下几个方面表现出来：

一是要求变革者自身的理念发生深层次、根本性变革，要从"灵魂深处爆发革命"，审视自身的教学理念，在教育改革全局和教育发展大势中确定自己的新理念，进一步解放思想，大胆改革成为课程改革的前提条件。

二是变革直接触及变革者的自身利益，改来改去改到自己头上来了。课程改革的主体逐渐转移到教师、学校管理者身上来了，从变革的一般规律来看，任何变革和变革者自身利益相冲突的时候，也是最难推进的时候。人人都喜欢平等，但人人都很难拒绝特权，管理学中的这一观点已经被反复证实。教师要舍去自己在课堂中的特权，把学习的权力还给学生，不是一件容易的事情。

三是课程改革所面临的问题很难通过教师个人的努力解决，必须发挥团队的力量。简单、零散的改革，有时教师个人就能够完成，而复杂、整体的变革必须通过教师群体共同努力才能达到。要想课程改革真正深入学校的"肌体"内部，带来教学整体改变，就必须动员更多的教师以团队合作的形式来展开。总体来说，改革初期 10 年，我们已基本解决课程外显的课程标准、课程内容及相应的教学模式、教师适应性培训等问题，接下来是制约我国课程改革的瓶颈问题，如教师教学观念的根本转变、教学评价与招生考试制度、人才培养模式创新等。要解决这些问题，使新课程的理念和要求得到落实，其核心环节只能是课堂教学改革。我们"要以各学科课程标准为依据组织教学。要遵循学生认知规律和教学规律，根据学生的个性差异因材施教。创设有利于学生积极参与的教学环境，保护学生的好奇心和求知欲，鼓励学生独立思考、主动学习。积极推进现代信息技术在教学中的科学应用，提高学生在信息技术环境中的学习能力。鼓励教师积极探索和实验，形成不同的教学风格和特色"①。正视课程改革所面临的困难，坚持不懈，唯有如此，才能最终跨越"深水区"，实现课程改革的目标。

（四）中小学教学改革是促进教师专业化成长的有效途径

学校是教师开展职业活动的重要场所，课堂教学是教师践行新理念、新方法、新技能、开展改革的主阵地，也是教师专业化成长的重要平台。通过这个平台，特别是教学改革，可以激发教师的科研意识，促使教师在解决教学问题的过程中进行校本研究，有利于教师进一步认识教学规律，把握教学本质，使教学活动更加专业化；有利于教师不断进行教学探究和教学创造，养成教学反思的行为习惯，增加学习需要，促使他们加强自身学习，不断丰富专业知识、提高专业技能，催生教师的教育智慧，从而加快教师的专业化成长；有利于进一步强化教师的从教意愿，培养关爱学生、献身教育事业的教育情怀；有利于教师提高教学管理能力。任何一项教学改革都是系统工程，涉及教学改革的内容、对象、过程、手段，是原有教学资源，甚至是教学利益的再配置和优化，统筹教学改革中的人、财、物的使用，会与学校、学生及家长、课程、其他教师等产生联系或者冲突，是牵一发而动全身的工作。教师处理好这些关系，是教学改革能够顺利实施和获得成功的基础和保障。因此，教学改革能够为教师专业化发展提供获得教学改革管理实践的机会和经验，提高管理能力。

实践证明，通过教学改革不仅强化了中小学校及其教师的科研意识，认识到了教育科研是提高教学效能和生命意义的有效途径，而且很多教师在改革的过程中把成为改革型教师、专家型教师、智慧型教师、管理型教师变成一种自觉追求，逐步成长为教育专家。如上海青浦区的顾泠沅和江苏南通市的李吉林，他们通过对教学改革进行钻研，先是成为特级教师，进而成为我国教育研究领域的知名专家，为我国教育理论和实践的发展做出了卓越贡献。

第二节　当代中国中小学教学改革的历程、经验与特征

改革开放以来，特别是随着全球化、信息化的到来，我国教学改革

① 中华人民共和国教育部. 教育部关于深化基础教育课程改革　进一步推进素质教育的意见 [EB/OL]. (2010-04-21) [2020-01-04]. http：//www. moe. gov. cn/srcsite/A26/s7054/201006/t20100601_92800. html.

事业蓬勃发展，中小学教学改革取得了卓越成就。回顾我国中小学教学改革走过的路，梳理、概括、反思教学改革的核心思想、基本模式与特征，全景式地勾画我国教学改革的历史脉络，展示教学改革的非凡历程和成就，对于我们把握当代教育思想的嬗变，了解各种教育思潮的现实背景，从宏观角度认识我国当代教育的特质，以及为今后的教学改革研究提供一种基于历史的展望，具有重大意义。

一、当代中国中小学教学改革的历程

我国当代中小学教学改革事业获得了长足的发展。关于如何概括当代中小学教学改革的历史发展历程，由于研究者的思路与取向的不同，目前有多种观点。例如：田慧生的三段论：重建教学秩序、着重效能提升（1978 年至 20 世纪 80 年代末），转向素质教育、关注主体发展（20 世纪 80 年代末至 2001 年），推进课程改革、突出以人为本（2001 年至今）①；张蓉的四段论：以基础知识和基本技能为中心、恢复与重建教学系统（1977 年至 20 世纪 80 年代初），以智力和能力发展为方向、推进教学改革（20 世纪 80 年代初至 80 年代后期），以素质教育为主题、关注人的主体性（20 世纪 80 年代后期至 90 年代后期），重建课堂教学、关注人的全面发展和生命价值（20 世纪 90 年代后期至今）②，这两种观点最具有代表性。为了突出每个阶段的核心价值取向、主流思潮与特征，本书倾向于三段论。

（一）以提升教学效率为核心，重建教学秩序（1978 年至 20 世纪 80 年代末）

十一届三中全会前后，摆在中国教育面前的有两大问题：第一，教育系统需要重建，教育教学秩序需要恢复和规范；第二，人才的匮乏成为制约社会主义建设事业的主要瓶颈，如何"多出人才、出好人才"是教育的主要任务。在这样的背景下，我国教学改革任务主要集中在两个方面：一是重建教学系统和教学秩序；二是以落实基础知识和基本技能为核心，提升教学效能、追求高效教学。

20 世纪 80 年代，邓小平"三个面向"题词的发表和《中共中央关于教育体制改革的决定》的颁布，为这一时期教育教学改革提供了强大的精神动力和思想指导。在重建教学秩序方面，除了在宏观上出台了一

---

① 田慧生，于泽元. 中小学教学改革 30 年进程、成就与经验 [J]. 基础教育课程，2009（C1）：74-78.

② 张蓉，洪明. 我国中小学教学改革 30 年历程回顾 [J]. 基础教育，2012（5）：75-80.

系列的方针政策之外，最为重要的是在全国出现了一次教师教学改革的热潮，其中一部分教学改革就是以研究学习方法为基础，对教学秩序和教学系统改革进行探索，比如当时推出的北京景山学校的知识结构单元教学法、上海育才中学的"读读—议议—讲讲—练练"八字教学法、中国科学院心理研究所卢仲衡创建的初中数学自学辅导教学实验和湖北大学黎世法教授创立的六课型单元教学法。这四个典型体现了当时人们对于高效的课堂教学程序和系统的探索，也体现出苏联教育学者巴班斯基教学过程最优化在其中所发挥的理论指导作用。

在提升教学效能方面，这个阶段共出现两个教学改革的重点，即强调发展智力和面向全体、大面积提高教学质量①。对于教学效能，自高考恢复之后就得到了比较广泛的关注，但是当时人们的注意力主要集中在如何提高考试成绩上，苏联赞可夫的"高难度、高速度"的教学实验成果得到了热捧。之后，人们开始注意到仅仅死学书本知识并不能真正培养社会主义建设所需要的人才，于是智力作为能力的核心因素得到了比较广泛的关注。比如，中国教育科学研究院与黑龙江、浙江的"三算结合"实验及吕敬先"小学语文能力整体发展"实验、北京马芯兰的"发展双基、发展智力"教学实验、辽宁魏书生的"中学语文六步教学法"等教学改革，都十分关注学生智力和能力的发展。

另外，针对这一时期出现的过度关注精英学生的发展而忽略一般学生的发展的情况，教育界开始呼吁面向全体学生、全面提升教学质量。在此背景下，广大教育实践者更加关注教学中对学生学习的回馈和学法指导，关注焦点也由"学会"到"会学"。除了前述那些教学改革继续深化、完善之外，又出现了如上海顾泠沅的"尝试指导、效果回授"初中教学改革法、黑龙江推出的"学导式教学法"、江苏李吉林的"小学语文情境教学法"、上海张思中的"外语十六字教学法"等一系列成效显著的教学改革实验。这些教学改革抓住了教学的基本规律，有效地利用教育学和心理学的研究成果，较系统地对教学过程进行设计，大大提升了教学质量，体现了"少教多学"的理念。

（二）以素质教育为主题，关注主体发展的科学化改革（20世纪80年代末至2001年）

早在20世纪80年代中期，针对当时教育界出现的片面追求升学率的现象，教育理论界开展了以"端正教育思想，明确教育目标"为主题的讨论，呼吁纠正违背教育规律的现象，树立正确的人才观，革除"应试

---

① 李建刚. 我国基础教育教学改革的20年回顾 [J]. 山东教育科研，1998 (6)：11–15.

教育"的弊端，全面提高学生的综合素质①。一些地方和学校开始了以素质教育为主题，关注人的主体发展的教学改革实验。这个时期的教学改革主要有三个特征。

第一，越来越多的教育学者开始积极地参与教学改革。自20世纪80年代末期，经过十年的教育发展，我国的教育系统已经培养出一批经过系统训练的高级教育学者，教育人才的增多为教学改革的发展奠定了人力资源基础，这时有关教育理论和信息还相对较匮乏，教育学理论体系尚未完全建立起来，学者们也需通过对教育实践的研究来完善理论体系。经过近十年的教学改革，教育实践者逐步发现自身在理论方面的局限性，发现教学改革想要获得进一步的提升，需要专家的支持和引领，不少教育学者走向实践一线，积极地参与到教学改革中。

第二，教学改革的理论化程度提高。20世纪80年代末到21世纪初，两个原因使得教学改革的理论化程度提升。一是教育学者参与到教学改革中来，二是教师资格证制度和教师继续教育制度的实施。前者是一线工作者对理论的"请进来"，后者则为一线工作者提供了"走出去"学习理论、开阔眼界的机会。这两个原因使教育教学理论迅速为广大学校及其教师所接触和接受，在提高教学改革热情的同时，开始自觉地把理论与教学改革的实践结合起来。对于全国推广的一些教改实验在实践上进行探索的同时，在理论方面也开始注重系统性概括。

第三，教学改革的系统化程度提高。与学者参与、理论加强相伴随的，是教学改革在一定程度上结束了个别教师"单打独斗"的局面，开始转向由学者主导、广大学校参与的系统化、规模化的教学改革实验。影响力较大的有华中师范大学旷习模教授主持的"中小学整体教学改革实验"、北京师范大学裴娣娜教授主持的"少年儿童主体性发展实验研究"、天津市教育科学研究院张武升研究员主持的"创造性教学实验"、中国教育科学研究院田慧生研究员主持的"活动教学实验"、山东省教育科学研究所张志勇研究员主持的"目标教学实验"等。这些教学改革实验都以自己的系统化理论作为基础，也有系统的研究设计，还有许多实验学校参与其中，也都取得了丰硕的成果。

学者的参与、理论化和系统化程度的提高，表明在这个阶段我国的教学改革已经基本走上了科学化的轨道。更重要的是，这个时期的教学改革开始有了发展的理论核心，即素质教育。围绕着这一核心，儿童主

---

① 改革开放以来的教育发展历史性成就和基本经验研究课题组. 改革开放30年中国教育重大理论成果［M］. 北京：教育科学出版社，2008：124.

体性发展、创新教育、生命教育等思想脱颖而出，学生的主体性、创造性以及非智力因素得到了充分的关注，为我国教学改革注入了新的活力，也为下一个阶段的课程改革打下了坚实的基础。

（三）以推进新课程改革为基础，突出以人为本的整体改革（2001年至今）

2001年，我国《基础教育课程改革纲要（试行）》的颁布，代表着我国教学改革进入了一个新的阶段。此次新课程改革，是改革开放以来规模巨大、课程理念全新的一次课程改革，它必然要求基础教育教学做出重大变革以达成改革的目标。这一阶段的教学改革呈现出以下几个特点：

第一，全国统一实施。对于此次新课程改革，教育部也采取了相对谨慎的态度，确定了改革实验推进的基本方针是"先立后破，先实验后推广"。2001—2003年，教育部在全国各地选择了38个实验区展开新课程改革的实验。到2004年，全国就有90%的县（区）的起始年级使用新课程。2005年除个别地方外，在小学和初中起始年级全面使用新课程。以前没有进入实验的学校此时必须无条件地进行课程改革实验。[①] 新课程改革的实施，要求全国各地都要展开教学理念和教学方式的变革。因此，进入21世纪以来，全国各地都围绕着新课程改革展开了系统的教学改革探索，显然和过去由教师、学校、学者主导的教学改革有很大的不同。

第二，重视教师的专业化发展。教学改革在全国范围内同时展开，打破了过去以优秀教师为主力军的教学改革状态，使全体教师均成为教学改革的实践者。这样，改变教师素质不高、难以适应新课程改革的局面就成为制约改革成败的关键，关注教师专业发展问题成为改革的焦点。这一问题随着新课程改革的深入以及课堂教学真正变革的开始，变得尤为重要。于是，我国开始了也许是有史以来最大规模的教师培训运动，不仅中小学教师得到了比较全面的培训，不同级别的骨干教师也得到了更多的关注和更加广泛的专业学习。无疑，教师专业化发展有力地促进了教学改革的发展，而不断进行的教学改革，也在不断提升着全国教师自身的素质。

第三，教学改革的整体性进一步加强。新课程改革的实施使这一时期的教学改革被放在课程体系中进行，这一特征进一步强化了教学改革的整体性。在这之前，教学改革的整体性主要是指教学改革的理论和具

---

① 马云鹏. 基础教育课程改革：实施进程、特征分析与推进策略［J］. 新华文摘，2009（14）：110 – 113.

体策略自身形成了一个系统。在这一时期，教学改革的整体性的内涵加深了，人们的目光不仅关注教学本身，还关注制约教学改革的课程体系，还关注教师素质和学校文化对于教学改革的影响。以叶澜主持的"新基础教育实验"、朱永新主持的"新教育实验"为例，这一系统的教育变革一方面非常关注教学改革的核心作用，在语、数、外三科教学改革上花费了很大的力气，同时又强调与教学改革相配套的学校转型发展、学校管理、学校评价、领导和教师的专业发展等方面的整体变革①，从而使教学改革建立在更加广泛的实践基础上。

这个阶段，素质教育依旧是教学改革的思想核心，素质教育本身的内涵也得到了进一步挖掘，以人为本、关注生命价值成为这一时期教学改革的重要思想。"以生为本""以学定教""先学后教""少教多学"，由教师的"教"转向学生的"学"，成为这一时期教学改革的重要理论突破。

二、当代中国中小学教学改革的成就与经验

纵观当代我国教学改革事业的发展，不难发现改革的科学化程度、系统化程度、理论化程度越来越高。广大理论工作者和教育实践者，对教学自身的规律有着越来越深刻的认识，做出了越来越深入的探索，也取得了卓越的成就。

（一）当代中国中小学教学改革的成就

1. 全面提升教学质量，推动我国教育事业快速发展

文化大革命结束之时，我国的教育事业基本上处于一穷二白的状态，当时的国民经济也难以支撑起一个十亿人口大国的庞大教育规模，"穷国办大教育"的现实状况给教学带来了艰巨的任务：必须以最少的资源，达到高质量的教育目标，为我国新时期的发展培养更多的合格人才。

为完成这一任务，原有教学方法和教学模式肯定不敷其用，教学改革必须承担起这一光荣而艰巨的历史使命。正是在这种背景下，广大教师和理论工作者在教育投入较低、理论和经验非常匮乏的情况下，解放思想，积极探索，取得了一个又一个教学改革成果，大大提高了教学效率和质量，为推动我国教育事业迅速恢复和发展发挥了重要作用。2000年我国如期实现了普及九年义务教育的目标，在学生数量大幅增加的情况下，基础教育质量仍旧不断提升，其成就为世界所瞩目和赞叹。可以

---

① 叶澜. "新基础教育"发展性研究报告集［M］. 北京：中国轻工业出版社，2004：2-42.

说，没有几十年持续的教学改革，没有高效的课堂教学，我国基础教育事业整体上就不会取得今天这样辉煌的成就。事实再一次说明，教育要发展，根本在改革。教学改革是基础教育教学事业发展的强大动力。

2. 深入探索教学规律，取得大批教学改革成果

在几十年的教学改革道路中，一个很重要的成就就是集中探索了教育教学规律。在教育理念和教学思想方面，现代教育理论与中国传统文化精华相结合，主体性发展、关注生命价值、以人为本、以学定教、回归生活世界等认识在教学改革过程中被发掘出来，并在全国教育教学领域中产生了重大的影响。在具体的教学模式方面，自学辅导教学模式、情境教学模式、尝试教学模式、活动教学模式、发展性教学模式、目标教学模式、自主教学模式等，都由最初的教学改革尝试转变为系统化的教学模式，使中小学教师对于课堂教学有规律可循。

除上述重要改革思想和教学模式之外，全国中小学教师表现出了极大的教学改革热情，取得了一大批教学改革成果。有学者在 20 世纪 90 年代初对教学法改革实验进行了不完全统计，发现教学改革项目超过10 000 项，从中选择出了具有代表性的教学法改革实验 120 项，其中效果显著、操作性强、推广面积大的教学法有 18 项①。全国哲学社会科学"八五"规划国家重点研究课题"1979—1993 年我国普通中小学教育改革与实验发展状况的调查与评价研究"课题组通过研究发现，1991—1999 年，教学改革实验立项总数是 1978—1990 年的 4.8 倍，成果十分显著。可以说，对教育规律的不懈探索及由此形成的教学改革成果，丰富了我国教育理论的宝库，也为我国教育教学实践的发展提供了坚实的知识基础。

3. 不断更新教育观念，切实推进教学方式变革

当代教学改革，在教育观念上有一个比较明显的轨迹。改革开放之初，以"强化基础知识和基本技能"为核心的"双基"教学观是占主流地位的教育观念，这与当时正待恢复教学秩序、提高教学质量的现实需求是相关联的。20 世纪 80 年代后，随着认识的拓展，人们开始给予学生智力、能力发展方面越来越多的关注，"加强基础，培养能力，发展智力"成为教学改革实践者鲜明的追求。在此后不久，人们进一步发现学习效果是智力因素和非智力因素交互作用的结果，并开始重视情感、态度、动机等非智力因素。到 80 年代末，人们已经充分感受到了应试教育

---

① 苏春景. 关于我国教学法改革实验的统计分析 [J]. 教育研究与实验，1992（2）：55 – 62.

对于学生发展所带来的桎梏，开始呼唤素质教育。1993 年颁布的《中国教育改革和发展纲要》鲜明地提出了中小学要由应试教育转到素质教育的轨道上来。1999 年《中共中央国务院关于深化教育改革全面推进素质教育的决定》，把素质教育提高到了事关国家发展大局的重要地位。2001 年《基础教育课程改革纲要（试行）》的颁布，将这一思想具体化为大规模地进行课程改革。在此期间，素质教育成为教学改革的强大动力，推动了大量教学改革尝试。

与教育观念更新相伴的是教学方式改革。在改革开放之初，大多数教学改革都是以提升学习效率、强化"双基"为目标，改革成效评价也以是否提升学生的学习成绩为标准，如何让学生更好地接受、实现"少教多学"是当时改革的重要方向。随着教育观念的改变，教学改革逐步由教师的"教"转向学生的"学"，"学导式教学法""六步教学法""以学生为主体，以教师为主导，以训练为主线"等教学方法，对于提升学生能力和智力都有很大的帮助。随着素质教育的提出，人们开始关注教学方式对于学生主体性品质、创新精神和实践能力的培养效果，一些大型的教学改革实验正是从提高这些素质出发来改革教学方式的。随着新课程改革的推出，教学方式也发生了重要的变革，"自主、合作、探究"的理念得到提倡和广泛实践。

可见，几十年来我国教学思想的创新和教学方式的变革结合在一起，形成了我国教育教学发展的核心动力。教育思想和教学方式的变革，不断提升着我国教育教学的有效性，为素质教育的实施提供了有力的保障，也为我国教育走向世界先进行列积累了决定性的力量。

4. 营造教育科研氛围，培养大批优秀教师

几十年的教学改革实践，其成就并不仅仅体现在教学本身，在这一过程中还强化了中小学及其教师的科研意识，营造了良好的教育科研氛围，让他们认识到教育科研是提高教学效能和提升生命意义的有效途径，成为研究型教师、专家型教师、智慧型教师是很多教师的自觉追求。更为重要的是，通过当代教学改革，我国成长起一大批优秀教师。如前文提到的顾泠沅和李吉林，他们通过对教学改革进行钻研，先是成为特级教师，进而成为我国教育研究领域的知名专家，为我国教育理论和实践的发展做出了卓越贡献。这批优秀教师的出现，不仅彻底改变了我国当时教师奇缺、素质有待提高的局面，还为我国教育事业未来的发展奠定了人力基础，且有力地证实了教学改革是教师专业发展的有效途径。

（二）当代中国中小学教学改革的经验

当代中国中小学教学改革之所以取得了巨大的成就，其基本经验有

三点：

一是解放思想是教学改革最强劲的动力。无论任何改革，都需要改革主体具有强大的动力和勇气。在当代教学改革的历程中，有一个最重要的动力源泉，那就是解放思想。广大教师只有解放思想，实事求是地面对我国教育发展的现实，才能够促进教学改革取得更大的成就。

二是上下结合是教学改革最有效的途径。上是指政府自上而下地推动的教学改革。也就是指由理论工作者发起的教学改革，他们带着系统的教育理论深入到教学实践之中，为教学改革带来了新的视野和方向。下是指广大教师自下而上地展开教学改革。所谓上下结合，就是在当代的教学改革历程中，广大中小学校和教师以无比的热情参与其中，开展了大量的教学改革实践。这类教改是支撑中小学教学质量不断提升的基石。

三是系统思考是教学改革最有力的保证。当代中小学教学改革，经历了一个由单打独斗到齐心协作，由单一的教法改革到整个学校系统发展的过程。教学改革参与人员的不断增多、规模的不断扩大、内容的不断丰富，并非出于偶然，而是教学改革实践的需要。教学改革是一项系统工程，它涉及人、财、物、事、时空等复杂因素和教育教学内外部各种复杂的关系，只有通过系统思考，融教育理论与实践经验、教育管理与教学业务、教学改革与专业发展为一体，才能有力地推动改革，使教学改革为更大范围内的教育教学服务。可以说，系统思考正是科学发展观在教学改革领域中的重要体现。只有通过系统思考，我们的教学改革才能够真正发现教育教学运作的规律，从中找到有效的改革途径和实现机制。

三、当代中国中小学教学改革的特征与类型

（一）当代中国中小学教学改革的特征

1. 教学改革模式由单一零散转向整体推进

几十年来，我国的教学改革实验遵循了一条由散点式局部教学实验转向多学科、多学段的综合教学实验，再到学校整体的、转型性的大规模教学实验的推进路线。经过长期的探索实践，教学改革实验在数量、质量、规模、成效以及影响范围方面都得到了很大程度的拓展和深化，其理论设计、实施运作和协调机制等方面都有了突破性的进展。[1]

① 张蓉，洪明. 我国中小学教学改革30余年历时性特征分析 [J]. 基础教育，2011（2）：84-88.

20 世纪 70 年代末，教学一线的广大教师为改变课堂教学现状，提高教学质量，自发组织开展了一批教学实验，例如，黑龙江省教育学院的"注音识字，提前读写实验"，魏书生的"初中语文教改实验"，马芯兰的"小学数学教材教法实验"，卢仲衡的"中学数学自学辅导实验"等。多数以单科、单项实验为主，是处于局部的、零星的、散点式的教学实验。

20 世纪 80 年代，针对单项、单科教学改革的不足，在系统科学方法论的影响下，教学研究者的视野从单向的线性因果关系转向多重交叠的因果关系，从追求绝对最优化转向追求相对最优化，由局部、单科、单项实验转向综合整体性的实验，教学改革的理论设计由关注要素、本质转向关注系统、结构、模式和功能，以及系统内部诸因素之间的关系，体现了方法论上的更新。这时期出现的如邱学华的"尝试教学法"，张熊飞的"诱思探究实验"，黎世法的"六课型单元教学法"等实验就是跨学科的综合整体性的教学实验。

20 世纪 90 年代，研究者在探索过程中逐渐认识到教学活动的复杂性与生成性，意识到教学改革的成功很大程度上依赖于课程改革的整体推进。例如，要实现"素质教育进课堂""主体性教学"等目标，如果课程本身不是按素质教育思想或主体性教学思想设计的，那么就很难在教学层面上实现"素质教育"或"主体性教学"。研究者只有意识到教学改革必须跟课程改革联系起来，从教学过程的整体上进行综合考虑，才能实现教学改革的转型性突破。在实践探索中人们提出了综合性育人价值的观点，这一观点相较于过去在一些学科教学中提倡的"知识性与思想性结合"原则来说，无疑是一种教学改革思维方式上的革命性转变和质的超越。

叶澜主持的"新基础教育"中的学科课堂教学改革是转型性变革的典型代表。新课程改革是一次以课程为核心的关于整个教育领域乃至全社会的系统改革，是一场学校文化的革新，是教育观念与价值的转变。在新课程改革背景之下，教学理念、教学目标、教学内容、教学过程、教师角色、教学方法、评价制度等概念都发生了天翻地覆的变化。新课程改革从对课程内容的重建出发，在设置综合实践活动课的基础上，强调知识的整合性、综合性，强调学科之间的联系性，充分肯定学生的自主能动性，强调学生主动参与、探究、合作学习，注重对学生情感、态度和价值观的培养，提出平等的教师观，教学过程就是教师与学生平等的对话过程。同时，改革还关注日常化的教学变革以及在此变革过程中的师生共同成长。

2. 教学改革主体由一元走向多元

教学改革的实践主体经历了由一线教师为主发展到由行政、专家、教师三方共同推进的过程。二十世纪七八十年代的教学实验大多数是由校长、优秀教师基于自身的教育经验自发开展的校内实验改革，直接面对校园生活的实际问题，诸如班级管理、有效教学、学校安全等，一线教师成为教学改革实验的主力军。

经过多年的教育实践，我国越来越多的专家学者开始走向实践一线，积极地参与到教学改革中。目前，我国已逐步形成了由行政力量推动、理论研究者带动、实践工作者参与的教学改革实验热潮，推动了教育理论的深化和教学改革实践的开展，增强了理论研究者的实践理性，促进了教师的专业化发展。其中具有代表性的教育实验有"新基础教育实验""新课程改革实验""新教育实验"以及一大批旨在培养学生创新精神和实践能力的教学改革实验等。这种由不同知识能力结构、不同思维方式、不同研究风格组成的异质互补、协同合作的实验制度，有利于发挥群体研究的整体效应。另外，从行政力量来看，必要的实验投入和政策支持也是保障教学改革实验获得成效的必要条件，而且行政力量的介入也会对管理和决策带来启示、感悟、借鉴和参照，进而影响教学改革的决策水平。这种教学改革实验合作团队和协作机制培养和造就了一大批高素质的科研型实践队伍。他们在本地区、本学校的教学改革实践中发挥着领头羊和主力军的作用。①

3. 教学改革目标由单一走向整合

当代中小学教学改革目标清晰地呈现出如下认识发展过程：从重视知识、技能到重视需要、动机、兴趣、情感、意志等非智力因素，而后进入新课程改革提倡的"三维目标"，最后在学校变革的整体思路下，关注多重育人价值的整合。②

20世纪70年代末，教学改革以学生掌握基础知识和基本技能，以及提高教学质量和重建教学系统为核心。80年代，人们逐渐意识到传授和掌握"双基"已不能作为教学活动的主要目的，更不能作为教学活动的唯一目的。教会学生获取知识的能力，发展智力、培养思维能力是教学活动更为重要的任务。教学改革目标应该把知识、能力、智力三者有机结合起来。

---

① 王建军，叶澜. "新基础教育"的内涵与追求———叶澜教授访谈录 [J]. 教育发展研究，2003（3）：7-11.
② 叶澜. 重建课堂教学价值观 [J]. 校长阅刊，2006（8）：32-36.

20 世纪 80 年代后期到 90 年代，实施素质教育以及弘扬学生的主体性成为时代的主旋律，"面向全体学生，促进全面发展，让学生主动发展"成为教学改革的中心目标。针对 80 年代末教育界出现的片面追求升学率的现象，1994 年，我国首次正式在中央文件中提出"素质教育"的概念。此后，全面推进"素质教育"成为中小学教学改革的主导型目标和价值取向。这一时期，以"素质教育"为主题的教学改革侧重点有两个方面：一是在探讨促进学生智力发展的同时，关注课堂教学中的活动、交往问题，关注学生的需要、动机、兴趣、情感、态度等非智力因素在学生认知发展过程中的重要作用，强调学生对学习过程和学习方法的体验和理解，教学改革的目标进一步演变为"加强基础，发展智力和能力，培养非智力因素"；二是激发学生的学习动机、培养学生的学习兴趣，提出分层次教学与发展学生的个性，注重发挥学生的主体性，培养学生的创新精神、实践能力以及终身学习的愿望和能力。

21 世纪，随着新课程改革在全国实施，"多重育人目标"成为基础教育改革的新视野。教学改革以知识和能力为主线，开始关注交往、体验、自主、合作、探究等人类生存所不可或缺的过程与方法，提升情感、态度、价值观的重要性，提出了"知识与能力""过程与方法""情感、态度、价值观"的"三维目标"。"三维目标"在一定意义上纠正着人们在知识、能力等智力因素与情感、兴趣、个性等非智力因素之间非此即彼的摇摆态度，帮助教师树立起相对完整的教学目标观。"三维目标"的整合将学生作为一个发展的个体，将学习的过程看成是一种生命的体验过程，是学生生命整体的、综合的、多方面的发展过程。① 反思几十年来教学改革目标的变迁，从关注"双基"到"多重育人目标"的整合优化，正是教学改革在价值观层面上的实质性超越，是教学改革目标深层次的开拓。

4. 教学改革理论基础由封闭走向开放

经过长期的实践探索，我国教学改革的理论基础逐步成为一个高度开放的理论体系。二十世纪八九十年代，尽管学者们没有明确提出教学改革理论基础包括哪些，但从探讨的主题来看，主要是从马克思主义哲学、教育心理学和教学美学三个方面进行的。

近年来，教学改革研究不再局限于过去单纯依靠哲学和心理学发展的局面，广泛吸收社会学、教学认识论、现代学习论、现代课程教学论、

① 王爱玲. 课程改革的重要问题：关注人的整体性发展 [J]. 教育研究，2009，30（7）：40-44.

交往理论以及现代文化与价值理论等相关学科的研究成果，极大地丰富了教学改革的理论资源，而且通过对教学中"实践""认识""活动""交往""价值"等范畴的研究，沟通了这些学科之间的联系，实现了这些学科、学说及其研究成果之间的综合性运用，形成了人们在理论基础问题上的"重叠共识"。

5. 教学改革视角和主题由传统走向现代

20世纪70年代，教学改革围绕教学系统的恢复和教学秩序的重建，以不断提高教学质量为主题，关注学生基础知识和基本技能的掌握，落实"双基"成为教学改革的出发点和落脚点。20世纪80年代，教学改革开始关注学生的智力发展和能力培养问题，包括学生获取、收集、处理、运用信息的能力以及创新能力和实践能力等，反映了这一时期的教学改革对于完整性和规范性的追求，在一定程度上保证了教学质量的达成。[①] 20世纪90年代，受国外各种教学论流派影响，我国逐渐将"活动""交往"范畴引入教学领域，实践、活动和交往问题成为研究热点，使教学改革的视角、主题、过程与方法发生了深刻的变化。这一阶段的教学改革研究，尽管课堂教学关注的仍然是学生的智力发展、思维训练，主题仍然是如何优化课堂教学系统和提高课堂教学质量，但人们开始重视活动、交往在教学系统中的重要作用，关注需要、动机、兴趣、情感、态度等非智力因素在学生认知发展过程中的重要作用，开始强调学生对学习过程和学习方法的体验和理解，开展主体教育实验、情境教育实验、成功教育实验、和谐教育实验、愉快教育实验等主要教育实验。如果说二十世纪七八十年代的教学改革研究主要是在外层探讨课堂教学的完整性和规范性，那么90年代的教学改革研究则开始从内部为课堂教学的完整性和规范性寻求更深层次的理论依据，开始探讨课堂教学的多种属性、多重过程、多重意义和内在规律等基本问题。

进入21世纪，中国社会的快速发展、经济结构的加速调整，对创新型高素质人才的迫切要求，以及多元文化和多种价值选择的并存和融合，使我国教学改革的现实基础发生了深刻的变化。基于这样的研究背景，教学改革研究的视野与主题正在发生深刻转换，研究理论以哲学认识论、人性论、心理学等学科为基础，进而对教学活动从社会学、文化学等视角进行分析，从以往对教学活动规范性的关注转向对教学活动实践性质、交往特质和文化属性的研究；从"认知领域"扩展到"生活和生命全

---

① 杨小微. 教学的实践变革与理论重建：30年再回首 [J]. 课程·教材·教法，2010（9）：29-33.

域"；从关注课堂认知到关注课堂的生活、生命意义等，探寻课堂教学的本质意义，以一种更全面的视角来关注和促进个体生命的动态生成和发展。[①] 研究主题则从片面地关注课堂教学结果的实效性转向对课堂教学过程进行合理性关注；通过对教师教学观念和教学水平进行分析，进一步探索当代课堂教学的内在规律；从单纯评价课堂教学的成败，进而揭示当代课堂教学的基本特征。教学改革实现了从塑造"知识人"到培养现实"生活人"的转变，促进教学活动从"物的世界"的思维方式转向"人的世界"的思维方式，真正成为一种"人对人"的活动。这种生活、生命教育的理论与实践具有教育价值观层面上的突破与创新意义。

经过不断实践探索，教学改革早已不是单纯的教学方法改革，而是整个教学思想、观念和思维方式的根本变革。

（二）当代中国中小学教学改革的类型

教学改革具有不同的层次与类型。所谓中小学教学改革的类型是指根据教学改革实验的主题、内容、特征与组织形式等不同标准对当代中国中小学教学改革实验进行的分类。由于分类的标准不同，中小学教学改革的类型有多种，主要有综合类型、实践模式类型、内容类型等。

综合类型也称为历时性类型。主要是根据教学改革的时间顺序，结合改革主题与内容对教学改革实验进行的分类。主要有三段论与四段论。田慧生的三段论：重建教学秩序、着重效能提升（1978 年至 20 世纪 80 年代末），转向素质教育、关注主体发展（20 世纪 80 年代末至 2001 年），推进课程改革、突出以人为本（2001 年至今）；张蓉的四段论：以基础知识和基本技能为中心、恢复与重建教学系统（1977 年至 20 世纪 80 年代初），以智力和能力发展为方向、推进教学改革（20 世纪 80 年代初至 80 年代后期），以素质教育为主题、关注人的主体性（20 世纪 80 年代后期至 90 年代后期），重建课堂教学、关注人的全面发展和生命价值（20 世纪 90 年代后期至今）。

实践模式类型是对教学改革方法与实验改革策略的总体概括，它涉及教学改革的主体、内容、目标、步骤、评价以及如何协调教学改革相关利益主体（包括个人、组织及各种中介机构）之间的复杂关系等许多核心问题。根据我国当代各种具体教学改革实验的主体结构特点、组织及实施方法策略的不同，大致可以划分为四种不同的模式，即行政模式、

---

① 李松林. 课堂教学研究二十年：回顾、反思与重建 [J]. 教育理论与实践，2008，28 (31)：37 - 40.

专家模式、校本模式和共同体模式。①

内容类型是依据改革的主要内容进行的分类。这种分类将我国当代中小学教学改革实验大致划分为"学科实验改革""教学实验改革""单项实验改革""综合实验改革"四种基本类型。② 也有人以教学改革的方法取向为主要依据进行分类，将教学改革分为以下四种：以研究学生学习方法、培养学生自学能力为主的教学方法改革，以开发学生智力、培养学生创造思维能力为主的教学方法改革，以优化学生认知结构、培养学生知、情、意、行全面发展的教学方法改革，以培养学生自主合作探究学习方法为核心的新课程教学改革。③

本书在后面将依据教学改革的历时性特征及操作性强、成效显著、影响大等因素选取十一种著名的教学改革与方法进行概括介绍。

第三节　影响中小学教学改革的因素

随着教学改革的推进，新思想、新理论也不断涌出，全国中小学教师都投入极大的热情开展教学改革，取得了不同的成效。但是，很多教学改革在短暂的轰轰烈烈之后却悄无声息，或后继的发展并不是特别理想，也就是说改革没有持久性。那么，影响教学改革的因素有哪些呢？若要克服教学改革中所出现的问题，应采取什么样的对策？这是本节将要探讨的主要问题。

一、影响中小学教学改革的外部因素

（一）社会发展的背景与条件

社会发展的背景与条件为教学改革提供基本要求与物质条件，教学改革要满足社会发展的基本诉求，需要社会提供必要条件支持。

经济发展的形态与模式决定了教学改革的基本模式。社会经济条件是中小学教学改革发展的物质与技术基础，社会经济因素不同，中小学教学改革的形态及发展模式也不同。根据不同区域经济增长的速度、阶段、特征与动力等多种因素，我们把不同区域经济发展划为不同发展模式。有学者根据区域经济发展水平不同必然产生不同的区域教育类型、

①　张荣伟. 新中国教育实验改革 ［M］. 天津：天津教育出版社，2010：8.
②　张荣伟. 新中国教育实验改革 ［M］. 天津：天津教育出版社，2010：3.
③　王好荣. 我国教学方法改革发展态势综述 ［J］. 咸阳师范专科学校学报，1996（2）：51－59.

层次、投入途径，乃至发展使命等"区域特征"，构建了基于发展视野、途径演进与区域经验的我国区域改进发展方式的一般假设模型，如表1-1所示。

表1-1　区域教育改进的发展方式模型①

区位	发展水平	现代化程度	发展阶段	社会结构特征	发展特征	发展动力	发展要素	适用发展理论	政策聚焦	教育发展期	发展与教育	区域教育目标
中西部	欠发达	工业化	起飞	二元结构	后发外生、追赶跨越	要素驱动	观念、制度、资本	追赶理论、增长极理论、梯度发展理论、非均衡协调发展理论	物质资本、政策资源	转型变革期	从滞后到超前	基本实现教育现代化
东部	发达	后工业化	成熟	城市化	先发内生、自主创新	创新驱动	文化创新人才	新发展观、均衡发展理论、可持续发展理论	人力资本	成熟发展期	互动共进	率先实现教育现代化

表1-1说明，区域教育改进必须服从于经济社会的发展阶段规定。起步于不同的经济基础，决定了区域教育发展问题、解决问题的方式，以及教育发展的价值选择、战略选择，进而发展方式也不可能一样。同理，区域教育教学改进的发展方式模型不同必然也会使得中小学教学改革的不同。教学改革发展要基于区域之间发展不平衡这一基本国情。当前，我国东部发达地区随着产业结构升级，已经完成工业化，正向后工业社会变迁，逐步向信息化社会发展。而西部欠发达地区仍处在工业化初期阶段。发达地区的教育制度体系经过持续发展逐步形成，教学改革发展与经济社会发展阶段相匹配，教学改革发展应对的是工业化完成后向知识经济时代转型的再发展问题；而处在工业化发展阶段的欠发达地

---

① 王振权. 区域教育改进：理论与发展模型 [J]. 清华大学教育研究, 2012 (4)：59 - 64.

区，在特定历史条件下，往往由于区域内发展不平衡而呈现多元发展阶段，应首先实现经济社会结构与教育体制向具有现代性的新结构的过渡、转型与跨越，要求教育教学改革优先发展。经济社会发展必然还会给人才培养目标与质量、教学内容、教学方法等多方面带来变革。改革开放40余年来，随着社会发展和科技进步，教学目标发生了转折性变化：由单一注重"双基"的教学目标走向关注学生的能力、知识、智力的有机整合，形成新课程改革提倡的"三维目标"。教学内容也由传统的人文教育内容逐步走向人文学科与自然学科统一的新课程体系，同时为满足现代社会发展与人才招聘市场需要的信息网络技术、生命科学、航天技术、公共安全等内容也逐步进入学校课程体系。

教育技术的发展水平还决定着教育教学现代化程度。现代化水平和科学技术能力是制约教学改革发展的重要因素。社会经济繁荣、科学创新能力强能够为教学改革发展带来有力支撑。人类教育史上，每一次教育教学变革都依赖于科学技术手段的变革。无论是从原始社会的以口耳相传和模仿为主，到文字的出现，再到书籍，进而到电子视听设备和多媒体网络技术等不同阶段，还是从原始社会的记忆型教学制度到古代社会的控制型教学制度，再到今天的生成性教学制度，这种变化最根本的原因是教学中传递信息的工具及成本的变化。有学者认为：如果是信息社会，看看教育的变革，我们可以得到更加简单的结论：从某种角度上来讲，3 000年来的所有变革，没有任何新鲜内容，而信息载体的成本和主流需求，是影响教育思想变革的关键因素。未来教学改革发展的趋势是什么？乔布斯曾对此做过预言：电子科技将掌控未来的教室，教学改革将有重大突破——屏幕成为学习的主要介质，学习过程就是数据产生过程，学生成为知识来源，数字化学习产生全新学习模式，互联网思维注入课程教学，学习者盈利成为可能，低结构成为信息化设计主导思维。[①] 科学技术手段的更新，使自主、探究、合作的学习方式逐渐成为主要的学习方法。科学技术推进了我国中小学教学改革的进程，给教学改革以极大的技术支持，使教师的教学模式和方法都发生着根本性改变。

因此，充分运用信息技术创新教学方式，提高教师教育技术应用的能力，从多方面提高教与学的质量和效果，转变教育教学方式将成为未来教学变革的核心课题。

经济发展水平及人口多寡决定是否进行小班化改革。小班化是指一个教学班人数控制在24～35人的教学活动。小班化最初在美国、日本兴

---

① 樊丽萍，钱钰. 8大预言描绘教育信息化未来［N］. 文汇报，2014–05–29（7）.

起，后逐步向世界各国推广。小班化教育绝非一般意义上所理解的简单减少学生名额，而是在基础设施建设、课堂教学环节、班级建设等方面都需要进行综合配套改革的教育形式。小班化教育是国家、地方经济发展到一定阶段，教育不断发展，在一定经济支撑下的教育现代化进程。它是衡量一个地区经济、教育水平的风向标。一般来讲，国家经济发展水平较高及人口相对少容易实施小班化改革，否则实施困难大。

（二）传统文化影响下的保守心理

中国现代化建设需要创新精神，而我国在几千年的封闭状态和专制主义的超稳定结构控制功能下所形成的保守心理已在我国中小学教学改革中起着关键作用。我国受传统"以教师为中心"控制性教学模式的影响，认为理想的教学模式就是教师教、学生听，这种"满堂灌"的教学模式在我国中小学的教学实践中具有非常强的生命力，它直接影响教师在进行教学改革中的教学观念，进而影响他们的教学行为和教学模式。在这种保守心理的影响下，人们视过去的经验为法宝，敝帚自珍，严重影响了教师对现代教学理论的吸收，抑制了教师的创新精神和开拓意识。要改变这些已经习惯了某些教学经验和模式的教师，改变其教学方式和教学策略十分关键，应鼓励他们吸收新型的教学观念、教学方式、教学模式，在教学中能够尝试标新立异，有自己独特的教学风格，这也是现代中小学教学改革对这些教师的期盼和要求。

自东周以后，在孔子的精神和人格的感召下，"万世师表"的典范和"尊师重道"的观念融入我国的文化中。"师道尊严"要求的是学生对教师的绝对服从，这种极度维护教师尊严的观念在我国悠长的历史中逐渐加深，至今仍然影响着广大教师。而强调教师的"绝对权威"并不利于建立和谐的师生关系。没有平等的师生关系，课堂上仍然是单一的教学模式，教学方式也没有由教师的"教"转向学生的"学"，违背了现代教育理论倡导我们要关注主体性发展、以人为本、以学定教的课堂教学理念。

传统文化"中庸"思维模式在一定程度上阻碍了教师教学的改革创新。受传统文化中提倡的"执两用中""过犹不及"的中庸思维模式影响，不少教师缺乏教学改革的欲望与激情，在教学中不思进取，安于现状，甚至对尝试改革者冷嘲热讽，甘愿"一本大纲、一本教材、一本教参"做一辈子教书匠的大有人在。有些教师虽想投身教学改革大干一场，但现实教学中的分数评价模式又使得他们心有余而力不足，到头来，只能按照保守的教学方式应付教学改革。

（三）基础教育的机制与政策

我国中小学教学的改革离不开我国基础教育政策的支持，基础教育的发展影响着我国中小学教学改革的进程。从"文革"至今，我国中小学改革由注重学生的"双基"发展到注重以人为本的全面发展教学目标，重视学生的综合素质，提出"素质教育"。这个转变是一个漫长的过程，是教育观念、教育方法、教育模式转变的过程，为了解决这个问题，我国开始全面推行教学改革。

课堂改革是教学改革的主渠道，而要在全国推进教学改革，必须先对我国基础教育的课程改革制定有效的机制和政策。2001年我国《基础教育课程改革纲要（试行)》的颁布，代表着我国教学改革进入一个新的阶段。它要求全国各地都展开教学理念和教学方法的变革，因此，我国基础教育的教学模式不再是过去的"以教师为本"，而是要开始以注重学生的全面发展为前提的教学。课程改革政策的目标对象很广，但其主体是学校和教师。目标对象群体的数量、整体素质以及对政策的认知和支持程度，对课程政策能否顺利实施以及实施质量将产生重要影响。例如，教师在面对课堂改革时，若缺乏主动权、缺少利益、负担增加、缺乏管理上的支持，觉得枯燥乏味、混乱和认识的不同等，都在影响着教师对课堂的改革，导致从内心抵制改革。当前素质教育的新举措中，提出小学就近入学，小学升初中一律废除择校入学制度，实行就近入学，这符合义务教育的要求，减轻了学生的学习负担，体现了教育机会均等的基本原则，不搞特殊主义。但在政策实施阶段，总会受到一些外界因素的影响。例如，学校会因为种种原因抵制、阻止或者至少能够阻滞变革，使基础教育政策在实施时遇到种种阻碍。

二、影响中小学教学改革的内部因素

（一）教育目的

教育目的是随着社会的发展而演变的。从教育发展史来看，教育目的在一定社会历史条件下不断变化，大致上有两种倾向：一是强调教育的社会制约作用，主张从社会发展的需要来确定教育目的。二是强调人的自我发展，认为应从儿童内在的自然潜力出发来考虑教育目的。此外，也有主张确定教育目的应兼顾社会需要和人的发展两个方面的。马克思和恩格斯对教育目的进行了历史唯物主义探索，提出关于人的全面发展的思想，为解决教育目的问题指明了科学、正确的方向。

《中华人民共和国宪法》（1982）中规定教育目的是"国家培养青年、少年、儿童在品德、智力、体质等方面全面发展，成为有社会主义觉悟的有文化的劳动者"，这个教育目的体现了马克思主义关于人的全面发展的思想，它明确规定了中国教育目的的社会主义性质和方向，指出了培养社会主义建设人才的基本要求。教育目的决定了我国中小学教学改革要关注学生的全面发展，不仅仅局限于智育的发展（或分数的提高），还要关注学生的德育、体育等的发展，这也是进行教学改革的关键。

（二）教学理论滞后

教学理论是人们在长期的教育实践过程中不断进行总结、归纳、概括而形成的理性认识，是由概念、命题、原则等构筑的系统的理论结构，反映了教学活动现象背后的必然的联系。马克思主义认为："一个民族想要站在科学的最高峰，就一刻也不能没有理论思维。"我国中小学的教学改革必须有足够的理论支撑，而随着改革开放，各国新的教学流派不断涌入我国，如后现代主义和建构主义理论。想要通过教学改革为社会主义建设培养更多更好的人才，教师必须掌握基本的教学理论，按照教学规律和青少年儿童身心发展规律设计教学活动，调整控制教学行为。

教学理论的滞后，阻碍了课堂改革的进程，也影响了我国中小学教学改革的推广。教学理论的滞后表现为以下四点：

第一，教学理论框架的落后。我国教学理论的框架是在苏联教育家凯洛夫的教师、课堂、教材"三中心"理论的基础上形成的。过分强调系统理论知识的学习，强调教师对教学进程的调控，强调教师的绝对权威，这种教学理念仍然在影响着现在许多教师。忽视学生的需求，注重分数，对教材的理解仅仅体现在学生对知识的吸收方面，这样的教学观影响着我国中小学教学改革的健康发展。

第二，教学理论对教学任务的表述过于片面。我国教学理论关于教学任务的表述，从地方性的教育学教材，到具有一定权威性的教育学教材，基本上规定为三个方面，即传授知识技能，发展智力体力，培养品德。这种传统表述，恐怕不能包括素质教育下教学的全部任务，教学的中心任务是否还是传授知识呢？这需要进一步探讨和明确。

第三，教学过程基本上被框定在"特殊的认识活动"这一范围内。由于教学过程具有间接性、引导性和简捷性，教师的任务是努力引导学生掌握知识，其实质仍然强调教师的中心地位，我们把这种丰富复杂、变动不居的课堂教学过程称为特殊的认识活动，其既忽视了作为独立个体，即处于不同状态的教师和学生在课堂教学过程中的多种需要和潜在能力，又忽视了作为共同活动体的师生群体在课堂教学活动中所反映出来的多边多重、多种形式的交互作用和创造能力。

第四，在课堂教学结构方面，基本是采用五环节或五阶段的形式，即组织教学、复习提问、讲授新教材、巩固新教材、布置作业。这一套刻板的步骤，呆板而单调，使课堂教学的氛围窒息，束缚了教师教学独特性、创造性和艺术性的发展。

教学理论的研究不能满足我国现代教学发展的需要，教学理论研究者应在前人研究的基础上加快研究步伐，为深化教学改革提供强有力的理论指导。如我国著名教育改革家魏书生在关注学生的全面发展的基础上，坚持以人为本的教学理念，创建了中学语文"六步教学法"。李吉林从刘勰《文心雕龙》中的"意象"学说中创造了情境教学法。在教学改革的道路上，教师也可以尝试借鉴国外的教学理论，如王敏勤的暗示教学法就是借鉴洛扎诺夫的心理暗示法并通过自己的教学实践总结出来的。

（三）教师素质不匹配

新课程改革对教师提出了全新的要求，教师成为我国中小学教学改革实践的主力军，是课程与教学改革热议的重心和焦点，也是责任最重，压力最大的群体。教师个人的专业素质影响着其在进行教学改革时是否有足够的动力与教学能力，能否有正确的教学理论去支撑自己进行教学改革，如果教师只是盲目地进行教学改革，盲目地引用各种教学理论，没有考虑到学生自身的发展需求，那么这样的教学改革是不健康、不正常的。比如，在备课的环节上，要么是囿于以前的教案，要么就是迷信"专家"、照抄教参。在教学手段运用上，尽管一些学校在教室里配备了较为现代化的教学媒体，但粉笔加黑板这样一种"刀耕火种"式的教学工具仍然为许多教师所喜欢。广大教师如果不能用现代教育理论来武装自己的头脑，不树立现代教育思想，不了解当今国内外的教育动态，不去主动获取教学改革的信息和经验，是难以摆脱匠人式的凭经验从事教学工作的状态的。

改革是一种创新。置身于一种前所未有的情景，并不是每一位教师都具备迎接改革挑战的各种素质的。如心理承受能力、创新能力、冒险精神、专业知识以及以教育科学理论为核心的条件知识等。如果缺乏上述的基本素质，特别是缺乏承受失败与抗挫折的能力，面对教学改革只能是心有余而力不足。

目前我国基础教育以及教师素质的发展状况不均衡，中小学教师队伍的自身素质与教学改革的要求尚有距离。很多教师除了对进一步深化教育和教学改革缺乏应有的热情，更为关键的是缺乏教学改革的意识和相关的知识及能力。

（四）学校的办学现状与文化

学校是教学改革的主阵地，学校现有的资源和文化对于教学改革十分重要。而不同学校对教学改革的反应不一，有的学校满足于现状，自认为现有的教学水平还不错，没有改革的必要；有的学校想通过教学改革来谋求新的发展，提升学校的办学档次。俗话说，不进则退。在极力倡导素质教育的今天，学校的教育思想观念应与时俱进，以素质教育和创新教育为主题，不断更新管理思想，创新管理理念，才能为学校的发展寻求更好的机遇。

一所学校想要进行教学改革，自身办学现状良好和对教学改革有正确的认知是必要条件。而校长作为一个学校的核心，其教学和管理理念必定影响着学校的教学改革。有的校长认为教学改革是可有可无的，面对教学改革的风潮，甚至指责课改、怀疑课改、敷衍课改，抱着固有的观念和做法不放，只做表面文章。有的学校领导外出学习，看到好的经验和做法激动不已，回来后新鲜几天，过后仍旧"老马旧车推着干"，没有起色。教学改革带来新的发展，在办学理念和对教学改革的态度上有一个新的认知，教学改革适应时代的要求，能提高学校的教学水平和教学质量。

学校校长要成为教学改革的领路人、践行者，要带头更新教育理念，率先垂范，有效指导，通过实施教学改革与教师共同成长。作为校长要站在现代教育的高度，反思传统课堂的弊端，反思学校传统的管理方式对教学改革的制约和影响，从而思考如何建立适应教学改革的学校管理机制，如何全面而扎实有效地推进课堂教学改革，如何建立一支适应改革的教师队伍，如何创造出更鲜明的办学特色。校长要在全面反思的基础上，制订出学校教学改革的实验方案，确立学校教学改革的目标、内容、步骤、途径、方法和要求。

只有把育人作为办学理念和具有探索精神的学校，才能成功进行教学改革并且一以贯之。如杜郎口中学在 1998 年开始按照"少教多学"的教学理念，构建和形成了以学生为主体、以学习为主线、以展示为特征的教学模式，成为教学改革的名校。杜郎口中学教学改革的成功，不仅挽救了濒临关闭的学校，也拯救了一批孩子。1999 年，东庐中学尝试以"统一教案，师生共用"的理念，从抓备课组建设入手，进行集体备课研究，以"讲学稿"为载体进行课堂教学模式改革。其成功之处在于遵循"三人行，必有我师焉"的理念，强调教师的合作性，激发了集体备课的智慧。这些学校有着前人无法企及的探索精神，根据本校的基本情况，对学校的教学方式、教学方法、教学模式等进行了前所未有的改革创新，并获得了成功。教学改革是需要创新的，在吸取先进的教育理念和教学管理理念的基础上，探索学校改革的方法，这是值得借鉴和学习的。

（五）专家指导

一所学校进行教学改革，具体的教育理念和教学实践方案是不可或缺的。可请教育理论专家对本校教学中存在的问题"把把脉"，并且协助本校教师一起做研讨，这样学校将会少走弯路，取得更好的改革效果。因为教育理论专家长期从事教育理论的研究工作，对各种教育理念的理解较透彻，而且善于从实践中提升理论，能为学校的教学改革提出可行性的建议和计划。

目前，几乎所有的学校都有教研组，而且会定期开展教研活动，但在一般情况下，就是同年级组的几个教师聚在一起备课，商讨教学方法，并没有一种教育理念贯穿其中进行引领，也就是说教师对某些教学问题的研讨往往是点状的、琐碎的，缺少一种一以贯之的理念或目标。如果有一位教育理论专家也参与教师的日常教学研讨活动，专家会站在理论的高度审视教师们对教学目标的理解、对教学过程的谋篇构思，会从学生的进步和学校的长远发展等角度来帮助教师对教材知识进行结构化安排，并将目标逐步落实到日常的教学中。这样，学生获取的知识就不是零散的，且便于将知识串起来，灵活运用。教育理论专家可以通过听课、评课，发现教师在教学理念、教学方法、教学策略以及在处理课堂的过程中的不当之处，帮助教师提高专业水平。由此可见，教育理论专家的指导和帮助是学校顺利有效地进行教学改革的保证。

总之，当代中小学教学改革是我国教育事业科学发展的根本途径和强大动力，取得了令人瞩目的成就。社会条件、学校的办学现状、国家政策的支持等因素影响着我国中小学教学改革的健康发展，这就需要社会、学校和教师三个方面统一起来，探索有效解决问题的对策，从根源上解决教学改革发展所存在的问题。

第二章　当代中国中小学教学改革的社会背景与政策

教育与社会发展是相辅相成的，一切教学改革总是在一定社会条件下发生的，是一定社会政治、经济、文化、科技发展的产物。

——题记

当代中国正处于一个全球与本土都发生激剧变动而又交互影响的激荡时代。自改革开放以来，身处全球化、信息化时代的人们，无论是在经济、政治、文化、教育、科技等领域，还是社会日常生活，其交往的广度、深度和速度与以往相比都发生了质的变化。这场变革，不是社会某个领域、某个层面的变革，而是社会的整体转型与变革。以全球化、信息化为特征的社会转型构成了一个全新的时代，也给中小学教学改革带来了视觉变化和方法论革新。本章重点就中国当代中小学教学改革的社会背景与政策做出探讨，旨在说明一切教学改革总是在社会条件下发生的，是社会政治、经济、文化、科技发展的产物。

第一节　当代中国社会转型与教育发展

一、当代中国社会转型的背景

社会转型是指一种社会形态在特定背景下，其经济结构、文化形态、价值观念等发生深刻变化的过程。人类社会全球化、信息化是当代中国社会转型的客观背景条件。

（一）全球化的含义

自21世纪初以来，"全球化"成为世界各国的一个"时髦词"。然而，"全球化"尚无统一定论。"全球化"这一新词，最早可追溯到20世纪60年代，表现在英语世界的日常生活中。与"全球化"（globalization）同一个词根"全球的"（global）这个词语，直到1991年才被《牛津新词语辞典》作为新词收入，并特地强调它在"环境保护专门术语"中的使用情况。"然而，这是一种误导。"罗兰·罗伯森又指出，这部辞典还把"全球意识"定义为"接受（和理解）本人自己的文化以外的文化，并常常作为对世界社会经济问题和生态问题的评价的一部分"，这是受了马歇尔·麦克卢汉提出的"地球村"思想的影响。罗兰·罗伯森认为："作为一个概念，全球化即指世界的压缩（compression），又指认为世界是一个整体的意识的增强。"①

20世纪90年代初，全球化理论最早在西方国家流行，到90年代中期开始成为中国学者经常谈论的话题，这一现象和事实本身表明全球化已经成为一个不可逆转的客观事实和发展趋势，且开始对中国的历史进程产生深刻的影响。90年代初，国内学者开始陆续介绍西方学者关于全球化的各种观点。1993年，中共中央编译局当代研究所邀请美国杜克大学教授阿里夫·德里克来华系统介绍西方的全球资本主义理论，德里克的演讲稿稍后就发表在《战略与管理》杂志上，并立刻在国内学术界产生了很大的影响。这被认为是第一次用中文对西方全球化理论进行系统介绍。1994年，原中国社会科学院副院长李慎之分别在《东方》和《太平洋学报》杂志上著文倡导进行全球化研究，他由此而被认为是国内较早倡导全球化研究的学者之一。1997年亚洲国家金融危机爆发，经济全球化引起了学者的高度警惕，一时间关于全球化的各种论著纷纷发表，一些西方学者的重要著作开始被译成中文出版。

不同的学者对全球化的理解是不同的，给全球化下定义的角度也不同。从已有的研究成果来看，可概括为以下三种主要的观点。

一是全球化就是人类生活的一体化进程，是超越地区尤其是民族国家主权的一种全球整体的发展趋势。抑或是"当代人类社会生活跨越国家和地区界限，在全球范围内发展的全方位沟通、联系、相互影响的客观历史进程与趋势"②。而全球一体化的实质意义在于人类不断跨越空间障碍和制度障碍、文化障碍而在全球范围内达成更多的共识，随着交通、通信的发展，整个世界的联系日益紧密，各国之间、各地区之间相互依存。同时，世界各国也越来越关注整个地球或全人类所面临的种种问题，并寻求通过协调和合作的精神给予破解。

二是全球化就是资本主义化，是资本主义的一种新的形式或新的发展阶段。根据这种观点，可以认为全球化是资本主义发展的必然产物，

①　罗伯森. 全球化：社会理论和全球文化［M］. 梁光严，译. 上海：上海人民出版社，2000：1.

②　蔡拓. 全球化与当代国际关系［M］. 北京：中央编译出版社，1998：75.

实质上是资本主义生产方式的普遍化。"当代经济全球化实质上是在当代资本主义主导下的全球化，全球化问题实际上也是当代资本主义特别是发达资本主义的问题。"① 全球化历程虽然体现在社会生活中的每一个主要方面，但从其动力机制和现实基础来看，全球化进程的历史必然性应该从资本主义的生产方式中寻找，从市场经济的秘密中寻找。据此逻辑分析，全球化就是资本主义的当前形势，是资本主义的一种别称而已。所以，其又可以被称为"后期资本主义""发达的资本主义""非组织的资本主义""跨国资本主义""全球化的资本主义""后福特主义"等②。

三是全球化就是西方化或者美国化。这种观点的逻辑是，全球化主要表现为人类价值的共同化和普遍化，西方国家特别是美国的价值代表着人类的共同价值，所以全球化也就是西方化或美国化。③

然而，上述观点都只是反映了全球化本质属性的某一个方面。全球化本质上是一个充满矛盾的过程，它是一个矛盾的统一体。它包含一体化的趋势，又包含分裂化的倾向；既有单一化，又有多样化；既有集中化，又有分散化；既是国际化，又是本土化。其基本内涵可以概括为全球化是指全球联系不断增强，人类生活在全球规模的基础上发展及全球意识的崛起。它是一个多维度的过程，是观念更新和范式转变的过程，在理论上全球化创造着一个整体单一的世界，是统一和多样并存的过程，同时，全球化又是一个不平衡的发展的过程，是各国之间相互冲突的过程。

（二）全球化的特征

（1）多领域与多视角的统一。

全球化不仅涉及政治、经济、文化、教育、科技等所有关乎人类实践活动的领域，也在经济学、社会学、政治学、哲学、文化学、教育学和历史学等众多学术领域中引起了极大的反响，并形成多元化的学术研究视角。正如意大利的一位学者所说："全球化不是一种具体明确的现象。全球化是在特定条件下思考问题的方式。"④ 当然，不同领域、不同的学术研究在促进全球化的过程中扮演的角色与所起的作用是不一样的。而不同学科研究的基本对象和基本问题也各有侧重，如经济学以市场为对象，探讨贸易、投资、就业、经济区域化等问题；政治学以民族国家

---

① 纪玉祥. 全球化与当代资本主义的新变化——兼及考察全球化的方法问题 [J]. 马克思主义与现实，1998（6）：15-21.

② 王宁，薛晓源. 全球化与后殖民批评 [M]. 北京：中央编译出版社，1998：91.

③ 王宁，薛晓源. 全球化与后殖民批评 [M]. 北京：中央编译出版社，1998：82-86.

④ 杨雪冬. 全球化：西方理论前沿 [M]. 北京：社会科学文献出版社，2002：14.

和国际关系为对象，研究全球性问题、主权、民主的前途等问题；文化学是为"经济、政治、社会和文化自身"等提供"理论依据和思想理念"的思想性学科领域。

（2）共时性与历时性的统一。

尽管可以用共时性术语描述一个关于全球化的模式，记录参与全球化的各主要成分以及它们之间的互动状态，但是这些关系状态及其变化在整个人类历史进程中却是历时地发生的。阿尔布劳认为，在当前对全球化的关注范围内研究社会学史时，可以辨别出普遍主义、民族社会学、国际主义、本土化、全球化。尽管罗伯森对这一划分有所保留，但他也认为这是联系主题研究社会学史的一种有益的方法。罗伯森把全球化进程分为五个阶段：萌芽阶段（发生于15世纪初的欧洲，延续到18世纪中期）、开始阶段（18世纪中期到19世纪70年代）、起飞阶段（19世纪70年代到20世纪20年代）、争霸阶段（20世纪20年代中期到20世纪60年代后期）、不确定阶段（20世纪60年代后期开始，在20世纪90年代初期显示出危机趋势），并且他认为，随着阶段的递进，全球化因素间的关系逐步紧密，其关系模式逐渐完整和复杂。①

（3）整体性与多元性的统一。

全球化进程使得全球相互依赖性提高，全球整体意识日益增强，越来越多的国际和跨国组织不断出现，理论构想中的"世界体系""世界社会""世界公民"等诸多新概念不断涌现，这些都表现出了全球化整体性的一面。而国内学者所说的文化全球化，主要是指超越本土文化的文化认同和价值认同，或者说倡导一种所谓的"全球文化"。全球文化的产生意味着一种超越国界，超越社会制度和意识形态的普遍价值已经作为一种现实而存在。然而从文化的角度看，世界文化在日益走向整体的同时，也日益走向多元化。俄罗斯学者A·兹洛宾·洛特曼的研究证明，世界上没有任何一种类型的文化，有任何现实的机会成为普遍通用的文化而使所有文化服从这种文化，即文化的多样性是永恒的。日本学者平野健一郎的研究结论是各种文化之间的接触越频繁，文化越趋于多样化。②

（4）整合与碎裂的统一。

全球化是一种整合、是一体化，它具体表现为国际组织的增加，尤其是跨国组织的作用前所未有地得到增强，如联合国、世界银行、国际

---

　　①　罗伯森. 全球化：社会理论和全球文化［M］. 梁光严，译. 上海：上海人民出版社，2000：35-44，83-86.

　　②　鲍宗豪. 全球化与当代社会［M］. 上海：上海三联书店，2002：182-183.

货币基金组织以及跨国公司的作用日益增大，国家间的整合程度得到了极大提高，使得传统的民族国家壁垒，如国家主权在相当程度上开始削弱，国家的一体化运动十分活跃，并且原先少数人头脑中的理想开始成为现实，如欧洲一体化、资本的全球性流动、信息在全球范围内的共享等。在全球一体化的同时，各个国家，各个民族和各个地方的特殊性和独立性比以往任何时候都更强化。

（5）集中与分散的统一。

全球化的一个主要内容就是资本、信息、权力财富日益集中，尤其是日益集中于跨国公司。20世纪90年代以来，各大公司的兼并之风此起彼伏，更是助长了权力和财富的集中。苏联社会主义政权的裂变从某种意义上说也是全球化的一种后果，使国际政治的霸权从两个变为一个。此外，资本、权力、信息和财富分散化的趋势越来越明显。中小资产在世界各国仍然极其活跃，资本的集中化似乎并没有影响它们的发展，信息共享的程度越来越高，但是谁也别想垄断它们，虽然霸权主义仍存在，但国际政治的多极化格局却是不可逆转的潮流。在集中化和分散化的统一方面，最好的例子就是互联网的发展。互联网是人类发展进程中迄今为止最大的信息集散地，它吸纳储存了来自世界各地、各个领域、不同部门的无数信息，各种信息在这里得到了最大限度的集中，但是任何人又不能，也无法垄断这些信息，每一个网络上的人都可以享用这些信息，这些信息又具有最大限度的分散性。

（6）国际化与本土化的统一。

全球化正在冲破传统的民族国家壁垒，随之而来的是越来越多的国际性标准和国际性规范为世界各国所遵守，"与国际接轨"成为许多国家的共同口号，许多国际通用的标准或准则到现在才第一次获得其真正的国际意义。但是，各国在接纳这些普遍的国际准则或国际标准时，却始终没有忘记自己国家的传统和特征，并将所谓的国际准则或国际标准与自己国家的传统结合起来，使国际准则或标准本土化。

二、信息化及其形态

（一）信息化的含义

信息化是对人类社会发展走向后工业时代、信息时代的一种指称。相对于"全球化"而言，信息化虽然较全球化的时间来得迟，但人们对信息化的感受可能更为直接、深刻，尤其是在经济发达地区，在大城市更为明显。

信息化发端于20世纪60年代的西方发达国家，70年代后期西方社会才普遍使用"信息社会"和"信息化"的概念。90 年代，信息化浪潮席卷全球，影响到各行各业。进入 21 世纪，信息化已成为主导人类社会进程的历史洪流与先进生产力的代表。

何为"信息化"？我们认为，信息化是人类社会发展的一个高级进程，它的核心是要通过全体社会成员的共同努力，在经济和社会各个领域充分应用基于现代信息技术的先进社会生产工具，创造信息时代社会生产力，推动社会生产关系和上层建筑的改革，使国家的综合实力、社会的文明程度和人民的生活质量全面达到现代化水平。简言之，信息化是指形成与发展以计算机为主的智能化工具的新生产力，并使之造福于社会的历史发展过程。

在理解这一概念时要明确：信息化的主体是全体社会成员，包括政府、企业、团体和个人；它的领域是政治、经济、文化、军事和社会的一切领域；它的手段是基于现代信息技术的先进社会生产工具；它的途径是创建信息时代的社会生产力，推动社会生产关系及社会上层建筑的改革；它的目标是使国家的综合实力、社会的文明素质和人民的生活质量全面达到现代化水平。

（二）信息化的形态

所谓信息化的形态，就是信息化以何种形式存在于我们的社会。作为当代人类社会现实存在的"信息化"，叶澜在《"新基础教育"论：关于当代中国学校变革的探究与认识》一书中认为，信息化的存在形式至少涉及基础性的技术存在、结构性的社会存在和生命性的个体存在三个层面。[①]

（1）信息化的基础性形态——技术存在。

信息技术的核心是把信息数字化，人类通过数字化的信息技术实现了信息存在形态的两个重要的转换。一是把各种异质的实存信息，如声音、形象、文字、实物，通过取样、压缩、解压、编码、解码等数字化手段，转换成为比特、电子方式的同质存在。故信息技术的诞生也标志着人类的技术开发进入到电子时代。二是把实存形态的信息转换成虚拟形态的信息，创造了虚拟空间。正是数字化技术和虚拟空间的构造，使实存形态的信息有了超越时空传递的可能，人类的创造有了巨大的新空间和极具开发性的新工具。

信息技术的模拟功能中，最具历史意义的是对人脑信息加工的过程

---

① 叶澜. "新基础教育"论：关于当代中国学校变革的探究与认识 [M]. 北京：教育科学出版社，2006：38 - 49.

模拟。这种模拟是人类的科学探索进入新阶段的技术性标志，即科学指向人自身，实现信息加工、再生和创造，实现对世界和人自身的认识、调控的中枢神经系统和人脑的模拟阶段的技术性标志，也是人对自身机体的认识由边缘外在深入到核心内在的标志。信息技术的诞生推动了人类社会发展向新阶段的进发，可以说是信息技术作为信息化的基础性存在的更为深刻和长远的意义，也是教育必须认识和应对的事实。

（2）信息化的结构性形态——社会存在。

信息技术出现以后，人类社会诸多领域就因该技术的应用而发生了深刻变化，首先始于军事通信，而后到社会通信领域，再逐渐进入人类包括生活领域在内的各活动领域。时至今日，信息技术在社会的广泛应用已经带来了社会的结构性变化，使信息化具有了社会的结构性存在，其主要表现在以下五点：

第一，信息产业代替传统工业产业，成为社会的支柱产业。按照美国未来学家约翰·奈斯比特的分析，"1956 年在美国历史上第一次出现从事技术、管理和事务工作的白领工人数字超过了蓝领工人"。他宣称"美国的工业社会要让路给一个新社会，在这个社会里，有史以来第一次，我们大多数人要处理信息，而不是生产产品"[①]。

第二，知识成为社会发展的重要动力。如 20 世纪 80 年代后期起步和迅速发展的美国信息产业，使美国在 20 世纪末取得了信息时代国际竞争的领先地位，同时也推进了全球信息化的进程。

第三，信息技术给企业生产或工作过程的内部结构带来了深刻的形态变化。"工作组织由专业人员串行作业改变为由多个具有不同知识背景的团队，通过网络开展并行，工程设计不仅重视试验和经验，同时更注重计算机和理论，设计模式由进行实物模拟发展到情景模拟。"

第四，社会环境的信息技术化，使人的生存环境增加了虚拟社会。

第五，信息的高速流动、变化和互联网的普及，加速了全球化的进程和扩大了全球化的范围。社会信息化在全球化方面，最大的影响不是世界经贸、市场运作的方式变化和速度的加快，更为突出的是文化，尤其是发达国家的文化，从内容到形态迅速向全球扩散，从而带来不同地区、民族之间的文明冲突与融合的独特局面，社会价值观的单一主流状态被打破，呈现出价值观多元并存的局面。

（3）信息化的生命性形态——个体存在。

信息技术的发展会对个体生命存在的形态造成深度影响，并使信息

---

① 奈斯比特. 大趋势：改变我们生活的十个新方向［M］. 梅艳，译. 北京：中国社会科学出版社，1984：11.

化以生命的形态方式存在，这种结果是未曾料到的。其实，任何一种技术发明若能演化为时代性的技术标志和浸透到社会生活各方面，就必然会对人自身的生存与发展产生深刻影响，信息技术也不例外。生活在信息时代的个人的生命实践，与前信息时代中成长的个体有很大不同，呈现出信息时代特性的个体生命特征。这在青少年的身上尤其突出，他们被称为"新新人类"等，各种说法都有。

三、全球化、信息化进程中的中国社会转型

全球化、信息化是一个领域宽泛、力度不断增强的进程，在这样一个进程中，任何一个民族和国家都不可避免地以某种方式自发或自觉、主动或被动、或迟或早地卷入这一浪潮之中，进而发生一种根本性的社会转型。这种社会转型，其实质就是在融入全球化、信息化的进程中不断扬弃原有的社会结构并生成新的社会结构的过程。

（一）社会转型的界说

社会转型（social transformation），是指社会的整体性变动，即结构性变迁，或者说是"社会结构性转型"的简称。社会转型不只是社会各个领域，更主要的是社会结构方式的变化。社会的基本结构是经济、政治、文化之间的相互作用、相互制约的关系结构，这三大领域的活动正好满足了人类生存和发展的三大基本需要——物质生活资料、社会秩序和生活意义。

社会转型意味着旧秩序的打破，同时意味着新秩序的建立，转型在本质上是一种平衡态过渡到另一种平衡态，就是以不断变革的方式去适应深刻变化了的环境。各个国家的社会转型在时间上有先后之分，在性质上亦有差异。发达国家的社会转型是原发性的、自发的转型，早在十九世纪末二十世纪初就已经完成了由农业社会向工业社会、由近代向现代的转型。自二十世纪五六十年代以来，则开始了新的转型历程，即从工业社会向后工业社会（信息社会）、从现代性向后现代性转变。丹尼斯·史密斯曾说，发达国家"正处在过去五百年以来两个大转变中的第二个转变早期"，第一大转变是社会生活组织方式从家庭转向国家，第二大转变是由民族国家来支配政治转向由全球性组织来控制社会生活[①]。这主要是从政治学和社会学角度对社会转型做出的描述。发展中国家的社会转型是后发的甚至是被"逼"上社会转型道路的，这些国家由于长期遭受殖民主义统治和剥削，经济落后，工业化水平低，在社会经济结构

---

① 史密斯. 我们将走向何方？[J]. 读书杂志，2003（1）：18–23.

中普遍存在少量先进的工业经济和大量落后的农业经济二元并存的状况，又由于缺乏刺激文化转型的变革因素，后发国家在文化观念上的变革也长期滞后，政治民主化进程也就相当艰难和缓慢。这些国家在全球化、信息化浪潮的冲击下，可行的选择只能是以信息化带动工业化，实现跨越式发展。

（二）当代中国社会转型的历史发展

当代中国的社会转型是 20 世纪 80 年代中期以来发生的一次特殊且复杂的社会整体性转型。1976 年 10 月，为时十年的"文革"终结，继而又经历了两年的恢复与整顿时期，在政治领域上进行"拨乱反正"，社会逐渐趋于安定，社会各项工作逐步进入正常运行的轨道。1978 年中国共产党在第十一届三中全会上，对今后中国社会的发展方向做出了"改革开放"的历史性抉择，开始了当代中国社会转型的历程。

在未来的 50 年里，中国社会现代化需要完成两次社会转型，一是从农业社会转向工业社会、从农村社会转向城市社会。二是从工业社会转向知识社会、从城市社会转向城乡动态平衡的社会。相关文件指出，这两次转型，将从根本上改变中国人几千年来形成的传统习惯和生活方式，社会利益和社会角色也会重新洗牌。与两次社会转型相适应，中国社会现代化在推进新型城市化、推进社会信息化、推进社会知识化三个方面，均需完成两次转变。

推进新型城市化方面，中国人口空间结构将先后经历从农村社会转向城市社会、由城市社会向信息化、知识化的城乡动态平衡社会两次转变，基本任务是到 2050 年，城市化率提高至 80% 左右，郊区化率提高至 50% 左右。

推进社会信息化方面，是中国人的生活条件和生活方式要先后发生两次转变，一是由农村社会方式向现代城市生活方式转变，二是由城市生活方式向信息化、知识化、国际化的生活方式转变。基本任务包括：到 2050 年，信息化率达 80% 左右，出国旅游率达 50% 左右，汽车普及率达 50%。

推进社会知识化方面，需加速中国劳动结构的两次转变，一是工业劳动力比重超过农业劳动力，实现就业结构工业化（非农业化），二是知识性职业比重超过生产性职业，实现职业结构知识化（非物质化）。基本任务是在未来 50 年，农业劳动力、生产性职业比重分别年下降 5% 和 2% 左右，知识性职业比重年上升 3% 左右。有相关报告描绘 2050 年的中国将是一个中等发达社会，人均预期寿命逾八十岁，养老、医疗和失业保险覆盖率达 100%，人们可以自由合理流动。

改革开放后，随着以现代化建设为中心任务的逐渐确立，以及市场经济体制的逐渐形成，社会转型就总体而言，进入了一个正常、快速和健康的推进时期，其主要表现：第一，经济的发展无论是就其速度还是就其结构改善而言，呈现出相对良好的状态，同时计划经济体制逐渐被市场经济体制所取代；第二，城市化进程明显加快；第三，对外开放全面深入地推进；第四，社会化全面展开，新的社会阶层和职业群体相继出现，所有制成分呈多样化状态，社会流动日趋加剧；第五，世俗化进程迅速推进，人们的行为取向越来越认同现实性和理性化，人们的生活水准得到大幅度提升。社会转型总是发生于历史发展的重大转折时期，每一次社会转型都将导致社会生产力及整个社会发展模式的系列变化，并引起社会生活的各个领域发生变革。在当代社会发展中，社会转型的两个基本特征是：整体性与理性化。

（三）社会转型的当代价值

社会转型问题之所以成为当代社会发展的核心问题，是因为它在当代社会发展中具有前所未有的现实意义。

1. 社会转型是当代社会发展的主要形式

当代社会变革为社会转型提供了具体的历史条件和社会形式。当代社会变革的历史进程呈现如下三个基本特征：①渴望和平、谋求社会发展是当今时代的主题。②社会发展变革主要是社会主体通过理性的力量和科学决策的导向来实现。③社会变革成为世界性潮流。在当代，世界各国为了在激烈竞争的环境中增强自身实力，纷纷进行社会改革。政府倡导的社会改革，通过对社会结构进行调整，对社会体制进行革新，对社会发展行为观念进行规范和引导，成为社会发展中的理性化行为特征，对当代社会发展进程产生了重大影响。

当代社会变革的历史特点表明，当代社会发展不可能依靠轰轰烈烈的暴力革命形式，缓慢的、原始的社会进化也难以满足历史进步的要求，社会转型以它固有的特征成为社会发展的重要形式。因此，把社会转型提到社会发展观的高度加以研究，以期为当代社会发展提供前瞻性指导。

2. 社会转型是实现社会现代化的根本途径

社会现代化是人们利用现代科学技术，全面改造自己存在的物质条件和精神条件的过程，是一场席卷全球、内容广泛、影响深刻、变革激烈、形式特殊的社会变革过程。当今世界上每一个国家和民族，都根据自身的特点，按照各自选择的道路，或快或慢地在现代化道路上前进着。然而，现代化进程仍然没有形成主导性理论。"经济增长论"早已因把社会发展简单等同于经济增长而被抛弃。"现代化理论"因浓烈的西方中心主义思想以及实践上的失败，亦受到尖锐批判，还有依附理论、世界体系理论等都未能为社会现代化进程提供普遍有效的根本性指导。因此，社会现代化实质上就是实现传统社会向现代社会的一种社会转型。社会转型即以社会变革和科学技术革命的双重推动，从社会结构、社会体制以及观念层次进行全方位变革，是实现社会现代化的根本途径。没有结构的调整、体制的更新，以及观念的变革，社会现代化最多只能作为经济增长、经济现代化的代名词。没有社会的全面转型，社会现代化是不可能实现的。

四、社会转型对教育的影响

教育是人类社会发展的产物，与社会发展具有相互制约的关系。当代中国社会转型给教育发展带来了新的挑战和机遇。

（一）社会转型对教育的积极影响

1. 全球化要求教育改革与教育国际化

全球化使"世界公民"教育成为现实。世界公民的标准、如何教育世界公民、谁教育的世界公民最优秀等一系列问题成为今后教育面临的现实问题。有人认为，芬兰的基础教育＋美国的高等教育＝优秀的"世界公民"教育。

2. 教育技术与教学手段的信息化推动新的教学改革

以计算机为代表的教学工具信息化，首先带来的是课堂教学技术和教学手段的创新，教学技术和教学手段的创新，呼唤教学模式与教学方法的改革。如"翻转课堂"与"混合式教学"等。翻转课堂是近年美国教育界最热门的话题之一。其创始人是萨尔曼·可汗（Salman Khan），他自小学习成绩优异，考入麻省理工学院后，获得了数学学士学位、计算机科学学士学位和计算机硕士学位，毕业后他进入金融业，成为一名对冲基金分析师。2004年夏天，为了给住在新奥尔良的表妹辅导数学，住在波士顿的可汗索性将讲课的内容制作成视频，放到网上，让表妹自己去看、去学。没想到，他的视频无意中被更多的人看到了，不仅收到了如潮的好评，而且真的帮助了世界各地的很多人解决了数学学习问题。一些教师在使用可汗的视频后，教学流程发生了很大的变化：学生先回家看讲课视频，第二天再在课堂上做练习，教师对学生不明白的地方进行指导。这与原来先在课堂上讲课、再回家做练习的教学流程相比，刚好来了一个大翻转。翻转课堂的概念由此而生。翻转课堂的基本流程是，在家里，学生观看教师事先录制好的或是从网上下载的讲课视频以及拓展学习材料，而课堂时间则用来解答学生的问题、批改学生的作业，帮助学生进一步掌握和运用所学知识。

2007 年，可汗建立了一个非营利的网站名叫"可汗学院"，把他的讲课视频都放在了这个网站上。2009 年，可汗干脆辞掉了对冲基金分析师的工作，全身心投入到可汗学院的建设中。尽管不少人对"翻转课堂"持保留意见，但这阻挡不了越来越多的教师尝试的脚步。很多教师在试用的过程中发现：翻转课堂的学习方式对提高学生的成绩和加强学生的理解能力效果非常明显。

混合式教学是将在线教学和传统教学的优势结合起来的一种"线上 + 线下"的教学方式。通过两种教学组织形式的有机结合，可以把学习者的学习由浅到深地引向深度学习。

教育技术与教学手段的信息化，还将促进课程呈现方式的变革，数字课程、云课程不断丰富，课堂教学将会出现 AI 教师与真实教师同堂授课，教学智能化水平将逐步提高。

3. 教育目的更加注重人的核心素养

信息时代，尤其是智能时代的到来，机器人代替了许多人类的工作，使得人类面临新的社会分工。有人预测未来新零售、新制造、新金融、新技术、新能源等新兴产业将代替传统产业①，社会新分工的出现对人才素质提出新要求，培养具有创新能力的复合型人才成为教育目的的基本点。

教育为满足社会对人才素质提出的新要求，教育目的的重点将落在学生核心素养和关键能力的发展上。2017 年 9 月，在国家印发的《关于深化教育体制机制改革的意见》中就明确提出要注重培养学生"支撑终身发展、适应时代要求的关键能力"。所谓关键能力，包括认知能力、合作能力、创新能力和职业能力。即培养学生面对复杂情境时从多个角度发现问题的能力、想象的能力、批判性思维的能力、创造性解决问题的能力、合作的能力、沟通交流的能力等，以及在高速发展的信息社会进行信息搜索、处理和创新的能力等。

教育目的的新变化，必然带来教育内容的更新。以培养学生核心素养和关键能力为宗旨的本民族传统文化教育、信息技术教育及 STEM 教育（科学、技术、工程、数学四门学科英文首字母的缩写）等将成为新的教育内容。

4. 教育发展更加协同化

在管理机制上，学校教育的治理日益呈现出协同创新的特点。一方

① 马云. 新零售后，新制造是关键 [EB/OL]. (2018 - 09 - 19) [2020 - 01 - 09]. http://www.56products.com/news/detail/id/124113.html.

面，教育信息化技术的开发和运用，如各类网络教学平台的建设和使用，要求提供这些信息技术服务的企业参与到教学活动中，及时调整和完善网络教学平台的资源和技术，以更好地满足学习者对信息技术的需要。另一方面，随着全球化和信息化进程的加速，学校教育质量越来越成为衡量一个区域或社区发展水平的重要标准，学校教育从区域或社区发展的边缘地位逐步转向中心地位，政府、企业、社会其他组织将更加关注和参与到教育教学改革中，为实现培养高素质创新型复合人才共同努力。当前，我国中小学教学改革中协同创新机制有多种多样的表现形式，如U－S－A－N协同创新（大学、中小学、教育行政部门和非政府组织项目研究和实践改进）、C－U－S（企业、大学和中小学合作项目研究和实践改进）、区域统筹之下的校际协同创新、学校—基地协同创新和家校合作等。当然，协同创新不是一蹴而就的，多方合作也不一定会共赢。推进协同创新，需要我们在优化机制上多加探索。

（二）当代社会转型期的教育问题

当前我国的社会转型成为驱动我国教育系统变革与教育问题解决的最主要的社会背景。教育问题特指教育系统中出现的病态或失调现象。社会转型期的教育问题具有多重性，可能是教育系统病态的表现，可能是教育进步过程中的特殊问题，也可能是教育发展进程中必要付出的代价。

社会转型期的教育问题表现为六类：结构性教育问题、跨时空性教育问题、过程性教育问题、伴生性教育问题、失范性教育问题和失误性教育问题。当前我国亟待解决的教育问题主要为伴生性教育问题、失范性教育问题和失误性教育问题。

（1）结构性教育问题。

是因社会结构与教育结构的不协调而产生的具有区域特征的教育问题。主要有推行普及教育的地区差别、教育自身的结构性矛盾等。例如，由于经济发展的双重跨越，使得教育系统也必须同时实现双重跨越，既要完成普及教育的任务，又必须解决高学历、高层次人才的培养任务，在这两者之间就必然会产生严重矛盾。这也就是教育政策层面始终难以把握好的"效率优先，还是平等优先"的矛盾。

（2）跨时空性教育问题。

是指在不同国家、不同时期重复出现的教育问题。例如，因人口结构失衡导致的教育结构失衡、教育资源浪费、教育滞后等都属于这一类问题。

（3）过程性教育问题。

有两种类型：一是不同的社会发展阶段会出现不同类型的教育问题；二是一个教育问题一旦出现，会有它自身独特的发展过程。

（4）伴生性教育问题。

是指与社会发展或教育系统自身的发展、变革等相伴而生的教育问题。例如，经济发展的差异带来了贫富差距的扩大，从而形成教育机会不均等的新问题；就业制度的改革对原有专业设置的冲击；改革开放的同时带来东西方文化的碰撞，导致价值观念紊乱；社会流动的加快带来流动人口子女的教育问题等。

（5）失范性教育问题。

是指当出现相互冲突的教育规范，或旧教育规范已经失效而新教育规范尚未形成，或只有不明确的甚至根本不存在教育规范时，教育系统中所出现的各种混乱状态。社会的剧变和转型过程都可能带来"失范"现象。这种失范现象几乎出现于所有的社会子系统中。在教育领域同样如此。学校中曾出现的"三乱"（乱收费、乱补课、乱办班）是社会转型时期特有的失范性教育问题。师生的失范行为（包括教师的失职行为，学生的违规、违纪以及违法犯罪行为等）则是另一类严重的失范性教育问题。

（6）失误性教育问题。

指在社会转型过程中，由于学校教育没有及时顺应这种变化，采取有效的教育干预措施，导致学生在成长过程中出现的各种问题。这是因教育失误所致，故可以称之为"失误性教育问题"。

教育问题的解决必须采取综合治理的措施，必须在三方面达成共识："最基本的切入点是教育观念的变革、最重要的技术手段是教育资源的整合、最根本之道则需依靠推进社会整体系统的变革。"[1]

第二节　当代中国中小学教学改革政策变迁分析

教学活动是教育领域中的核心组成部分。教学改革政策作为国家意志与教育领域变革的微观实践体现，主要表现在教学目的、教学制度、教学内容、教学方法、教学评价以及教学改革等方面，为教育优质发展

---

[1]　马和民. 论社会转型期的教育问题与综合治理 [J]. 杭州师范学院学报（社会科学版），2003，25（1）：86-92.

提供强有力的助攻。尤其是进入新时代，我国中小学教学活动发生了显著变化。基于此，本节通过系统梳理当代中国中小学教学改革政策的发展脉络和已有成就，反思不足，提出中国中小学教学改革政策发展的可能途径，以更加有效地指导中小学教学实践活动。

一、当代中国中小学教学改革政策变迁历程

中华人民共和国成立以来，我国中小学教学改革政策经历了多次变革。本节在借鉴已有研究成果的基础上，将当代中国中小学教学改革政策变迁历程划分为以下六个时期。

（一）改造与过渡时期（1949—1956 年）

中华人民共和国成立后，为适应社会主义教育事业的发展，改造旧教学体制成为时代之需。为此，党和政府制定了一系列教育政策，旨在推动基础教育教学朝着社会主义教育的方向发展。1949 年 9 月，第一次全国教育工作会议提出"要借助苏联经验，建设新民主主义的教育"。1949 年 11 月 8 日，中央人民政府教育部第一次部务会议决定，根据《中国人民政治协商会议共同纲领》第 46 条，规定"中华人民共和国的教育方法为理论与实际一致。人民政府应有计划有步骤地改革旧的教育制度、教育内容和教学法"。1953 年，教育部颁发了教学政策文本——《中学教学计划（修订草案）》，规定了中学阶段 12 门学科①。《小学语文课程暂行标准（草案）》规定了小学阶段 8 门学科②。之后教育部颁发了《小学（四二制）教学计划（草案）》，该文件强调了劳动生产教育及体育等③。1955 年 9 月，教育部根据新的形势颁发了《关于颁发"小学教学计划"及"关于小学课外活动的规定"的命令》。直至 1956 年 3 月，教育部颁发了我国第一套较为齐全的教学大纲。可以说，这一时期的中小学教学改革政策与政治、经济体制的大一统模式相吻合，表现为统一的教学大纲、统一的教学计划和统一的教学内容。

（二）摸索与停滞时期（1957—1977 年）

1956 年"三大改造"完成后，教育事业也随之进入全面建设社会主义时期。这一时期在教育上贯彻执行了"两条腿走路"的方针，进行了一系列适应我国社会主义建设需要的教育教学改革。1958 年，全国掀起

① 中央人民政府教育部. 中学教学计划（修订草案）[J]. 人民教育, 1953 (8): 67–68.
② 人民教育出版社. 小学语文课程暂行标准（草案）[EB/OL]. (2010–08–20) [2020–01–12]. https://old.pep.com.cn/xiaoyu/yuwenbook/xy_dsyz/xy20sjzg/201008/t20100820_683646.html.
③ 小学（四二制）教学计划（草案）[J]. 江苏教育, 1954 (6): 10–12.

了工农业生产"大跃进"高潮。这一高潮很快波及教育领域，并引发了教育领域的"教育大革命"。同年9月，中小学开始普遍停课，投入大炼钢铁和"三秋劳动"中，有的学校还提出"生产在哪里，学习就在哪里"以及"工地是学校，炉旁是课堂"，教学安排竟"以钢为纲"，边生产，边学习，边辩论，把原有的教学计划、教学大纲完全搁置一旁，另外制订出所谓结合生产实际的教学计划。1961年，在贯彻"调整、巩固、充实、提高"的方针中，对教育事业进行了调整。随后，中共中央先后颁发了《全日制中学暂行工作条例（试行草案）》和《全日制小学暂行工作条例（试行草案）》，并制订了新的教学计划，也有了新的教学大纲。文化大革命期间教育事业遭受重创，中小学教学活动处于停滞状态，教学计划和教学大纲被曲解、更改，甚至悬空。

（三）改革与重建时期（1978—1984年）

伴随改革开放的春风，我国中小学教学活动逐步回到正轨。1977年，邓小平指示恢复中小学教学秩序，重组人民教育出版社。1978年1月，教育部颁发《全日制十年制中小学教学计划试行草案》。1981年，教育部颁布《全日制五年制中学教学计划试行草案的修订意见》。1984年教育部提出"关于全日制六年制小学教学计划的安排意见"，之后又分别颁布了《全日制六年制城市小学教学计划（草案)》和《全日制六年制农村小学教学计划（草案)》，对城市小学和农村小学的数学、自然常识、外语、劳动课程各自提出了不同的要求。尽管时间短暂，但中小学教学改革政策的及时出台有力地促进了中小学教学秩序的恢复与重建。另外，受制于苏联赞可夫提出的"高难度、高速度"的教学实验成果，这时期的中小学教学改革政策呈现"以知识本位、教学效率为取向"的特点，于是智力作为能力的核心因素得到了比较广泛的关注。

（四）审视与完善时期（1985—1999年）

经过前期教学秩序重建后，这一时期过于重视智力培养、精英化教育，而逐渐忽视对学生其他能力的培养，弊端不断出现。为此，1985年颁布的《中共中央关于教育体制改革的决定》也指出，我国教育事业面临课程内容陈旧、教学方法死板、实践环节不被重视等问题。对此，中小学教学改革政策提出"各级各类教育要改革教学内容、教学方法、教学制度，针对现有的弊端，积极进行教学改革的各种实验"。可以说，这一份文件有力地支撑了社会主义教育的现代化建设，给中小学教学改革提出了规范性、指引性的要求。这一时期不断出现各类教学改革尝试，如朱永新的"新教育实验"、叶澜的"新基础教育"等。1993年2月，中共中央、国务院发布的《中国教育改革和发展纲要》提出了由应试教育向全面发展的素质教育转轨。1998 年，教育部颁布《面向 21 世纪教育振兴行动计划》。1999 年，国务院发布的《关于深化教育改革 全面推进素质教育的决定》中明确提出"素质教育"的概念。可以说，这些文件均为中小学教学改革指明了方向。至此，中小学教学改革由偏重"双基"的知识本位转向关注教学质量的素质本位。

（五）转型与突破时期（2000—2009 年）

世纪之交，教育改革走向新的方向。2001 年，《国务院关于基础教育改革与发展的决定》提出"实施素质教育，促进学生德智体美等全面发展"和"各地要建立教育教学改革实验区和实验学校，探索、实验并推广新课程教材和先进的教学方法"。此后，"素质教育"理念成为新一轮基础教育课程与教学改革的核心理念，深刻影响基础教育教学的理论与实践。在这一阶段的发展中，教学政策更加注重合理调整系科和专业设置，拓宽专业面，优化课程结构，改革课程内容和教学方法，加强教材建设，注重素质和能力培养，增强学生对社会需要的适应性。逐步实行学分制，在确定必修课的同时，设立和增加选修课，拓宽学生的知识视野，激发学生学习的主动性和创造性。建立合理的淘汰制和优秀学生奖励制等教育教学制度，大力提高教育质量，突出以人为本的特点，重视学生的主体性，重视新型师生关系的构建等。

（六）创新与深化时期（2010 年至今）

2010 年 5 月，《国家中长期教育改革和发展规划纲要（2010—2020 年)》的颁布为教学改革做出了新的政策要求。其明确指出：坚持育人为本，以改革创新为动力，以促进公平为重点，以提高质量为核心，全面实施素质教育。2017 年，中共中央办公厅、国务院办公厅印发的《关于深化教育体制机制改革的意见》指出：建立以学生发展为本的新型教学关系，改进教学方式和学习方式，变革教学组织形式，改革学生评价方式，充分发挥现代信息技术作用，促进优质教学资源共享。可以说，这些政策文本给中小学教学改革提供了方向性和可行性参考。

进入新时代，"互联网＋"、云课堂、智慧课堂、人工智能等技术的飞速发展，教学活动与现代信息技术的有机结合，成为基础教育改革的新契机，也成为提高基础教育教学质量的新引擎。可以说，这阶段信息技术与教学活动的结合，深刻变革了教学组织形式，改变了教学时空、教学方式等。总体来看，这阶段的中小学教学改革政策倾向以现代信息技术为突破点，寄希望于现代信息技术能够驱动新一轮中小学教学改革。

二、当代中国中小学教学改革政策的特征

(一) 从"单一利益表达"走向"多元利益表达"

中小学教学改革政策中主要涉及国家、社会、学校、教师、学生等利益主体的诉求。纵观中华人民共和国成立 70 多年来中小学教学改革的各种政策,均试图在这些利益主体中寻求动态平衡,并在不断建构和完善中指向学生"完整的人"的追求。中华人民共和国成立后乃至在较长的一段时期里,我国中小学教学改革政策围绕"单一"层面的政治和经济展开服务。原因在于中华人民共和国成立初期,百废待兴,旧有教学体系无法适应社会主义教育事业的发展,加之国际社会的封锁,全面效仿苏联教育模式成为党和政府的理性选择,使得中小学教学改革也以党的政治指令为准,全面系统地吸收苏联的专才教育模式,表现为分科教育、统一教学计划、统一教学大纲等。随后,在"第二个五年计划"中,中小学教学改革也以社会经济发展为变,调整相应的学科以及教学计划等。"文革"期间,中小学教学活动受到严重影响,濒临崩溃。改革开放后,全国教育事业逐渐走向正轨,重建的教学体系依然受政治影响。进入中后期,推进社会主义现代化建设成为各个领域的总基调,各行各业都需要大量人才为社会经济建设服务,因此,中小学教学改革政策开始强调以教学效率为中心,尊重教学规律,重视学生的基础知识、基础能力,缓和国家意志、社会发展与人才素质的矛盾。进入 21 世纪,"以人为本"的提出、重视人的主体地位等理念的宣导,中小学教学改革政策也开始表现出以学生为本的价值取向,倡导学生的主动性,尊重学生的主体地位,激发学生学习的积极性,激活学生作为生命个体的活力。可以说,这些政策内容体现了从"单一利益表达"到"多元利益表达"的取向变化。

(二) 从"知识本位"走向"知识与素养本位"

中华人民共和国成立后的较长一段时期里,由于旧文教事业落后以及国民文化素质不高,难以对接国民经济恢复和社会主义建设,迫切需要大量人才,加之受到苏联教育教学思想的影响,中小学教学改革政策倾向于引导学生迅速掌握基本知识和基本能力,以培养有知识的专门人才,为社会主义事业发展提供有用的人才。改革开放以后,伴随国民经济的发展以及社会对高质量、高素质人才的需求,以知识本位的教学改革政策越来越难以适应国民经济和社会发展的需要。1999 年 6 月,中共中央、国务院颁布《关于深化教育改革全面推进素质教育的决定》,提出培养学生的创新精神和实践能力,尊重学生身心发展的特点和教育规律,

使学生生动活泼、积极主动地得到发展。加之欧美国家教育教学思想的引入，中小学教学改革政策开始关注学生的创新能力和非智力因素的培养，逐渐转向以学生的素质教育为主。如马芯兰开展的以发展智力和培养能力为主，提高教学质量的改革试验。① 进入新时代，全球化、信息化、经济化、智能化等时代特征越来越明显，加之国内长期存在"学科本位"和"知识本位"现象，因此，培养学生适应时代发展的能力成为当前国内教育改革中迫切需要关注的焦点。2016 年，以北京师范大学林崇德研究团队为核心，发布了历经三年的"中国学生发展核心素养"研究成果，"学生发展核心素养"指学生应具备的，能够适应终身发展和社会发展需要的必备品格和关键能力，是关于学生知识、技能、情感、态度、价值观等多方面要求的综合表现。至此，"学生发展核心素养"在教育领域引起了巨大反响。2017 年印发的《关于深化教育体制机制改革的意见》提出培养学生适应时代要求的关键能力，这明确了教学活动的一项基本任务。2018 年，教育部发布《普通高中课程方案和语文等学科课程标准（2017 年版）》，涉及普通高中课程方案和语文等 14 门学科课程标准的修订②。需要说明的是，本次课程标准是在中国学生发展核心素养的框架下，通过反思学科本质和育人价值，凝练了各学科核心素养的基础上修订的。

（三）从"自上而下"走向"上下联动"

改革的"自上而下"与"自下而上"，主要指的是改革发动者是源自改革主体的系统上端抑或是系统下端。③ 可以说，基础教育教学改革的"上"或"下"既是一个认识论问题，也是一个方法论问题，两者之间关系比较复杂，具有相对性，难以做出简单归类或非此即彼的"二分法"。但是，本书更倾向于将中小学教学改革的"自下而上"转述为"上下联动"。"自上而下"教学改革政策，即指以国家教育管理部门为主导，强调以政策工具为手段的一种"自上而下"的权威性指令或变革，所制定的教学改革政策可以直接规定教学实践或活动。中华人民共和国成立初期，各个领域响应向苏联学习的热潮，中小学教学改革政策也不可避免

①　王天平，闫君子. 新中国 70 年基础教育教学改革政策的发展历程与未来展望 [J]. 海南师范大学学报（社会科学版），2019，32（6）：64 - 71.

②　中华人民共和国教育部. 普通高中课程方案和语文等学科课程标准（2017 年版）[EB/OL].（2017 - 12 - 29）[2020 - 01 - 21]. http：//www. moe. gov. cn/srcsite/A26/s8001/201801/t20180115_324647. html.

③　卢晓中. 深化高教领域综合改革的"自上而下"与"自下而上"[J]. 国内高等教育教学研究动态，2016（21）：4.

地受到苏联指令性计划的影响，表现为教学课时、教科书内容、教学参考书内容、教学计划、教学大纲等由国家教育管理部门统一规定，全国"一盘棋"，再交给地方教育管理部门或学校严格执行。"上下联动"教学改革政策，即在巩固国家教育管理部门统一领导的前提下，扩大地方教育管理部门的自主权，给予地方教育管理部门更多的独立自主性，激发其在教育改革中的主动性、积极性，并寄望于地方教育改革的经验、成果来促进国家教育政策不断完善。改革开放后，中小学教学改革政策在一定时期内还保留苏联教育模式的印记，但伴随社会主义市场经济的发展，原有教学体制已难以适应社会主义现代化建设对各类型人才的需要。1986 年，教育部颁布《中华人民共和国义务教育法》，首次以法律的形式规定了权力下放的原则，明确提出："义务教育事业，在国务院领导下，实行地方负责，分级管理。"如国务院教育主管部门负责义务教育的教学制度、教学内容、课程设置以及审订教科书等。2001 年，国务院发布的《关于基础教育改革与发展的决定》明确提出，国家实行三级课程管理制度，进一步加大了地方教育管理部门以及学校和教师的自主权。如校本课程开发中调动了教师对教材理解的积极性，赋予教师对教学内容进行选择、删减、重组和创新的特权，进一步促进了教师与学生在知识的视域中"生成"，同时也从实际上赋予了教师对课程和教学的改革空间。此外，自 1994 年国务院颁布《教学成果奖励条例》，到 2014 年教育部公布了首届国家级基础教育教学成果获奖名单，即从政策上鼓励基础教育教学改革，寄望基础教育所产生的经验、成果，也激发了基础教育教学工作者对教学改革的热情和追求。可以说，这些政策内容体现了从"自上而下"走向"上下联动"。

三、当代中国中小学教学改革政策的反思与展望

（一）政策制定方面

纵观中华人民共和国成立 70 多年来中小学教学改革的各种政策，还存在以下不足：一是中小学教学改革政策制定主体之间沟通不足。中华人民共和国成立后较长一段时期，我国制定了不少中小学教学改革政策，但是当时的政策制定者对政治、经济等的跟从性或依附性较为明显，缺乏对政策主体间、政策过程、政策实施的积极关注，包括对中国各个地区实情的把握不足，这就导致政策制定与实施两个重要环节脱节。同时，导致地方教育管理部门和学校在执行中规避或悬空政策。二是中小学教学改革政策的独立性缺乏。中华人民共和国成立后，我国中小学教学改革总体上呈良好的发展势态，但也经历了一个动荡的曲折过程，给独立而

系统的中小学教学改革带来了一定的阻碍。加之，我国传统上往往将教学视为教育、课程的范畴，并且教学还与课程之间存在重叠之处。所以说，教学从一开始就没有形成完全独立的领域，这就使教学改革政策从属于教育政策或课程政策，缺乏应有的独立性和自主性。

因此，本研究认为，未来中小学教学改革政策制定方面应在以下两个方面进行完善。一是政策制定者要关涉不同的政策主体，促进政策实施的有效性。在制定教学改革政策前，教学改革政策制定者要对一线教学情况进行深入调研，广泛听取教育管理部门、学校、教师等利益相关者的意见，确保教学改革政策具有较好的问题指向性和现实有效性。二是制定专门的中小学教学改革政策。中小学教学改革政策作为中小学教学实践和教学活动顺利、有序开展的支撑，起着规范性和指导性的作用，这样系统化、独立化的教学改革政策才能明晰教学改革方向，增强教学改革活力，提升教学质量。

（二）政策内容方面

从中华人民共和国成立 70 多年来中小学教学改革政策的变迁来看，尽管其因时代背景的变化而做了调整，但还是存在政策内容模糊和泛化的问题。所谓政策模糊和泛化，即指政策中的表述采用笼统概括的话语，而非具体明确的规定，这将导致政策在执行中极易出现偏差。[1] 例如，1958 年由于"大跃进"，常规教学被搁置，生产在哪里，学习就在哪里；1985 年颁布的《中共中央关于教育体制改革的决定》指出，各级各类教育都要改革教学计划、教学内容、教学方法、教学制度等。2001 年印发的《关于基础教育改革与发展的决定》中指出改革考试评价，探索先进教学方法等。这些政策表述均存在模糊性，缺乏具有可操作性的具体措施。

因此，本书认为，未来中小学教学改革政策内容的表述应当清晰、明确，不能过于笼统和泛化。明确的中小学教学改革政策能够使政策目标与教学实践相吻合，避免由于表述模糊而给一线教学实践带来困扰，从而实现政策的最大效益。例如，首先，探索先进教学方法，就要在政策中尽可能详细地表述先进教学方法是什么，先进教学方法的标准是什么。对于改革考试评价，就要形成明确的考试评价体系，就要在政策中尽可能详细地表述考试评价的内容、指标、方式等。其次，教学改革政策内容要能引导教师将学科教学和专业发展相融合，补齐教师专业结构

---

① 卢德生，饶丽. 新中国成立 70 年教师教育政策发展回顾与反思 ［J］. 教育理论与实践，2020，40（13）：43－48.

的短板，既促进教师自身素质的提升，又促进地方教育教学生态的完善乃至教育优质发展。最后，教学改革政策还要以多种形式鼓励地方教育管理部门、学校、中小学教师与高校、科研机构合作，取长补短，相互促进，共同推进中小学教学改革，取得优秀的教学成果，促进当地基础教育教学的优质发展。

（三）政策取向方面

中小学教学改革是一项牵一发而动全身的系统工程，涉及方方面面的事务，尤其是教学改革中的"人"。从中华人民共和国成立后70多年以来关于中小学教学改革的各种政策来看，其"人"的主体性不断突出，但仍然不够。当今，教育越来越提倡"人"，尊重人的主体性，发挥人的主动性，但教学改革中的"人"并不仅仅是"国家教学政策制定者"，也包括地方教育管理者、学校管理者以及学生。从已有的教学改革政策文本来看，国家对地方教育管理者、学校管理者、中小学教师的主体性关心还不足，对学生主体性发挥的关注和关心尤其不足。

因此，本书认为，未来中小学教学改革政策要坚持以人为本，尤其要以学生为本的取向，充分发挥教学改革中人的主动性、积极性、创造性。对于地方教育管理部门来说，教学改革政策应着重彰显地方教育管理部门在基础教育教学管理中的自主权，促使地方基础教育教学改革做出特色，形成"样板工程"。对于学校管理者来说，要引导学校管理者成为专家型、改革型管理者，激发他们对基础教育教学事业的热忱和信心；对于教师来说，要尊重教师的主体性，体现对教师的关心，充分发挥教师的能动性，赋予他们对教材的独特理解、对教学内容的选择、重组等权限；同时，要给教师提供参与政策决定的机会，这不仅有利于完善和改进政策，还有利于调动教师教学和参与改革的积极性，让教师对教育教学事业更加有信心和热情。对于学生来说，教学政策要关涉学生的主体需要，要指向学生"完整的人"的实现，让学生积极主动地参与到教学活动中，感受学习活动所带来的快乐、幸福。

总体而言，自中华人民共和国成立以来，我国中小学教学改革政策在不断地向前发展，尽管在这发展的过程中存在不少问题，但我们相信，这些问题必然能够得到解决，这也是中小学教学改革发展的必然趋势。放眼未来，我国中小学教学改革政策还需在系统化、独立化、协调化、动态化中不断迈出新的步伐，引领基础教育事业走向新征程。

第三章　当代世界教学改革的主要理论

没有革命的理论，就没有革命的行动。

——列宁

现代教学理论与思想是基于全球化背景、人的心理探讨、脑科学的发展以及人的全面发展价值的认识产生的，诸如人本主义教学理论、建构主义教学理论、多元智能理论等，是当代世界教学改革的理论基础与科学前提条件。下面将从满足学生多样化需求和促进学生全面发展，以及提高教学质量等角度谈谈人本主义教学理论、建构主义教学理论和多元智能理论等。

第一节　人本主义教学理论与教学改革

人本主义（humanism）教学理论是 20 世纪 70 年代以后盛行于西方特别是美国的一种思潮。它以人本主义心理学为理论基础，主要是在反对当时盛行的行为主义观点和精神分析方法的基础上提出的，是人本主义心理学在教育领域里的应用。

一、人本主义教学理论的产生与发展

关于人本主义教学理论产生的社会基础。18 世纪中期产业革命后，科学技术在生产中的广泛应用迅速推动了西方社会现代化、工业化发展，但这种以工具理性和个人主义为特征的工业文明也带来了严重的负面效应，即重视技术轻视人文，造成了人的普遍异化。如人与自然关系的异化，生态失衡、环境污染、能源危机等直接威胁人类的生存。人与社会关系的异化，金钱至上，技术专制，使人际关系紧张，人与人之间冷酷无情、自私自利。这种异化反映到教育领域便是极端的科学主义。人本主义教学理论正是人们在反思现代化，寻求后现代化之路的时代背景下所进行的一种探索。

关于人本主义教学理论产生的理论基础。存在主义和现象学是其哲学方法论基础。面对工业文明的困境，存在主义认为，摆脱异化的出路是尊重人的价值，抬高人的地位，他们认为："个人的存在先于本质。"即人的自我精神、自我意识是天生固有的，人人都能选择和自由创造，都能对自己的行为负责，人生最重要的是恢复人的"存在"，进行自由选择，只有这样才能获得人的价值。现象学认为，对事物现象，即本质的研究必须摆脱现存的一切理论、观念和偏见，用自由联想的方法去揭示，还客观世界以本来的面目。人意识的过程就是揭示客观事物的过程，而人的意识是一个整体，一个"格式塔"，应对事物进行整体研究。

人本主义心理学是人本主义教学理论的重要理论来源。二十世纪五六十年代，随着行为主义教育的盛行，行为主义在教育上的缺点日益暴露，行为主义者把人不当人，只当作实验的物品与机器，忽视人的主体性，将人的教育过程视为简单的"刺激—反应"过程。行为主义受到猛烈抨击，学生学习被描述成"煎熬""苦役""摧残"，学校被描述成是学生的"劳狱""心灵屠宰场"。在此基础上，人本主义心理学逐步发展起来。人本主义心理学认为：①应把人的内在意识作为心理学的研究对象。②人性是"持续不断地增长"的，追求自我完善和实际之间有种永恒的紧张，这种紧张推动着个体不断地发展和完善自我；人性天生就是善良的，人类机体有能力进行自我指导，在实现自我的动机下决定自己的行为，只要提供适当的环境和机会，人性就能向健康的方向发展，人性是自主的，是能进行自我选择的。③应把人的价值作为心理学的研究内容，人本主义价值观是一种自主的、有意向的、趋向健康成长的价值体系，基本倾向是保持真实性，自主、自由、自我选择和自我决定。人本主义教学理论以人本主义心理学为理论基础，主张研究人的本性、潜能、经验价值、创造力以及自我实现等，是人本主义心理学在教育领域中的应用。

综上可知，从理论上来看，人本化教育思想不仅在某些方面继承了西方人文主义教育传统，受到了20世纪兴起的各种人本主义思潮特别是人本主义心理学的影响，而且与实用主义教育、存在主义教育也有着一定的联系。

其主要代表人物是美国人本主义心理学家马斯洛（Abraham H. Maslow，1908—1970年）、罗杰斯（Carl Ransom Rogers，1902—1987年）等。尽管他们的观点并不完全相同，论述的角度也各有侧重，但他们都对人的整体性以及如何促进人的潜能实现等教育问题进行了深刻论述。

二、人本主义教学理论的主要内容

受人本主义心理学的直接影响所形成的现代人本主义教学理论，其核心强调教育教学要"以人为本"，发展人的潜能和树立自我实现观念，主张教育教学要关心人的尊严，尊重学习者，培养"完整的人"。相信任何学习者都能自己教育自己，发展自己的潜能，并最终达到"自我实现"。"把学习者视为学习活动的主体，重视学习者的主观性、意愿、观点、情感、需要和价值观。"人本主义教学理论深刻地影响了世界范围内的教育改革，是与程序教学运动、学科结构运动齐名的 20 世纪"三大教学运动"之一。

（一）关心人的尊严，尊重学习者，培养"完整的人"

人本主义教学理论认为教育应以弘扬人性基础、发展创造力为核心，关心人的尊严，尊重学习者，个体是教育的主体，把人当人看。宣扬"在发现自我的境遇中进行的个人的自由发展"，培养"完整的人"，并把它作为教育的基本目标。从词源上来看，人文主义（humanism）一词基本上是指以人性的弘扬为主要目的的一种全面的教育。因此，人本主义教育家认为，未来教育面临的最大挑战就是怎样培养"完整的人"和"自我实现的人"，也就是身体、心智、情感、精神融为一体的人，即知情合一的人，是一种具有整体性、动态性和创造性人格特征的可自我实现的人。

以其人性观为出发点，以培养完整的人、形成独立个性为归宿，在教学上努力培养学生包括学习和认知能力的发展，及其情感、意志的形成和对整个人的教育，是人本主义的教学目标。

（二）"自我实现"是教学发展的基本动力

人本主义教学理论强调在教学上要相信每个学生都有自我发展的潜能，相信都能自己教育自己，并最终达到"自我实现"，成长的结果就是"自我"和"自我概念"的发展。

为了"自我实现"，学生的学习应当是以自由为基础，且具有一定意义。因为学生本身就具有学习的内在潜能，教师的任务不是教学生学知识，而是为学生创设一种良好的学习环境，使学生能够根据自己的兴趣爱好以及自我理想来选择相关的学习内容。因此，所选教材必须符合学生的生活经验，有助于实现学生的生活目标，当学生感到学习的内容与自己的目标有关时才会产生学习的意义，才能把所学的知识全面渗入学生的个性和其行动之中。教师要理解和尊重学生的个人情感与需要，使每个学生都有展现其优点的机会，只有这样，学生才会全身心地投入到学习中，从而发现、获得、掌握知识。正如苏联教育家苏霍姆林斯基所说："如果一个人不相信孩子，稍有挫折就沮丧，就绝望，如果他认为孩子将一事无成，认为他在学校不会有所作为，那么，他不仅会使孩子们痛苦，而且自己也会终生感到苦恼。"那种在任何事情上都不显示个性、什么都不感兴趣、谁都不惊扰、既不让人操心、也不惹人不愉快的孩子，才是最棘手的孩子。①

被周恩来总理称为"战士作家"的高玉宝，1948 年入党时，由于不会写字，给指导员交了一份"图画入党申请书"。有谁想过就是这样一个识字不多的战士，依靠自己的努力，充分发挥着自我发展的潜能，最终成为著名作家。

（三）把学习者视为学习活动的主体，建立"以学生为中心"的教学模式

1. 学生自行确定教学内容

因为把学习者视为学习活动的主体，人本主义教学理论认为教学内容主要由学生根据自己的兴趣决定，教师不做预先规定，这样学生所学的知识能够全面渗入其个性和行动之中，才能开始真正意义上的学习。

2. 建立"以学生为中心"的教学模式

以罗杰斯为代表的人本主义者提出了"以学生为中心"的情感教学模式，将学生视为教育的中心。学校为学生而设，教师为学生而教，注重过程的学习方式，师生之间应该建立新型人际关系。认为整个教学过程不应有固定的结构，由学生自己决定学习什么、怎样学习、学习得怎样，实质上是学生的一种自我的教育过程。作为教师要以真诚、关怀和理解的态度对待学生的情感和兴趣，创造一种促进学习的良好氛围，把自己融入班集体，给学生创设"真实问题"并和学生一起讨论和思考。课程的安排是无结构的，主要从事自由的讨论，使学生能够形成和表达他们自己的看法和感受。学习主要是促进学习过程的不断发展，促进学生的成长，鼓励思考，而学习内容退居第二位。

同时认为教学过程的情感不仅是认识发展的动力，而且在培养自我实现的人的过程中也具有特别重要的价值。由此，形成了一套以知情协调活动为轴心，情感作为教学活动基本动力的教学模式。

3. 倡导平等的师生关系

人本主义教学理论特别关注教学中人际关系的价值。在师生关系上，主张"师生平等"，教师对学生要有"真实、尊重、理解"的态度，认为

---

① 苏霍姆林斯基. 帕夫雷什中学 [M]. 北京：教育科学出版社，1983：28，12.

教师的主要任务不是"教授"，而只是班级活动的参与者，主要充当"促进者"的角色，除了给学生提供所需要的有关学习资料，帮助学生明晰价值外，教师的关键任务是建立良好的人际关系。为了促进学生的人格充分发展，教师必须具备以下品质：教师应该表里如一，以真诚的态度对待每一位学生，在和学生的交往过程中要真实地表达自己的观点和情感；教师要充分尊重、信任学生以帮助学生发展自己的内在潜力；教师要力求了解每个学生的内心世界，设身处地地为学生着想。

（四）建立以学生的自主评价为核心的教学评价

"自主评价"是由学生自己制定评分标准，并实际执行评价，看自己的行为是否达到预定目标的一种评价方式。传统教育的教学评量只以教师的标准为依据，学生只能被动地接受教师的裁决。在这种教学评价方式下，对成长中的学生而言，既不能建立一种比较科学的评量标准来评价学习，又无法由此评价学生对自己的行为后果负责。针对传统教学评价的弊端，人本主义者极力倡导建立以学生的自主评价为核心的教学评价。他们认为，教学评价的目的也不只是检查学生学到了多少知识，而是要进一步使学生学习如何评价自己，如何改进自己。学习是个人的事情，学习目标、学习内容、学习方法都是自己制定和选择的，只有自己最清楚自己学得怎么样，因此也只有自己才能做出最恰当的评价。人本主义教学理论的基本理念之一是以自由为基础的教学设计——要让学生对自由选择的学习结果进行自主评价，除了核对答案与改正错误之外，进一步检讨，从而得出结论以示自我负责。学生在这样的自由气氛中学习，更有助于其独立思维与创造力的培养。

三、对人本主义教学理论的评价

由前文可知，人本主义教学理论是在由科学技术的资本主义应用造成的人的普遍异化的背景下产生的，科学主义的局限性进一步证明科学文化与人文文化作为人类文化整体的两个组成部分，两者不可偏废。文化互补理论与文化堕距理论告诉我们，科学文化单方面的进步，如果缺少人文文化的填充，势必造成无序的状态，导致原有道德和价值体系的崩溃。高技术与高情感平衡、科学主义与人文主义的整合是历史发展的必然结果。人本主义作为人文主义在当代的一个流派，正是适应时代的产物，是对后现代化之路的有益探索。其许多思想闪烁着智慧之光，具有借鉴意义。

（一）关于人性观

人本主义认为人性本善。学生是能以建设性的方式处理自己的生活情景的。人本主义者最反对的，就是行为主义者将人不当人，而是当作机器。之所以叫"人本主义"，是因为其着重强调、反复重申要把学生当人。一言以蔽之，行为主义关注的是教育应该做些什么，而人本主义强调的是教育能够做些什么。人人天生就有自我实现的动机，这有利于改变传统的忽视学生潜能和价值的倾向，有利于调动学生的积极性，充分发挥其创造力，有利于教育者的教育思想中教育对象"人性"的"复归"。

但人本主义教学理论的哲学基础——存在主义和现象学是唯心的，故其人性观也是不科学的，把自我实现等精神现象作为人先天固有的本质，违背了马克思主义的基本原理。马克思主义认为："人的本质，在其现实性上是一切社会关系的总和。"只有置身于建立在一定生产关系基础上的社会关系中，才能通过社会实践形成人的不同的本质，教育者的任务是创设良好的社会关系，引导学生积极投身于有教育意义的社会实践，以形成良好的人性。

（二）关于教学目标

人本主义教学理论提出培养具有创造力和适应能力的自我实现的"完整的人"，反映了现代社会发展的需要，这种人所具有的特征基本上是现代人所应具备的素质。人本主义教学理论既丰富了教育目标的理论，也有利于改变过去过分强调社会至上的社会本位观。但也存在着过度强调学生自我实现、自我价值的倾向，把自我实现凌驾于团体法则之上。从长远来看，既不利于社会的发展，也不利于个体自身的发展。

（三）关于教学动力

不同于行为主义强调通过控制、强化来塑造人的行为，认知结构理论强调知识的结构、同化，促进学生的发展，人本主义强调用"自我实现"的情感作为基本动力，以人际关系作为主要条件来发展学生，可谓独辟蹊径，棋高一着。但也存在着感情主义偏向，因为学生的所作所为、思想体验不见得都是正确的，无条件地理解、接受不利于学生明辨是非，不利于学生的发展。

（四）关于教学内容

强调意义学习、学以致用，这对改变传统教育中学习内容与生活脱节的现象以及学生被动学习的倾向有积极意义。但过分强调由学生凭直接的兴趣自己决定教学内容，必然造成学生所学知识不系统、零碎，也很难解决教学中存在的问题，不利于学生在短期内掌握人类文化遗产。

（五）关于师生关系与无结构教学

人本主义教学理论提出以学习者为中心，再次对传统的"教师中心说"进行了严厉批判，这有利于我们克服其局限性，有利于调动学生的积极性、主动性，培养学生的独立批判精神、创造力和团队精神，使我们对教学中人际关系的价值有了进一步认识，并对教师如何建立良好的人际关系提出了很有见地的建议和方法。但在师生关系上又走上了另一个极端，过分强调学生自我教育，不利于教师发挥其主导作用。

正因为对教师主导作用的忽视，无结构的教学过程，使得教师在教学中很难处理教育管理与学生自由的关系问题，也使教学过程缺少长远性的计划。

（六）关于研究方法

人本主义产生之时，现代科学思想已经趋于成熟，人本主义者试图通过分析、综合、归纳、演绎等科学研究方法，全面透彻地把"人本"的组成、结构、发展变化规律弄清楚，并在此基础上建立一个科学、规范、完备的理论体系，只有这样，才能完全、彻底地击倒行为主义并取而代之。人本主义者试图把握人的本质，建立科学、规范的理论体系的这一设想是具有积极意义的，可惜他们并未取得最后的胜利，这一愿望落空了。人们几乎一致认为，人最根本的"本"就是人的意识和心理，而研究一旦涉及这个领域，就变得异常艰难——人能否对自我进行认识仍然是悬而未决的谜。以至于马斯洛认为，科学研究的方法不适用于"人本"的研究，只有创立一种完全不同于"现代科学研究方法"的"未来人本研究方法"，才可能对"人本"进行研究，但这条路，没人走过，不为人知——类似于爱因斯坦晚年对统一场论的研究。

由于人本主义心理学是在临床实验心理学的基础上产生的，大多数人本主义心理学家都不以教学为己任，因而人本主义教学理论体系不够严谨，其基本观点缺乏明确的目标和充分的论证。

尽管人本主义教学理论有其不足之处，但它提出的以人为本、以学生为中心，教书育人重在培养健全的人格，培养"完整的人"等理论都对当代中国教育教学改革有着重要的借鉴和指导作用。

第二节　建构主义教学理论与教学改革

建构主义（constructivism）是当代心理学理论中行为主义发展到认知主义以后的进一步发展，被喻为"当代教育心理学中的一场革命"。它从认识论的角度对心理学特别是认知心理学的研究成果进行深入分析，提供了关于学习活动本质的分析结果，不仅对心理学的深入研究有着重要的影响，而且直接影响到实际的教学活动。进入 21 世纪以来，建构主义对我国学校教育教学的影响与日俱增，越来越引人注目。将建构主义教育思想迁移到学校教育实践中来，必将对学校教育改革起到重要的推动作用。

一、建构主义溯源及发展

(一) 建构主义的产生及意义

建构主义作为人的一种认知方式或教育实践模式，并不是当代才有的，其起源可以追溯到公元前 5 世纪苏格拉底著名的"产婆术"。在近代，文艺复兴时代意大利的哲学家、人文主义者詹巴蒂斯塔·维科被尊奉为 18 世纪初"建构主义的先驱"。

"建构"作为一个真正的学术概念，是 20 世纪 70 年代初由瑞士心理学家让·皮亚杰 (Jean Piaget, 1896—1980 年) 在其著作《发生认识论原理》中首先提出。他在研究中发现，儿童关于对现实的认识与成人有很大的不同，尽管他们看到的是同一现象，但可能做出完全不同的解释。皮亚杰认为，这表明了认识活动的建构性质，即无论是儿童还是成人，他们对客观世界的认识都依赖于自身的"认知结构"(由主体已有的知识和经验构成的关于自然与社会的认知框架)，或者说，认识即是一种以主体已有的知识和经验为基础的主动的建构活动，这也是建构主义观点的核心所在。在书中皮亚杰提出了平衡、图式、顺应与同化、运算、阶段等关于认知发展理论的基本概念。

皮亚杰认为，认知发展依赖于四个因素：生物性成熟、有关物理环境的经验、有关社会环境的经验、平衡。平衡是指在认知结构和环境之间生成一种最佳均衡 (适应) 状态的生物驱力。平衡是认知发展中的核心因素和动机力量。它将另外三个因素的作用协调起来，使内部心理结构与外部环境现实相互一致。

图式是皮亚杰用来描述智慧结构的一个特别重要的概念。皮亚杰认为人的智慧 (认知) 是有一定结构基础的，他把这个结构称为图式。他指出"一个有组织的、可重复的行为或思维模式"就是图式。"凡在行为中可重复和概括的东西我们称之为图式。"简单地说，图式就是动作或认知的结构或组织。它是认知结构的一个单元，一个人的全部图式组成这个人的认知结构。初生的婴儿，具有吸吮、哭叫及视、听、抓握等行为，这些行为是与生俱来的，是婴儿生存的基本条件，这些行为模式或图式是先天性遗传图式，全部遗传图式综合构成了一个初生婴儿的智力结构。遗传图式是在人类长期进化的过程中所形成的，以这些先天性遗传图式为基础，儿童随着年龄的增长及机能的成熟，在与环境的相互作用中，通过同化、顺应及平衡化作用，图式不断得到改造，认知结构不断发展。在儿童智力发展的不同阶段有着不同的图式。

同化和顺应是皮亚杰对知识建构过程提出的两个关键概念。同化是指把新的知识信息纳入主体已有的认知结构之中。只有借助于同化过程，新知识对主体来说才获得真正的意义。当主体的认知结构无法"容纳"或"解释"新知识时，主体就必须对已有的认知结构进行变革，使之与新知识相适应，这个过程称为顺应。通过同化和顺应，主体的认知结构不断重构与发展。认知个体就是通过同化与顺应这两种形式来达到与周围环境的平衡。当儿童能用现有图式去同化新信息时，其是处于一种平衡的认知状态。而当现有图式不能同化新信息时，平衡即被破坏，而修改或创造新图式（即顺应）的过程就是寻找新的平衡的过程。儿童的认知结构就是通过同化与顺应过程逐步建构起来的，并在"平衡—不平衡—新的平衡"的循环中得到不断丰富、提高和发展。这也是儿童智力发展的实质。

运算（operation）是皮亚杰理论的主要概念之一。运算是动作，是内化了的、可逆的、有守恒前提、有逻辑结构的动作。在这里运算指的是心理运算。从这个定义中可看出，运算或心理运算具有三个重要特征：①心理运算是一种在心理上进行的，内化了的动作。②心理运算是一种可逆的内化动作。③运算是有守恒性前提的动作。

皮亚杰以运算作为儿童思维发展的标志，将儿童的思维发展划分为四个阶段。分别是感知运动阶段，前运算阶段，具体运算阶段，形式运算阶段。儿童在不同发展阶段的认知特征是不同的。[①]

在现代，杜威、维果茨基等教育学家、心理学家对建构主义的发展做出了重要贡献。杜威的经验性学习理论认为教育必须建立在经验的基础上，教育就是经验的生长和改造、丰富经验的一种发展过程。维果茨基的"文化历史发展理论"，主张认知过程中学习者所处社会文化历史背景的作用，重视学生原有的经验与新知识之间的相互作用。维果茨基把学习者的日常经验称为"自上而下的知识"，而把他们在学校里学习的知识称为"自下而上的知识"，自下而上的知识只有与自上而下的知识相联系，才能获得成长的基础。

此外，科尔伯格对认知结构的性质与认知结构的发展条件等方面做了进一步研究，斯腾伯格和卡茨等人则强调了个体的主动性在建构认知

---

① 皮亚杰. 发生认识论原理［M］. 北京：商务印书馆，2009：5.

结构过程中的关键作用，并对在认知过程中如何发挥个体的主动性进行了认真探索，以维果茨基为代表的维列鲁学派深入地研究了"活动"和"社会交往"在人的高级心理机能发展中的重要作用。所有这些研究都进一步丰富和完善了建构主义理论，为它实际应用于教育过程创造了条件。

（二）建构主义的分类及其共同点

"建构主义"这一概念在 20 世纪 70 年代被提出，并在欧美国家形成了一种庞杂的社会科学理论，其思想来源驳杂，流派纷呈。作为一种文化哲学思潮，建构主义目前还没有形成稳定、清晰的体系。关于建构主义的分类方法就有很多种。国外把建构主义大致分为三类，即"个人建构主义""激进建构主义"和"社会建构主义"。

个人建构主义，美国心理学家凯利认为，个体可以通过理解重复发生的事件独自建构知识。因此，个人建构主义研究者认为知识是个体的，是具有适应性的。也就是说，知识不是被动吸收，而是人之主体主动建构的。

激进建构主义，是在皮亚杰的思想基础上发展起来的建构主义，以冯·格拉塞斯菲尔德等人为代表。格拉塞斯菲尔德提出激进建构主义有两条基本原则：一是知识不是通过感觉或交流而被个体被动接受的，是由认知主体主动建构起来的，建构是通过新旧经验的相互作用而实现的。二是认识的机能是适应自己的经验世界，帮助组织自己的经验世界，而不是去发现本体论意义上的现实。格拉塞斯菲尔德认为世界的本来面目是我们无法知道的，而且也没有必要去推测它，我们所知道的只是我们的经验。所以他认为，应该用"生存力"来代替"真理"一词，只要某种知识能帮助我们解决具体问题，或能提供关于经验世界的一致性解释，那它就是具有适应性的，就是有"生存力"的，不要去追求经验与客体的一致。为了适应不断扩展的经验，个体的图式会不断进化，所有的知识都是在这种个体与经验世界的对话中建构起来的，而这要以个体的认知过程为基础。激进建构主义以这些思想为基础，深入研究了概念的形成、组织和转变，其研究之深入是各家建构主义中独一无二的，但这种建构主义主要关注个体与其物理环境的相互作用，对学习的社会性的一面则不够重视。①

社会建构主义，主要是以维果茨基的理论为基础。该派理论明确肯定，认识活动的社会性质。因为个体的认识活动是在一定的社会环境中得以实现的，因而就必然有一个交流、反思、改进、协调的过程。因此，

---

① 陈琦，刘儒德. 当代教育心理学 [M]. 北京：北京师范大学出版社，1997.

应肯定社会共同体对于个体认知活动的"规范"作用。又因为个人认知是一种以语言（或说"文化生成物"）为中介的行为，这种语言在认识活动中的中介作用集中体现了文化传统在个人认知活动中的重要作用。特别是它不仅提供了重要的知识源泉，而且也对个人的认知活动有着重要的约束作用。因此就各个个体的智力发展而言，必然会表现出高度的统一性，即个体特殊性与社会统一性的一种辩证统一。

尽管不同的建构主义学派研究问题的着眼点、提出问题的方式和使用的术语存有差异，但这些观点有许多共同之处。比如认为：世界是客观存在的，但是对于世界的理解和赋予的意义是由每个人自己决定的；世界的意义并不是独立于主体而存在，而是源于主体的建构；人是以自己的经验为基础，用自己的方式来建构世界的意义，建构现实，或者至少是在解释现实；每个人的世界都是用自己的头脑创建的，由于主体的经验以及对经验的信念不同，主体对外部世界的理解也是多元化的。所以建构主义者更关注如何以原有经验、心理结构和信念为基础来建构精神世界，强调主体的主动性、社会性和情境性。

二、建构主义的学习观

对学习的认识是教学理论形成的前提，有什么样的学习理论就有什么样的教学理论。建构主义主张学习是心理的积极运作过程。在他们看来，世界是客观存在的，但对世界的理解和赋予的意义是由每个人决定的。每个人都以自己的经验为基础来建构现实，每个人的经验都是根据自身的经历由自己创建的，因此，由于每个人的经验不同及对经验的信仰不同，导致了对外部世界理解的差异。所以，建构主义更关注学习者如何以原有经验、认知结构、心理结构和信念为基础来建构知识结构。正因为如此，建构主义认为知识不是单纯通过传授得到的，而是学习者在一定的社会文化背景下，通过他人（教师、家长及学习同伴等）的帮助（基于此，教师在教学中要尽可能为学生的学习提供各种各样的帮助），利用必要的学习手段及学习资料，通过意义建构的方式而获得的。学习是学习者主动建构自己知识结构的过程，这就意味着学习者不是消极、被动地接受来自外界的刺激，不是把知识简单、机械地从外界搬到记忆中，而是在原有经验的基础上，主动、积极地对外部信息进行选择与加工，通过新旧知识经验间反复、双向互动来获取、建构新知识的。同化和顺应，是学习者认知结构发生变化的两种途径或方式。同化是认知结构的量变，而顺应则是认知结构的质变。"同化—顺应"循环往复，"平衡—不平衡"相互交替，人的认知水平的发展就是这样的一个过程。

　　建构主义学习观十分强调"意义建构""情境""协作""对话"等。所谓"意义构建"是利用已有的认知图式赋予新知以意义,是学习的终极目标。而"情境"是指学习要在一定的社会文化背景之中进行,学习情境的设计必须有利于学生对所学内容进行意义建构。"协作"指的是学习方式,它要求在学习资料的搜集与分析、假设的提出与检验、学习成果的评价、意义的最终建构等过程中进行合作,以使相互启发。"对话"则是指通过会话、讨论等方式完成学习任务。协作、对话贯穿于学习过程的始终,并体现互动交流,使得每个学习者的思维成果为整个学习群体共享,促进对新知内容意义的全面建构。这种学习思想与当前我国强调探究学习、发现学习是一致的。

三、建构主义的知识观

　　建构主义认为,知识不是客观的东西,而是主体的经验、解释和假设。建构主义理论与形而上学的机械反映论是相对立的。建构主义认为,知识不是客观存在被人发现的东西,而是人在实践活动中面对新事物、新现象、新信息、新问题所做出的暂定性的解释和假设。牛顿的理论并不是事先存在的东西,而是由牛顿通过实践和认识活动所产生出来的假设和解释,具有一定的客观性、相对性、暂定性和实用性。尤其随着科学技术的迅猛发展,人们对同一个事物、现象或问题存在各种不同的看法,到底哪个看法代表客观的东西?都不是。它们都不过是一种暂定性的解释、假设而已。为了形象地说明这一点,我们来看一个生活实例。

　　某人肚子痛,上医院看病。如果他找的是西医大夫,大夫会说这是胃炎,因为胃里有病菌。治疗的方法是吃消炎药,杀菌、消炎,这样治疗肚子就不痛了。如果他找的是中医大夫,大夫会说这是肝脾不和,治疗的方式是吃草药,使肝脾调和,肚子就不痛了。

　　这里,肚子痛的现象和问题是客观存在的,但是,对这一现象的解释及解决方法是客观存在的吗?不是的!是人主观创造出来的。随着人们在这一方面的研究和实践发展,还可能想出更多的解释、假设和方法来。

　　人类社会的公众知识如此,个体知识也是如此。公众知识在每个学习者头脑中的意义不是客观的,而是每个学习者通过主动参与认识活动主观创造出来的,是每个学习者的一种主观经验、解释、假设。人脑不是电脑,同样一段程序在不同电脑中运行的结果可能是一致的,但同样一段以语言文字为载体的公众知识在不同个体的头脑中意义却是不一样的。总之,无论社会公众知识,还是个体知识,都不是客观的东西,而是人主观创造出来的暂定性的解释、假设。这种知识观给学习和教学都带来了巨大的冲击力。

四、建构主义的教学理论

学习论是教学理论的前提与基础，建构主义教学理论以其学习理论为基点，超越了传统的教学理论思想，具有其独特的观点。

（一）教学目标

建构主义教学目标强调发展学生的主体性，自主建构认知结构，对知识进行不断学习。在建构主义者看来，学生是信息加工的主体，是意义的主动建构者，而不是外部刺激的被动接受者和被灌输知识的对象。在学习过程中，学生要从多方面发挥主体作用，用发现法、探索法去建构知识的意义，主动搜集并分析有关信息和资料，对所学习的问题提出各种假设并努力加以验证。书本知识只是一种关于各种现象的较为可靠的更为可能的假设，而不是解释现实的"模板"。它不是绝对正确的终结答案，并且在不同的情境下有其特异性。因此，掌握知识并不意味着掌握了规律，而需要把握其在不同情境中的复杂变化。书本知识只能说是一些信息、符号，是不具有全部意义的东西，学生个体只有通过主动建构，将其转换为认知结构中的知识，才能获得意义。

（二）教学原则

建构主义教学原则包括建构性原则、主体性原则、相互作用原则。建构性原则指在教学中不以灌输知识为主，而应启发学生自主地建构认知结构。在教学中应按照学生的认知建构图式进行教学设计，尤其应注意设计教学情境、认知冲突。主体性原则指教学中应积极有效地促进学生主动参与，自主建构认知结构。为此，教师要创造机会，激励学生主动参与，促进学生主动学习。相互作用原则是指要将活动贯穿于教学的全过程，使之在相互作用中最大限度地让学生处于兴奋状态，积极主动地动手、动口、动眼、动脑，使学习成为学生自主的活动。为此，教师应运用现代化教育教学手段，组织学生开展协作学习、小组讨论，加强合作与交流。

（三）教学模式

教学模式是指在一定的教育思想、教学理论和学习理论指导下的，在某种环境中展开的教学活动进程的稳定结构形式。传统教学模式的着眼点在于教师如何向学生传授知识。而建构主义教学理论则要求摒弃以教师为中心，而树立以学生为主体的观念，强调学生对知识的主动建构。为此，提出了多种教学模式。主要有以下三种：

1. 支架式教学（Scaffolding Instruction）

根据有关文件，支架式教学被定义为：支架式教学应当为学习者建构知识结构提供一种概念框架。这种框架中的概念是为发展学习者对问题的进一步理解所需要的，为此，事先要把复杂的学习任务加以分解，以便将学习者的理解逐步引向深入。很显然，这种教学思想来源于维果茨基的"最邻近发展区"理论。维果茨基认为，在儿童智力活动中，对于所要解决的问题和原有能力之间可能存在差异，通过教学，儿童在教师的帮助下可以消除这种差异，这种差异就是"最邻近发展区"。换句话说，最邻近发展区定义为儿童独立解决问题时的实际发展水平（第一个发展水平）和在教师指导下解决问题的潜在发展水平（第二个发展水平）之间的距离。可见，儿童的第一个发展水平与第二个发展水平之间的状态是由教学决定的，即教学可以创造最邻近发展区。因此教学绝不应消极地适应儿童智力发展的已有水平，而应当走在发展的前面，将儿童的智力从一个水平引导到另一个新的、更高的水平。建构主义者正是从维果茨基的思想出发，借用建筑行业中使用的"脚手架"作为上述概念框架的形象化比喻，其实质是利用上述概念框架作为学习过程中的"脚手架"。

如上所述，这种框架中的概念是为发展学生对问题的进一步理解所需要的，也就是说，该框架应按照学生智力的"最邻近发展区"来建立，因而可通过这种"脚手架"的支撑作用（或叫"支架作用"）不停顿地把学生的智力从一个水平提升到另一个新的更高水平，真正做到教学走在发展的前面。

支架式教学由以下环节组成：

（1）搭"脚手架"。即围绕当前学习主题，按"最邻近发展区"的要求建立概念框架。旨在为学习者掌握重点、破解知识难点服务。一般来讲，可以用图表、数字化符号等来呈现。由于不同学科教学内容和学习对象不同，支架的呈现方式也不同。如语文教学中有诗歌的支架、散文的支架、说明文的支架等；数学教学中有数学概念教学支架、应用题支架、公式原理教学支架等。

（2）进入情境。将学生引入一定的问题情境（概念框架中的某个节点）。

（3）独立探索。让学生独立探索，探索内容包括确定与给定概念有关的各种属性，并将各种属性按重要性排序。探索开始时要先由教师启发引导（例如演示或介绍理解类似概念的过程），然后让学生自己去分析；探索过程中教师要适时提示，帮助学生沿概念框架逐步攀升。起初的引导、帮助可以多一些，以后逐渐减少，愈来愈多地放手让学生自己探索；最后要争取做到无须教师引导，学生自己也能在概念框架中继续攀升。

（4）协作学习。即进行小组协商、讨论。讨论的结果有可能使原来确定的、与当前所学概念有关的属性增加或减少，各种属性的排列次序也可能有所调整，并使原来多种意见相互矛盾且态度纷呈的复杂局面逐渐变得明朗、一致起来。在共享集体思维成果的基础上对当前所学概念有一个比较全面、正确的理解，即最终完成对所学知识的意义建构。

（5）效果评价。对学习效果的评价包括学生个人的自我评价和学习小组对个人的学习评价。评价内容包括：①自主学习能力；②对小组协作学习所做出的贡献；③是否完成对所学知识的意义建构。

2．抛锚式教学（Anchored Instruction）

这种教学要求建立在具有感染力的真实事件或真实问题的基础上。确定这类真实事件或问题被形象地比喻为"抛锚"，因为一旦这类事件或问题被确定了，整个教学内容和教学进程也就被确定了（就像轮船被锚固定一样）。建构主义认为，学习者要想完成对所学知识的意义建构，即达到对该知识所反映事物的性质、规律以及该事物与其他事物之间联系的深刻理解，最好的办法是让学习者到现实世界的真实环境中去感受、去体验（即通过获取直接经验来学习），而不是仅仅听别人（如教师）关于这种经验的介绍和讲解。由于抛锚式教学要以真实事例或问题为基础（作为"锚"），所以有时也被称为"实例式教学"或"基于问题的教学"。

抛锚式教学由以下几个环节组成：

（1）创设情境。使学习能在与现实情况基本一致或相类似的情境中发生。

（2）确定问题。在上述情境下，选择出与当前学习主题密切相关的真实性事件或问题作为学习的中心内容（让学生面临一个需要立即去解决的现实问题）。选出的事件或问题就是"锚"，这一环节的作用就是"抛锚"。

（3）自主学习。不是由教师直接告诉学生应当如何去解决面临的问题，而是由教师向学生提供解决该问题的有关线索（如需要搜集哪一类资料、从何处获取有关的信息资料以及现实中专家如何解决类似的问题等），并在这过程中特别注意发展学生的自主学习能力。自主学习能力包括：①确定学习内容表的能力（学习内容表是指为完成与给定问题有关的学习任务所需要的知识点清单）；②获取有关信息与资料的能力（知道从何处获取以及如何去获取所需的信息与资料）；③利用、评价有关信息与资料的能力。

（4）协作学习。讨论、交流，通过不同观点的交锋，补充、修正、加深每个学生对当前问题的理解。

（5）效果评价。由于抛锚式教学要求学生解决面临的现实问题，学习的过程就是解决问题的过程，即由该过程可以直接反映出学生的学习效果。因此对这种教学效果的评价往往不需要进行独立于教学过程的专门测验，只需在学习过程中随时观察并记录学生的表现即可。

3. 随机进入式教学（Random Access Instruction）

由于事物的复杂性和问题的多面性，要做到对事物内在性质和事物之间相互联系的全面了解和掌握，即真正做到对所学知识的全面而深刻的意义建构是很困难的。往往从不同的角度考虑可以得出不同的理解。为克服这方面的弊病，在教学中就要注意对同一教学内容在不同的时间、情境下，为不同的目的、用不同的方式加以呈现。换句话说，学习者可以通过不同的途径、不同的方式进入同样的教学内容学习，从而获得对同一事物或同一问题的多方面认识与理解，这就是"随机进入式教学"。显然，学习者通过多次"进入"同一教学内容，即可对该知识内容有一个比较全面而深入的认识。这种多次进入，绝不是像传统教学中那样，只是为巩固一般的知识、技能而实施的简单重复活动。这里的每次进入都有不同的学习目的，都有不同的问题侧重点。因此多次进入的结果，绝不仅仅是对同一知识内容的简单重复和巩固，而是使学习者获得对事物全貌的理解与认识上的飞跃。

随机进入式教学的基本思想源自建构主义学习理论的一个新分支——"认知弹性理论"。这种理论旨在提高学习者的理解能力和他们的知识迁移能力（即灵活运用所学知识的能力）。不难看出，随机进入式教学对同一教学内容，在不同时间、不同情境下，为不同的目的、用不同的方式加以呈现的要求，正是针对发展和提高学习者的理解能力和知识迁移能力而提出的，也就是根据认知弹性理论的要求而提出的。

随机进入式教学主要包括以下几个环节：

（1）呈现基本情境。向学生呈现与当前学习主题的基本内容相关的情境。

（2）随机进入学习。取决于学生随机进入学习所选择的内容，而呈现与当前学习主题的不同侧面特性相关联的情境。在此过程中，教师应注意发展学生的自主学习能力，使学生逐步学会自己学习。

（3）思维发展训练。由于随机进入式学习的内容通常比较复杂，所研究的问题往往涉及多方面，因此在这类学习中，教师还应特别注意发展学生的思维能力。其方法是：①教师与学生之间的交互应在"元认知级"进行（即教师向学生提出的问题应有利于促进学生认知能力的发展而非纯知识性提问）；②要注意建立学生的思维模型，即要了解学生思维的特点（如教师可通过这样一些问题来建立学生的思维模型："你的意思是指?""你怎么知道这是正确的?""这是为什么?"等）；③注意培养学生的发散性思维（可通过提出这样一些问题来达到："还有没有其他的含义?""请对 A 与 B 之间做出比较""请评价某种观点"等）。

（4）小组协作学习。围绕呈现不同侧面的情境所获得的认识展开小组讨论。在讨论中，每个学生的观点在和其他学生以及教师一起建立的社会协商环境中受到考查、评论，同时每个学生也对别人的观点、看法进行思考并做出反应。

（5）学习效果评价。包括自我评价与小组评价，评价内容与支架式教学相同。

由以上介绍可见，建构主义的教学方法尽管有多种不同的形式，但是又有其共性，即教学环节中都包含情境创设、协作学习（在协作、讨论的过程中还包含"对话"），并在此基础上由学习者自身最终完成对所学知识的意义建构。这是由建构主义的学习环境所决定的。如前所述，建构主义的学习环境包含情境、协作、会话和意义建构等要素。既然上述各种教学方法都是在建构主义学习环境下实施的，那就不能不受到这些要素的制约，否则将不能称其为建构主义理论指导下的教学过程。

（四）教学设计

传统教学设计是围绕"如何教"而展开的，很少涉及学生"如何学"的问题，造成了以忽视"学"为代价，而以"教"为中心，使学生处于被动的地位，从而影响了学生创造力的培养。建构主义教学理论强调以学生为中心，教师是学生意义建构的帮助者、促进者。为此，教学设计的内容与步骤包括：分析教学目标—创设情境—搜集信息资源—学生自主学习—创造协作学习环境—学习效果评价，通过以上内容与步骤，提高学生学习的自主性、积极性、创造性，达到建构教学的效果。

五、建构主义教学理论对我国教学改革的启示

建构主义教学理论是在当今多元文化的社会背景中脱颖而出的，它已经成为一种备受关注并且正在对当代教育教学的理论与实践产生广泛影响的理论思潮，因此，其对我国当前的教育教学改革亦具有较大的启示。

（一）构建以学生为中心的教学模式

我国现实的教学是以教师为中心的教学模式。即以教师为中心，教材为模板，学生为灌输对象的教学模式。虽然理论上在教学过程中充分发挥了教师的主导作用和学生的主体地位，但在实践中，教师的主导变成了"主宰"，学生的主体地位和作用受到削弱和抹杀。在这种模式里，教师仍是知识的拥有者，有绝对权威，以"传道、授业、解惑"为己任，进行"满堂灌""填鸭式"教学，不顾及或较少顾及对学生兴趣的激发与能力的提高。为适应考试的需要，学生的学习只会死记硬背，并实行题海战术这种机械性、呆板的训练。

这样的教学模式，只能批量生产出循规蹈矩、业务纯熟的工匠式人才，却无法培养出具有开拓性、创造性的人才。而时代赋予我们的教学任务是培养具有开拓性、创造性的高素质人才。因此，这种以教师为中心的教学模式有悖于时代的需要。建构主义的教学模式为我们提供了此方面的借鉴，在教学过程中要处理好教师、学生、教材、媒体四个要素之间的关系，真正确立以学生为中心的教学指导思想，教师、教材、媒体都要为这个中心服务。要在实践中而不是口头上肯定学生的主体地位，放手发动学生自觉学习，发挥学生的自主性、自觉性和创造性。教师的主导作用要体现在"导"字上，即引导、指导，要当好教学过程的组织者、指导者，学生学习的帮助者、促进者；要充分相信学生能够发挥自己的潜能，师生共同分担学习过程的重任；教师要发挥"催化剂"和"助产士"的作用，帮助学生在自觉学习的过程中开发潜能，掌握知识，提高能力，发展自己。

（二）确立合理的教学方法

教学模式的转变必然要求教学方法的变更。在"以教师为中心"的传统教学模式里，教师惯用的教学方法是"满堂灌"和"填鸭式"，并且常常二者兼用。满堂灌或填鸭式教学由教师决定讲授内容、方式和步骤，学生只能被动接受，师生难以很好地配合，对学生学习兴趣、主动性和积极性的调动也无从谈起。这样的教学方式很难取得良好的教学效果。为此，要将"以教师为中心"的教学模式转变为"以学生为中心"的教学模式，也就必须要抛弃灌输式和填鸭式的教学法，采用能充分发挥学生自主性、自觉性和创造性的，在实践中行之有效的教学方法。比如，启发式和讨论式教学。

启发式教学强调学生是学习的主体，教师要调动学生的学习积极性，实现教师的主导作用与学生的积极性相结合。强调激发学生内在的学习动力，实现内在动力与学习的责任感相结合；强调学生智力的充分发展，实现系统知识的学习与智力的充分发展相结合；强调理论与实践相联系，实现书本知识与直接经验相结合。

讨论式是一种具体的教学方式，其意义与建构主义学习理论中的"协作学习"基本一致，即学生在自主学习的基础上，在教师的指导下，通过讨论或辩论，交流看法，发表不同的意见，补充、修正观点，加深对问题的理解。在启发式或讨论式的教学活动中，师生的双边活动得以协调，学生能主动思考，探求未知，最终解决问题，实现知识的获取、技能的培养和潜能的开发。

（三）按学生的认知规律设计教学

传统的教学设计以教师为中心，强调教师的"教"而忽视学生的"学"，全部教学设计都是围绕着"如何教"来进行，而很少涉及学生"如何学"的问题。建构主义教学理论强调以学生为中心，认为学生是认知的主体，是知识意义的主动建构者。教师只对学生的意义建构起帮助作用，而不要求教师直接向学生传授和灌输知识。这种观点启示我们在进行教学设计时，要把握好角色定位和设计角度两个问题，要把自己定位在组织者和指导者的位置上，从学生"如何学"，教师如何配合、指导学生"学"的角度来进行教学设计，包括分析教学目标，确定教学内容，明晰教学程序或步骤，制定教学策略和方法，创造教学情境，开展教学效果评价等。建构主义学习理论十分重视学习环境，把情境、协作、会话和意义建构作为建构主义学习环境的四大要素。这种观点也很值得我们参考和借鉴。

第三节 多元智能理论与教学改革

多元智能理论是由美国心理发展学家霍华德·加德纳（Howard Gardner，1943— ）提出的。加德纳在多年对人类潜能进行实验研究的基础上，于1983年出版了《智能的结构》一书，书中提出了著名的多元智能理论。该理论认为每个人的智能都是多元的，只是其组合和发挥程度不同。适当的教育和训练可以使一种智能发挥到更高水平。这一理论提出后，在美国的教育教学改革中产生了广泛的积极影响，已经成为许多西方国家20世纪90年代以来教育教学改革的重要指导思想。

一、多元智能理论的产生与发展

(一) 多元智能理论的产生

多元智能理论产生的时代背景,是20世纪60年代开始的席卷美国教育界的反思和改革浪潮。它产生的环境和土壤,是重视基础学科研究和学科交叉研究的哈佛大学及其教育研究生院的"零点项目"研究所。

1957年,苏联成功发射了世界上第一颗人造卫星,此后又在航天领域中领先,美国十分懊恼,从而促成了美国教育界在20世纪60年代的大反思。人们在更加重视数学和科学教育,对中学物理学课程进行了较大改革的同时,也更加关注艺术教育。"零点项目"就是在这样的背景下启动的。"零点项目"是下属哈佛大学教育研究生院的一个有关教育的研究机构,1967年由哲学家纳尔逊·古德曼(Nelson Goodman,1906—1998年)创建,目的是加强学校艺术教育,开发人脑的形象思维问题,并以艺术为手段改革教育的理念和方法。在项目组成立后的20年间,美国对该项目的经费投入达上亿美元,参与研究的科学家、教育家超过百人,他们先后在100多所学校中做实验,有的人从幼儿园开始被连续进行了20多年的跟踪对比研究,此项目出版了几十本论著,发表了上千篇论文。多元智能理论就是这个项目在20世纪80年代的一个重要成果。加德纳在参与此项研究时,首先重新参考了大量的资料,即关于神童、脑损伤病人、有特殊技能而心智不全者、正常儿童、正常成人、不同领域的专家以及各种不同文化中个体的研究。通过对这些研究进行分析整理,他提出了自己对智能的独特理论观点。加德纳认为过去对智能的定义过于狭隘,未能正确反映一个人的真实能力。人的智能应该是一个评价其解决问题的能力的指标。根据这个定义,他在《智能的结构》一书中,提出并着重论述了多元智能理论的基本结构与内容。

对传统智力测验的批判是多元智能理论产生的理论基础。19世纪80年代,英国生物学家高尔顿(Francis Galton,1822—1911年)开创了对智力进行测试的先河。1905年,法国实验心理学家比奈·阿尔弗雷德(Binet Alfred,1857—1911年)等人为了鉴别智力有缺陷的儿童以让他们接受特殊的教育,编制了世界上第一个正规的智力测验量表。从此,智力测试风靡美国乃至全世界。然而,也正是从智力测试产生之日起,关于智力测试局限性的争论从未停止过,人们对它的批判主要是针对智力测试的潜在理念即智力是一元的,是一种单一的、整合的能力而提出的。对智力单因素论的批判历来就有,加德纳虽不是批判传统智力理论的第一人,但他对传统智力测试的局限性的批判是他提出多元智能理论的重要基础。

对儿童艺术发展和认知的研究是产生多元智能理论的直接根源。加德纳坦言"少年时代我曾经是一个认真而执着的钢琴爱好者，同时还热情地投身于其他艺术。当我开始学习发展心理学和认知心理学的时候，发现它们基本上不涉及艺术，这使我感到非常困惑。因此我早期的学术目标，就是想在心理学的研究领域中为艺术寻找一席之地"①。探索正常儿童或特殊儿童艺术发展和认知的过程，使加德纳意识到人类的能力不是单一的，每个个体都可能具有类似艺术智能、逻辑智能、语言智能等多元智能，而且不同的能力之间是相对独立的。"我早期的研究生涯，很自然地依照这样的轨迹进行。皮亚杰和他的同事通过追踪儿童是怎样发展出像科学家那样的思维方式，来说明儿童的认知发展过程和规律。我和我的同事照此办法，研究儿童如何发展出类似艺术家那样的思维和表现方式，来说明儿童认知和发展的过程和规律。就这样，我们开始着手设计实验以及观察研究，以真正了解艺术能力发展的时期和阶段。"②

（二）多元智能理论的发展

多元智能理论的发展可以分为五个阶段，每个阶段分别反映在加德纳的某一部著作之中。这些著作有的标志着一个阶段的开始，有的既是前一个阶段的总结，同时又标志着下一个阶段的开始。从加德纳有关多元智能理论的五部著作和另外两篇文章中，人们可以清楚地看出多元智能理论的发展过程和未来的方向。③

1. 理论的酝酿和产生阶段

第一个阶段是理论的酝酿和产生阶段。加德纳于1967年加盟"零点项目"，从事儿童艺术认知的研究，1971年进入医院从事脑损伤病人认知功能改变的研究，1979年为完成荷兰海牙伯纳德·凡·李尔基金会的项目，深入非西方国家，在1983年提出多元智能理论，其标志是《智能的结构》的出版。此书是多元智能理论发展史上的第一个里程碑，加德纳在书中首次提出并命名了这一理论。

2. 从心理学理论到教育实践的阶段

第二个阶段是从理论到实践的阶段。这个时期，既是应广大教育界读者的邀请，加德纳及其同事在美国各级学校将理论应用于实践项目的

---

① 加德纳，沈致隆. 多元智能理论二十年——在美国教育研究协会上的演讲 [J]. 人民教育，2003（17）：7-11.

② 加德纳. 重构多元智能 [M]. 北京：中国人民大学出版社，2008：22.

③ 沈致隆. 多元智能理论的产生、发展和前景初探 [J]. 江苏教育研究，2009（9）：23-26.

阶段，也是世界各国关注这一理论并开始尝试各自应用这个理论于学校教育的阶段。

加德纳出版的《多元智能》是该理论的第二个里程碑，表明在该理论诞生后，在不同教育阶段关于多元智能理论的实践已经取得了成功的经验。这一阶段理论的实践和应用主要在美国的学校中进行，多数都有加德纳和"零点项目"其他成员的参与和指导。多元智能理论在美国幼儿园、小学、初中、高中应用的四个实例，分别被命名为"多彩光谱""重点学校""学校实用智能"和"艺术推进"项目。这些项目说明多元智能理论已经在美国的各级各类学校得到广泛认可和应用，表现出了可观的教育价值。

3．理论本身的拓展和深化阶段

第三个阶段是多元智能理论从实践再回到理论的阶段。根据美国和世界各地的不断实践，经过众多研究者和实践者的思考和提问，加德纳在这一段时间对理论做了进一步思考、提高、总结和扩展，出版的《重构多元智能》一书，是该理论的第三个里程碑。加德纳在面向新世纪时，对理论进行了深层次思考，力图使理论更加完善、严谨、实用，所以这本书的理论性很强。加德纳在这本书中澄清了人们对理论存在的大量误解，并讨论了另外三种智能即博物学家智能、存在智能和精神智能的本质和存在的可能性。

在理论不断深入的同时，世界各地的实践也表现出多元化的特征。多元智能理论首先吸引的是学前教育工作者和小学低年级教育工作者，然后就是初中的教育工作者及高中、社区学院的教育工作者。在美国的社区学院，教育的重点对象是存在差异以及弱势的社会群体，这些学院想通过多元智能理论来获得改变是顺理成章的事。20世纪90年代末，加德纳开始收到很多来自中学和大学关于多元智能理论的咨询。从1996年开始，"零点项目"与其他教育机构合作，开始了为期五年的研究项目——"成年人多元智能的研究"。该项目应用多元智能理论，探索并帮助从事成人教学的教师开发创新型教学策略以及建立课程和评估体系。

4．理论和实践全球化并扩展到社会各界的阶段

第四个阶段是经过第二和第三阶段的实践，理论进一步充实和深化，再次回到实践的阶段。这个阶段的特征是，肯定并应用多元智能理论的阶层大大扩展，不再局限于教育界，而是向科学界、艺术界、企业界、商业界、文化界、慈善界甚至娱乐界延伸，并且逐渐对西方封闭的地区和国家进行渗透，甚至成为某些国家政府制定教育政策的依据，也就是说，多元智能理论进入了遍地开花和全球化的阶段。

加德纳在《多元智能新视野》一书中，除改写补充《多元智能》一书的有关内容以外，还加写了重要的四章，主题分别是"25年后的回顾""学科理解的多元切入点""多元智能理论和企业管理"和"多元智能理论的未来"，分别总结了25年来多元智能理论的历史、在教学中和商业中的新应用以及预言了未来的发展前景。

5. 全球多元智能理论和实践比较借鉴阶段

这个阶段的主要特征，是全球各国各地区的学者和教师，在总结各自对多元智能理论研究和实践的基础上，开展跨文化、跨地区的比较、借鉴和总结工作，为多元智能理论发展的第五个阶段。

多元智能理论推动了世界范围内的教育改革浪潮，产生了跨世纪的影响，但一直没有人能在世界范围内对其进行系统总结。后来由加德纳等人主编的《多元智能在全球》，介绍了多元智能理论在跨文化语境中的应用。加德纳等人邀请世界各地曾经研究和实践多元智能理论的数十名学者或教师，就多元智能理论的应用及其价值的问题，每人参与编写书中的一章。同时，对于将多元智能理论当成教育方法和手段的做法，即"用多元智能来教"的口号，他极力支持。①

这样，以多元智能理论为基础，加德纳及其同事和学生所研究的心理学、教育学以及创造能力、领导能力等内容日益增加，范围逐渐扩展，影响逐渐扩大，很有可能在未来孕育出"加德纳学"或"加德纳教育思想"。

二、多元智能理论的主要内容和精神实质

（一）多元智能理论的主要内容

1. 智能的概念

加德纳提出的多元智能理论和传统的智能理论的根本区别，首先是概念的不同。传统的智能理论，就是在智商测试以及传统学校评估系统中所体现的智能概念，是指个体在解答智力测验试题或者课程考试的能力。该理论认为，每个人的智能是其与生俱来的属性或能力，并且把智能单一化。

加德纳认为智能"是在特定的文化背景下或社会中，解决问题或制造产品的能力"，是一种生物生理潜能②。所谓解决问题的能力，就是能够针对某一特定的目标，找到通向这一目标的正确路线。例如从构思一

---

① 加德纳. 多元智能新视野［M］. 北京：中国人民大学出版社，2008：66.

② 加德纳. 多元智能［M］. 沈致隆，译. 北京：新华出版社，1999：16.

部小说的结尾甚至修补一床棉被，都是生活中需要解决的问题。科学理论、音乐作品，甚至成功的政治竞选，都是上文所说的"产品"。因此多元智能理论对于人类智力的判断，依赖的不是考试成绩，而是解决实际问题的能力，是创新能力。加德纳特别强调该能力在不同文化背景下受重视的程度，同时强调智能是中枢神经系统的潜在发展能力，这种能力只有与文化环境和社会需求之间产生密切联系时，才能在一个文化背景中被视为是有价值的，这种潜能才可能会被激活发展成智能。否则，这种能力就不应被认为是智能。

2. 每个人的智能都是多元的

人的智能不再是传统意义上的智力，人的智能是多元的，至少有八种智能：一是语言智能，指的是掌握并运用语言、文字的能力；二是"逻辑—数学"智能，指的是逻辑推理、数学运算以及科学分析方面的能力；三是音乐智能，指感觉、欣赏、演奏、歌唱、创作音乐的能力；四是"身体—动觉"智能，指运用全身或身体的某一部分（包括嘴和手）解决问题或创造产品的能力；五是空间智能，指针对所观察的事物，在脑海中形成一个模型或图像从而加以运用的能力；六是人际智能，指了解他人与人合作的能力；七是自我认知智能，指深入并理解自己内心世界并用以指导自己行为的能力；八是博物学家智能，指在自然环境中，对多种植物和动物的认识和分类的能力。

每个人都或多或少具有这八个方面的智能，但是，每个人的表现方式和程度各有差异。有些人似乎这八种智能的表现都很强，有些人则似乎缺乏大部分的基本智能，事实上绝大多数人属于中间状况。加德纳指出传统智能理论将智能定义为"是单一的并且不能分解的观点并不正确"①。他认为，承认智能是由多种能力而不是由一两种核心能力构成的，承认各种智力是多维度地、相对独立地表现出来的，而不是以整合的方式表现出来的，是多元智能理论的本质所在。

3. 每个人的智能优势不同

虽然说每个人都潜在地拥有上述八种智能，但人们从很小的时候就表现出某些特定能力的趋势，具有不同的智能优势。一般到上学的年龄就已经形成了一定的能力倾向（智能优势），某些能力比较突出，某些能力又相对较弱。并且，每一种智能都有它自己的发展轨迹，比如，音乐

① 加德纳，沈致隆. 我是怎样提出多元智能理论的——《智能的结构》出版 25 周年纪念[J]. 人民教育，2008（9）：6 - 7.

作曲能力似乎能在小小年纪就达到一定的高度，但数学智力却是在少年时期才达到高峰。

4. 智能可以有多种表现形式

加德纳指出除了非常特殊的人之外，对一般人而言，各种智能之间总是在相互作用着。就以做一顿饭为例，你可能要看菜谱（语言能力），调配原料（数理能力），才能做出一套符合全家人口味的菜饭（人际关系能力）。每个人身上的八种智能的不同组合使得每个人都有独特的表现形式，形成各自的特点。"多种智能"极其重视人们通过各种各样的行为方式去体现和发挥智性能力。

5. 八种智能只是一个暂定的概念

加德纳指出，他的八种智能模式只是一个暂定的系统，也许随着进一步研究和调查，一些已罗列出来的智能不再符合智能标准，而另一些素质则可能成为新的智能。

（二）多元智能理论的精神实质

多元智能理论超越了传统智力的单因素视野，强调智能是人的一种功能外显形式，是多元的、发展的，并只能以人的活动予以确认。个体拥有自己独特的优势智能和智能领域，人人可以通过教育活动来发展自己的智能。多元智能理论对传统智力理论的突破主要表现在以下三点：第一，智能不再是传统意义上的"逻辑—数理"智力或以"逻辑—数理"智力为核心的智力，不是一种能力或以某一种能力为中心的能力，而是全面和谐发展的多种智能的综合体；第二，智能不再是传统意义上用一个标准来衡量的某种特质，而是随着社会文化背景的不同而有所不同的，为特定文化所珍视的能力；第三，智能是一种潜能，是中枢神经系统的潜在发展能力。智能这种中枢神经系统的潜能可能会被激活，也可能会被埋没，关键在于特定文化下的环境和教育。多元智能理论创造性地确定了社会文化在个体智能发展中的重要性，强调智能发展的文化性与生成性。这是对传统智力观的一次解构与超越，突破了以往对智力的单维认识，使人们对智力发展的理解迈上了一个新的台阶。

加德纳认为，解决问题的每一种技能都与生物有关，多元智能理论就是由生物本能构建而成的，但生物本能还必须与这一领域的文化教育结合。这种智能选择既源于生物学，又要考虑根据一个和多个文化背景来评价，是对传统智力理论的超越，为使多元智能的界定更加完善。"智能情景性"与"智能分布"两个概念的提出从发展过程来阐释社会文化对智能发展的重要性，认为智能不单纯是生物学产物，同时是以文化教育为依托，结合生物能力而表现出来或是具有潜在意义的潜能或取向，且这种潜能或取向多在自身发展中逐渐内化为个人经验或技能。多元智能理论并非否认人的先天遗传，认为先天遗传素质是个体发展的重要基础，否则，很难谈及智能的发展。其智能观就是一定文化背景下有意义的学习与生理特征相互作用的产物。这些皆为当前我国学校教育教学改革提供了理论支持。

三、多元智能理论对教学的影响

多元智能理论的核心思想是：智能是中枢神经系统的潜在发展能力，人的智能是多元的，教育的起点不在于儿童原来有多聪明，而在于教师怎样使儿童变得聪明，在哪些方面聪明。因而多元智能理论对当前教学观念的变革、对教学本质的重新解读、对教学评价的多样化思考都已经或即将产生深刻的影响，主要表现四个方面：

（一）积极乐观的学生观

加德纳认为，每个学生的智能都各有自己独特的表现形式，有自己的智能强项和学习风格，教育必须尊重人的多样性。据此，我们应该树立起这样的学生观，即我们的学生不应该被区分为"好生"和"差生"，他们只是各自有各自的智能特点、智能组合形式、学习类型、学习风格和不同的发展方向。因而，我们在教学实践中就应该尊重学生的多样性，对所有的学生都抱有真诚的态度，把握每一个学生的智能特点，使教学真正成为愉快教学、成功教学。

（二）科学的智力观

长期以来，学校教育偏重于培养学生的言语（语言智力）和数理（逻辑智力），而忽视了对学生其他智能的开发和培养。根据多元智能理论，我们必须认识到学生智力的多样性、广泛性和差异性，把培养学生的多种能力放在同等重要的地位。音乐、体育、美术、历史等学科，对于促进学生多种智能的发展具有同等重要的作用和价值，只是对不同学生其作用的大小和方式不同。

（三）因材施教的教学观

由于每个学生的智能都是多元的，其作用方式也是有差异的，因此，教师的"教"就应该根据学生的智能特点来进行，应该"以多元智能来教"。教师要善于针对不同智力特点的学生，尤其是要根据学生智力结构中的优势智力，采用多元化的教学模式和教学方法，使不同的学生都能得到最佳发展。

（四）多样化的人才观和成才观

传统观点认为，只有读了大学的人是人才，也只有通过上大学这条路才有可能成才。而根据多元智能理论，每个学生都有自己的智能优势，只要这一智能优势得到了合理发展，才有可能成为优秀人才。吕型伟总结其70多年的教育实践经验，他的人才观为："人人有才，人无全才。鼓励冒尖，允许落后。"这就是对多元智能理论很好的诠释。人才的多样化决定了人的成才道路也是多样化的。"三百六十行，行行出状元"，行行都是有志之士的成才之路。

因此，多元智能理论对于当前教学改革观念的影响是多方面的，而且是非常深刻的，它动摇了传统的智力观、学生观、教学观、人才观、成才观等。我们的社会在培养、识别、录用人才时，也应该改变传统的人才观，而采用多元的人才观，不同的岗位应安排不同的人才，真正做到人尽其才，才尽其用。

第四节　有效教学理论与教学改革

人们常将传统教学与有效教学相比较，认为传统教学未能发挥教学的有效性。其实，这是人们对传统教学的一种误解。有效教学与传统教学都主张教学必须促进学生的发展，以满足社会和个体发展的需要，达到一定的教学目标，强调教与学的统一，蕴含着教学要遵循的规律。有效教学更侧重从学生的角度看待教学，而传统教学更侧重从教师的角度看待教学。本节主要对有效教学理论加以分析，进而探讨如何更好地将理论应用于实际的课堂教学中。

一、有效教学理论的产生和内涵

（一）有效教学理论的产生

有效教学思想在我国古代就已经产生了。古代教育家孔子提出的因材施教、启发式教学、举一反三、闻一知十都关注了教学效益，是人类有效教学思想的萌芽表现。在国外，捷克教育家夸美纽斯（Jan Amos Komenský，1592—1670年）针对个别教育效率低下的弊端提出了班级授课制，"主要目的在于寻求并找出一种教学的方法，使教员因此可以少教，但是学生可以多学"[1]。苏联教育家巴班斯基提出教学过程最优化理论，该理论强调效果标准和时间标准，即教师在教学过程中用最适当的教学时间，通过科学的方法和策略，赢取最大可能的教学效果，从而较

---

[1] 夸美纽斯. 大教学论 [M]. 傅任敢，译. 北京：人民教育出版社，1984：2.

好地完成教学活动所承载的特定任务。

有效教学理念的形成源于 20 世纪上半叶西方的教学科学化运动，在美国实用主义哲学和行为主义心理学的影响下所发动的教学效能核定运动，引起了世界各国教育学者的关注。20 世纪以前在西方教育理论中占主导地位的教学观是"教学是艺术"。随着 20 世纪以来受科学思潮的影响及心理学特别是行为科学的发展，人们意识到教学也是科学。即教学不仅有科学的基础，而且可以用科学的方法来研究。于是，人们开始关注教学的哲学、心理学、社会学的理论基础，以及如何用观察、实验等科学的方法来研究教学问题。有效教学就是在这一背景下提出来的。

（二）有效教学的内涵

何谓有效教学？对此，学界尚未形成统一的看法。我国学者通过对西方有效教学研究进行系统考察，发现西方学者对有效教学的解释可以归纳为目标取向、技能取向和成就取向三种基本取向，并且到目前为止并没有一个统一的解释，很难找到一个最佳的界定角度或框架。纵观国内外学者的定义，结合我国教育教学特点，我们认同宋秋前教授关于有效教学的定义：有效教学是师生遵循教学活动的客观规律，以最优的速度、效益和效率促进学生在知识与技能、过程与方法、情感态度与价值观"三维目标"（或学生的核心素养）上获得整合、协调以及可持续的进步和发展，从而有效地实现预期的教学目标，满足社会和个人的教育价值需求而组织实施的教学活动。[①] 这一定义主要包含以下三层含义：

第一，有效教学的评价标准是学生的有效学习，核心是学生的进步和发展。教学是否有效，关键是看学生的学习效果，看有多少学生在多大程度上实现了有效学习，取得了怎样的进步和发展，以及是否引发了学生继续学习的愿望。

第二，整合、协调地实现教学的"三维目标"（或学生的核心素养）是学生进步和发展的基本内涵。学生的进步和发展并不只是传统教学强调的知识和技能的掌握，而是指学生在教师引导下在知识与技能、过程与方法、情感态度与价值观"三维目标"上获得全面、整合、协调、可持续的进步和发展，注重全面教学目标的进步和发展。

第三，学生的进步和发展是通过合规律、有效果、有效益、有效率、有魅力的教学获得的。教学是否有效，既要看教学目标的合理有效性及其实现程度，也要看这种目标的实现是怎样取得的。合规律，即教学的效果和学生的进步、发展，不是通过加班加点、题海战术、机械训练或

---

① 宋秋前. 有效教学的涵义和特征 [J]. 教育发展研究，2007, 27 (1A): 39-42.

挤占学生的自主学习时间和其他学科教学时间等损害学生可持续发展的途径取得的，而是从教学规律出发，科学地运用教学方法、手段和策略实现的，符合学生生命发展的规律。有效果主要是指通过教学给学生带来的进步和发展。有效教学的评价标准不仅要看教师的教学行为，更要看教学后学生所获得的具体进步或发展。有效益，即有效教学，不仅要求教学有效果，而且要求教学效果或结果与教学目标相吻合，满足社会和个人的教育需求。有效率，主要是指通过教师的教学活动，让学生以较少的学习投入取得尽可能好的学习收益。有魅力，是指教学能激发起学生强烈的学习欲望、产生情绪兴奋，给学生带来愉悦的心理体验和获得感，能吸引学生继续学习，自觉地去预习、复习或者拓展知识。

目前，我国很多学者致力于有效教学理论的研究以及应用研究，特别是在中小学的课程改革当中，深刻体现了有效教学理念，并应用于实践。随着高校教学改革的深入，有效教学理论在高校教学中也越来越受广大教师的青睐，去掉"水课"、打造"金课"，就是高校教师们追求有效教学理念并应用到教学中的真实行为。

（三）有效教学的影响因素

教学活动涉及多种因素，包括教师、学生、课程、教学手段、环境等。前四项可以看作是内在地规定了教学活动状态空间结构的四个维度。教学有效性不仅受这些参与因素的影响，而且受这些因素相互作用方式的制约。

1. 教学活动的主体因素

主体因素包括两个方面，即教师因素和学生因素。因为教学活动始终都是在教师的主导下进行的，因此教师在教学活动中主导作用的发挥程度对教学的有效性具有决定性影响。此外，教师的教学理念、教育知识、教学能力、教学反思力等都是这一主体因素的具体层面。教学活动是师生共同参与创造的活动。学生作为学习活动的主体，在教学活动中不是被动地接受教师的指导，而是主动以自身的活动参与教学。

2. 教学活动的客体因素

课程、教材是学生学习活动所指向的对象，是教学活动的客体。课程结构是否合理、教材内容是否具有实效性是课程效能的基础。因此，课程和教材不仅是实现教学活动目的必不可少的条件，而且也影响着学生发展的速度。

3. 教学手段

教学手段作为教学活动的中介参与教学活动，成为影响有效教学的又一要素。现代化的教学手段具有提高教学效率，改进教学的活动方式，拓展教学实践的维度等功能，从而加强教学活动的有效性。

4. 教学活动的环境

教学环境对于教学系统来说就是教师、学生、课程和教学手段等要素的关系结构，这种关系结构决定了教学活动的形式与方式，包含了师生关系和学生与教材的组合关系，前者能影响教师的个人教学效能感，后者对有效教学也起着重要作用。

二、促进有效教学理论的策略

教师在课堂教学中如何才能促进有效教学？美国学者加里·D. 鲍里奇（Gary D. Borich）认为教师促进有效教学的五种关键行为是：①清晰授课；②多样化教学；③任务导向；④引导学生投入学习过程；⑤确保学生成功率。与有效教学有关的辅助行为是：①利用学生的思想和力量；②组织结构；③提问；④探询；⑤教师情感[①]。

我国学者崔允漷等人在实践的基础上，对教师如何进行有效教学提出了"有效教学框架"，认为有效教学是一整套为促进学生学习，实现教学目标而采用的教学策略，也是一套用以指引教师教学、评价教师教学效果的标准。无论作为策略还是标准，有效教学更多是一种理念，而不是一种教师可以直接在课堂中加以运用的操作技术，或者一套直接用以检核教师行为的指标。教学的有效具有情境依赖性，有效教学作为教学策略的运用，需要教师的专业判断。作为评价标准的运用，也需要评价者的专业判断。因此，有效教学框架不可能非常具体。有效教学框架涉及教师、教学内容与目标、学生、促进学生学习的环境、持续的教学反思与创新等多方面因素，教师实施有效教学就是要优化这些因素，使其产生最佳效果。[②] 如图 3-1 所示。

① 鲍里奇. 有效教学方法 [M]. 易东平，译. 南京：江苏教育出版社，2002：8-24.
② 崔允漷，王少非. 有效教学的理念与框架 [J]. 中小学教材教学，2005（2）：5-7.

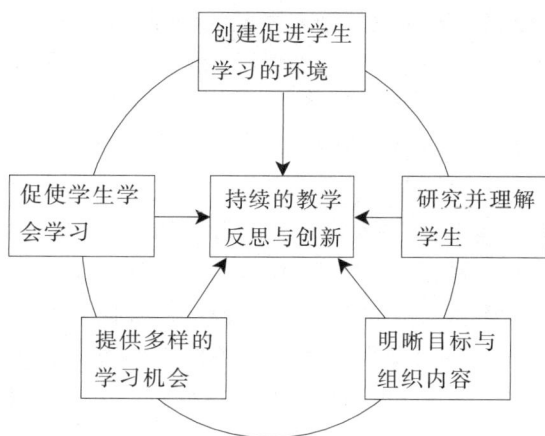

图 3 - 1　有效教学框架图

　　基于我们对有效教学理念的基本认识，参照鲍里奇促进有效教学的关键行为和"有效教学框架"，我们认为要提高课堂教学的有效性，教师需要从以下六个方面努力。

（一）　制定以学生发展为本的教学目标

　　有效教学坚持以学生发展为本的教学目标，不仅关注学生的考试成绩，而且关注学生体魄的健壮、情感的丰富和社会适应性的提升情况，从知识与技能、过程与方法、情感态度与价值观三个维度上去促进学生个体的全方位发展，提升他们的核心素养。有效教学使获得知识与技能的过程成为学会学习和形成正确价值观的过程。

　　传统教学实践中多以教师为中心，进行"满堂灌"式教学，以教师完成主观设计为目的，把学生当作陪衬，忽视了对学生的理解和接受能力以及思维能力的培养。仅仅是知识的机械传授、静态预设，没有了技能、方法以及情感态度价值观的培养，不利于学生全面和谐发展。有效教学特别注重教学目标和学生发展的全面性、整体性和协调性。"三维目标"是一个完整、协调、互相联系的整体。这就要求每位教师在教学中制定一个学生在三个维度上都能得到协调发展的教学目标，不要单纯以成绩来论好坏。例如，在进行《网络传播学》课程教学时，教师给学生定的目标是：掌握理论知识与实际操作技能（网站开发技术），注重小组协作学习的方法，在交流中体验"头脑风暴"，培养学生对当前网络传播中存在的安全问题的关注意识和防范意识，并让学生自觉成为捍卫网络安全的"卫士"，树立正确的价值观，实现三个维度的整体统一，充分实现教学的基本价值，有利于学生的全面发展。

（二）正确处理教学预设与动态生成的辩证统一关系

有效教学既是预设的，又是动态生成的，是充分预设与动态生成的辩证统一。预设是生成的前提和基础，生成是预设的超越和发展。在传统教学中，所有的权力都控制在教师手中，学生处于一种消极被动的地位，教师以自己的节奏来确定学习进度和方式。教师在课前准备好教学方案，遵循教学方案上课，如果学生在听课的过程中产生了一些疑问和困惑，倘若这些疑问和困惑与教师教案中事先设计的问题恰好吻合，那么教师能顺势将其引入预设的轨道。倘若这些疑问和困惑与该课内容关系不大，或者是虽然与本课内容紧密相关但对教师来说未做准备，那么即便问题极为精彩，教师也往往采取"冷处理"的方式把它弃置一边，或者塞责几句无关痛痒的话语，继续自己的教学"表演"，而不是抓住难得的机会，给予学生所提问题以正面积极的关注。这样的教师一般很少鼓励学生说出自己的看法并进行讨论，不能灵活地根据课堂反应来调整讲课的进程，很难满足学生的需求。课堂教学如果只讲预设，没有动态生成，不能根据教学实际灵活调整，则很难满足学生的学习需求和促进学生发展。但反过来，课堂教学如果只讲动态生成，而不遵循预设，那么这种教学就像是一艘没有导航系统的轮船，在海里任意航行，没有方向，是无效的动态生成。所以，有效教学必定是预设和动态生成的统一。

这就要求我们每位教师在教学中，首先，精心做好预设，尽量为各种可能的生成做好充分准备，有备无患。其次，有效生成也要在课程重点、难点部分生成，以便学生更好地理解掌握重难点内容。最后，在动态生成的课堂上，教师要注意角色的定位——课堂生成的"助产士"，点拨课堂智慧的生成；课堂智慧的引领者，促使课堂生成更具魅力；"麦田守望者"，防止学生在生成中迷失；课堂智慧的创造者，机智地对待课堂中的动态生成。

（三）讲授有效知识量的教学内容

教学实践表明，教学的有效性取决于教学的有效知识量。教学的有效知识是指教学中学生真正理解并有助于其智慧发展的知识，是能增加学生有效知识量的知识。从教学论的角度讲，教学知识可分为有效知识和无效知识两大类。科学的教学内容如果传授方法不当，不能与学生的认知结构发生实质的、有机的联系，教学效果仍然可能很差甚至出现负效应。教学效果取决于教学的有效知识量，而不是教学传授知识的多少和教学时间的长短。

在传统的教学中，教师最容易陷入的误区是：充分利用课上的每一分钟，把所有内容尽量给学生讲到，以为会取得很好的效果，但往往与此相反。他们把大量的知识灌输给学生，不重视内容是否能够与学生的认知结构产生有机联系，没有真正领悟到有效知识量的内涵。正因为如此，每位教师应在教学的课前准备阶段，充分考虑到所讲内容是否科学，所用的传授方法能否与学生的认知结构发生实质的有机联系，能否取得好的教学效果。

(四) 构建和谐平衡的生态教学环境

课堂教学环境包括物理环境和心理环境。课堂教学环境和谐平衡是指课堂的物理环境和心理环境能加强学生良好的情感体验，使师生处于一种相互尊重、友好合作的充满舒适感、归属感以及人文关怀的氛围中。实践表明，课堂环境直接关系到学生对教学和教师的情感与态度体验，是影响课堂教学有效性的重要因素。在传统教学中，良好的物理环境基本可以达到，但是好的心理环境却不容易实现。由于社会功利色彩浓重和应试教育的沉重压力，不少教师在潜意识中形成了把考试分数看作是硬指标的观念。在教学中，最在意的往往是学习成绩的提高，而对如何培养学生良好的行为习惯，如何提高学生的身体心理素质，如何激发学生的求知欲望、学习兴趣等方面不够关注甚至相当忽视，于是一味地在学习成绩上对学生施加压力。这往往使得学生感觉学习负担很重，压力很大，心情很压抑，造成学生身心与学习内容、周围环境的隔离，从而对学习失去兴趣。

针对这种情况，要求教师在教学中深刻认识到提供一个良好的生态课堂教学环境的重要性，它将影响到学生对学习内容的深刻理解和学生学习的有效性。在教学中，不仅要创造一个良好的硬件环境，如教室干净整洁、通风良好、温度适宜、光线明亮、桌椅舒适、黑板距离适中等，而且要形成一个好的心理环境。教师首先应在关心学生、了解学生，建立和谐的师生关系上下功夫，帮助学生树立正确的学习目的，增强学习自信心，让每一位学生在心灵绽放的状态下汲取知识，提高能力，使学生觉得自己是一个被尊重的、有思想的、独立的个体，使全班同学都觉得大家是一个学习共同体，形成一种伙伴式的学习氛围。

(五) 开展发展性的教学评价

学生的发展状况是评价教学有效性的关键指标。不同学生的素质是有差异的，素质发展也是有差异的。评价的关键在于个体的素质能否在原来的基础上尽可能得到提高。课堂中学生得到的评价，除了事实判断（"对"与"不对"）之外，还伴随着价值判断（"好"与"不好"以及"应该"与"不应该"），要让学生有分辨好坏的能力。这种低利害的（没有或很少奖惩的因素），以辨析、诊断、激励、导向为主要功能的评价更加能促进学生的发展，可以称之为"发展性评价"。在教学中，只有开展发展性评价，学生才可能在课堂中享受民主、感受自主和全程参与。也就是说，"评价的主要功能是改进或形成，而不是鉴定或选拔。它的直接目的是为教师改进教学或学生后续学习提供全面而具体的依据，而不是给学生分三六九等。"①

发展性评价在课堂中的主要方法有：①交流评议法。学生或教师对教学过程中得到的某些结论或寻求结论时运用的某些方法进行评价。师生借此发表见解，澄清误解，促进学习。②案例分析法。通过分析具体学习过程或作业案例，对其中的正误、优劣进行评价。师生借此辨析诊断，达成共识，促进学习。③表现性评价法。通过观察学生在课堂上完成实际任务时的表现来进行评价。师生借此纠正错漏，巩固知识，形成技能，促进学习。

（六）践行以学生发展为取向的教学理念

素质教育要求一切为了每一位学生的发展，这就要求教师在教学中既要准备充分，讲解清晰，又要变传统的以教师为中心的教学行为为以学生发展为中心的教学行为。在教学中主要体现在以下三个方面。

（1）跟着学生走。

在传统的教学中，往往都是让学生跟着教师的思路走，即教师严格按照预设的过程、问题，引领学生被动完成教学任务，不管学生在课堂中的实际表现。而现在要求教师跟着学生走，让每位教师根据学生在实际教学中遇到的问题，动态生成课堂资源、教学细节和程序，为学生学习提供帮助和支持服务，让学生学会学习。但这也对每位教师提出了更高的要求，教师要具有掌握更广泛的知识、不断学习、动态把握课堂、灵活调整课堂教学策略的能力。教师只有不断发展和成长，学生才能更加有效地学习。

（2）让学生学会自主思考。

在传统教学中，教师的探究代替了学生的自主探究，教师的思维代替了学生的自主思考，教师的活动代替了学生的自主活动，导致学生在课堂上像是一个机械性记忆器。这也是为什么很多家长反映"现在的孩子们很懒，稍微有点难度的题他们都不去做，不去思考"。针对这些弊端，要求教师把课堂学习的权利还给学生，把本属于学生的读、写、思、研还给学生，把学生自主学习和教师的指导在教学中有机统一起来，提高教学有效性。

---

① 崔允漷. 有效教学：理念与策略（下）[J]. 人民教育，2001（7）：42.

（3）教师学会用教材。

教学中存在一个问题即教师上课按照教材内容照本宣科，教材上有什么内容，教师就讲什么内容，不去真正考虑课程目标是否实现或实现程度的高低。对于每一位教师来说，教材只是讲课的依据，是实现课程目标的手段和途径。而判断教学是否有效的标准是教学的三维目标是否实现，学生是否进步和发展，而不是看教材内容是否教完了。教师心中要永存一个信念，即要学会用教材，而不是教教材。教师只有变教教材为用教材教，才能满足学生的需要，促进学生的进步和发展，促进有效学习。

教师的"教"是为了促进学生的"学"，学生的"学"需要教师"教"的帮助，只有两者和谐平衡，才能达到教学的目的。教学过程既是一个教会学生"学会学习"的过程，也是一个教会教师"学会教学"的过程。有效教学既依赖于"有效教师"，又依赖于"有效学生"。因此，有效教学不但要求学生学有收获，学有发展，而且要求教师大胆探索教学互促的教学思路，通过理论学习和实践反思不断提升专业成长水平。

第四章 当代世界代表性国家和地区中小学教学改革

真正的比较不是研究其他国家的教育体系，而在于我们走向未来的时候，更清楚地理解我们自己教育上的设想和实践。

——［英］埃德蒙·金

20 世纪 50 年代开始的以原子能技术、航天技术、计算机技术为代表的第三次科技革命引发了教育界关于寻求新的教学方法的改革。面对知识总量的爆炸式增长和闪电式更新，教育学者们积极探索，提出了很多新的教学方法。本章将对 20 世纪 50 年代以来在世界范围内产生了重要影响的教学方法进行简单介绍，希望能取其精华，对我国正进行的教育教学改革有所启发。

第一节 当代美国中小学教学改革

美国是当代世界第一大经济体，也是世界上最大的发达国家。美国能发展成世界第一大国，与其重视教育密不可分。在美国历史上进行了多次教育改革，特别是"二战"后，其改革周期变化之快、改革措施范围之广，都是世界其他国家所无法企及的。每一次教育改革不仅改变了美国自身的教育方向，还影响了世界教育改革的趋势，对于全球教育的进步和发展起到了重要的作用。

一、美国教育改革的历史演进

从 20 世纪前半叶开始，欧洲对美国教学方法的影响逐渐削弱，美国进入了独创教学方法的时期。在这半个世纪里，美国教育者提出的比较典型的教学方法包括杜威的问题教学法、克伯屈的设计教学法，以及与教学组织形式改革相关的道尔顿制教学法和温内特卡制教学法等。这些教学方法将课堂中心从"教师"转到"学生"，创造了新的课堂氛围，但学生学习质量下降，对此，美国从 20 世纪中期开始又不断探索着新的教育改革方式。

（一）20世纪50年代的"回归传统教育"

"二战"后，美国和苏联两个世界超级大国进入"冷战"时期，开始了以经济、科技和军事为核心的国力竞争。1957年，苏联成功发射第一颗人造地球卫星，给全世界带来了震撼，美国由此感受到苏联在科学技术上所带来的巨大威胁，并迅速做出反应，于1958年颁布了"二战"后的首个教育法案《国防教育法》。美国之所以出台这个法案就是因为在此前的进步主义教育思潮影响下，学校不重视学业和考试，导致学生的基础学科知识特别是自然科学、数学的基础知识水平下降。借此机会，美国政府颁布了《国防教育法》，为随即开展的"回归传统教育"的基础教育改革提供了法律依据，加大了自然科学、数学和外语的教学力度，最终目的是培养足够数量的高质量的国防人才。

（二）20世纪60年代改革核心是"促进教育机会平等"

20世纪60年代，随着民权运动的开展，许多教育学者提出在美国基础教育阶段废除种族隔离政策，并得到了最高法院的支持，但是这一政策在许多地区受到了消极抵制。在这种情况下，美国国会于1965年颁布了《初、中等教育法案》。该法案要求在全国的小学和初中废除种族隔离政策，实现不同种族、不同肤色、不同宗教的学生同校、同学习，各州和地方政府为所有学生提供课本、学具等学习资源。《初、中等教育法案》的实施，废除了种族隔离政策，是美国促进教育公平道路上的一大进步。

但同时，这次教育改革强调以"学科主义"为中心，课程设置时没有考虑大多数学生的学习能力和水平，课程内容难度大，知识抽象，缺乏应用练习，导致很多学生在学习过程中跟不上教学进度。

（三）20世纪70年代改革核心是"恢复基础教育"

这一阶段的美国经济、科技迅速发展，社会对人才的要求有所提高，而大部分毕业生达不到社会需要的能力水平，由此出现了非常普遍的"学生一毕业就失业"的现象，进而全社会对教育改革的呼声越来越高。此时的教育改革理念强调教育与现实生活联系，学校教育应该既要为学生升入大学做准备，又要为学生未来进入社会就业做准备。教育内容改革方面强调要重视学生能力与个性的发展。配合教育改革这一方向，美国制定并颁布了新的教育改革法案，基本目标是希望能提高学生的基础知识和能力水平，以便为升入大学或未来就业打下坚实的学科知识和能力基础。该法案要求学校严格校规、校纪，纠正过度的"教育自由化"倾向，学生在校期间要认真学习数学、自然科学、英语等基础学科，改变在校学生纪律松懈、学力低下的现象。

（四）20 世纪 80 年代改革核心是"普及科学，提高质量"

这一时期全球开始进入知识经济时代，社会需要的人才不再是传统意义上的劳动者，而是知识型劳动者。正是在这一历史背景下，美国再次进行基础教育改革，基本目标是通过改革使学生在接受教育的过程中获得最大化发展，从而提高美国民众的科学水平，提高国家的国际竞争力。美国国家高质量教育委员会于 1983 年发表了一篇名为"国家处于危险之中：教育改革势在必行"的报告，在报告中提出了新的改革美国基础教育的建议。此报告的主要内容是："重新建立美国国家教育体制；在普通学校中加强职业教育；加强美国各学校核心课程的建设；提高美国基础教育标准和师资水平。"[1]

《国家处于危险之中：教育改革势在必行》对美国当时的基础教育改革产生了深远的影响：美国各州分别建立了统一的学校课程管理制度，强制延长学生的在校时间和学年长度，加强对教师和学生的考核，提高对教师资格的要求，也提高了对学生毕业的要求。通过此次教育改革，美国整体的教育质量确实得到了很大提升。

（五）20 世纪 90 年代改革核心是"基于国家标准"

这一时期，美国政府连续发布了两个重要文件，分别是 1991 年发布的《美国 2000 年：教育战略》和 1993 年发布的《2000 年目标：美国教育法》。美国政府在短时间内连续发布两个关于教育发展的重要文件，和美国当时的教育现状有关。因为美国建国以来一直实行"教育分权"，奉行民主平等思想，美国国内没有统一的国家教育制度，也没有统一的国家课程标准，这使得美国各州在教育上各行其是，影响了美国教育的整体发展。

有鉴于此，美国政府连续发布了两个关于基础教育改革的纲领性文件，文件核心内容就是"建立全国统一的国家课程目标，用国家标准来要求各州学生，改革了各州分权的弊端"[2]。

（六）21 世纪初改革核心是"质量与公平"

2002 年，美国政府颁布了以"质量与公平"为核心的教育法案——《不让一个孩子掉队法案》。2007 年 1 月，美国政府推出了该法案的强化计划，"要求赋予州和学校在教育改革中更大的自主权，加强高中教育，

① 聂鸿英. 美国基础教育改革历程概述 [J]. 吉林省教育学院学报（中旬），2014，30（6）：46－47.

② 聂鸿英. 美国基础教育改革历程概述 [J]. 吉林省教育学院学报（中旬），2014，30（6）：46－47.

继续强化通过建立教师激励基金，彻底消除学业差距，赋予家长更多权利"①。

2002 年，美国联邦教育部主持成立了"21 世纪技能合作组织"（简称"P21"），该组织制定了《21 世纪技能框架》，阐述了 21 世纪中小学生应具备的基本技能。2007 年 3 月，该组织在此前《21 世纪技能框架》的基础上进行修订，清晰而全面地阐述了各种技能及各技能之间的关系，设计了具有可操作性的系统性方案，顺势提出了"21 世纪技能计划"。该计划的目标是将新世纪所需的技能与中小学核心课程内容进行有机融合，加强对中小学生技能的培养。

此轮改革中，依靠法案中严格的考核评级制度，美国基础教育的整体质量得到了很大提升，达成了改革预期目标。不过此次改革也引发了一些新的问题，因为考核评级极其严格，使得学校师生的压力都非常大，时时处于应付考核的疲惫状态。为了解决基础教育改革中新出现的问题，2015 年 12 月，美国政府颁布了新的教育法案——《每一个学生成功法案》，同时开始了新一轮的基础教育课程改革。

回顾历史，从 20 世纪 50 年代到 21 世纪，美国经历了多次教学改革，与此同时，对教学方法的改革也如火如荼地展开，呈现了百家争鸣的景象。新的教学方法以新的教育理论为指导，以新心理理论、神经科学等学科的研究成果为基础，符合当时社会经济、文化、科技发展的新要求。这一时期美国比较著名的教学方法包括程序教学法、发现教学法、掌握学习法、非指导性教学法、归纳思维教学法、小组协同教学法、批判性思维教学法等。

二、当代美国中小学教学方法的改革

当代美国在基础教育改革上所取得的进步和其教学方法的改革是密不可分的。范树成在《美国中小学的教学方法及其改革的特点》一文中就指出，美国进行教学方法改革的特征之一就是"教学方法的研究、改革与课程、教材的研究、改革相结合"②，二者相互促进。因此，要分析借鉴美国基础教育改革的成功经验，分析探讨不断变革的美国教学方法是一个很好的切入点。

20 世纪 50 年代至今，美国教育者提出了很多种教学方法，下面就其

---

① 李学书. 公平而卓越：新世纪美国基础教育改革面临的挑战［J］. 河北师范大学学报（教育科学版），2011（4）：58 – 62.

② 范树成. 美国中小学的教学方法及其改革的特点［J］. 外国教育研究，1999，26（1）：23 – 27.

中比较典型、应用比较广泛的教学方法做一个简单介绍。

（一）发现教学法

发现教学法又被称为假设法、探究法。发现教学法是指学生在学习概念和原理时，教师只为学生提供一些事实和问题，由学生通过独立思考和探究，自主地发现、掌握概念和原理。在美国教育家杰罗姆·布鲁纳（Jerome Seymour Bruner，1915—2016年）的大力提倡之下，发现教学法被当代各个国家广泛应用于教学之中。

布鲁纳提出，运用发现教学法要遵循四项基本教学原则：动机原则、结构原则、程序原则和反馈原则。在此基础上，将教学划分成五个阶段：

第一个阶段是创设情境。通过创设问题情境，让学生产生认知上的矛盾，从而提出要解决的问题。第二个阶段是做出假设。教师为学生提供必要的材料，学生根据教师所提供材料中的线索提出解答问题的假设。第三个阶段是检验假设。学生通过逻辑推理或实验检验自己提出的假设是否正确。第四个阶段是得出结论。学生根据推理结果或实验结果，在认真讨论分析的基础上得出相应的结论。第五个阶段是反思评价。教师引导学生反思在解决问题的过程中所使用的知识和策略，在此基础上概括和理解新知识的应用场景，达到能将新的概念和原理熟练应用的目的。

布鲁纳认为发现教学法的优点在于有利于发挥学生的潜力，可以使学生产生内在的学习动机，也有利于培养学生的学习技巧和保持记忆①。其局限性在于，利用发现教学法教学，所有的知识都要由学生去模仿科学家实现知识的再发现和再创造，效率太低。

（二）掌握学习教学法

掌握学习教学法由约翰·卡罗尔（John Carroll）率先提出，本杰明·布鲁姆（Benjamin Bloom，1913—1999年）将其完善并发扬光大。关于掌握学习教学法，有的学者认为它本质上是一套完备的教学理论，同时也具有教学方法的特点："为确保所有接受课堂教学的学生都能达到一定学习水平的教学方法。"② 因此，掌握学习教学法的核心理念就是要面向全体学生开展教学。只要给予学生足够的时间和适当帮助，绝大部分学生都能掌握学业要求的基础知识和基本技能。

掌握学习教学法的教学过程可以分为三个阶段：教学前准备、教学实施和教学评价。

1. 教学前准备

具体内容包括确定教学目标和终结性测验内容；制订学期教学计划，

---

① 吴文侃. 比较教学论［M］. 北京：人民教育出版社，1996.
② 吴文侃. 比较教学论［M］. 北京：人民教育出版社，1996.

明确单元学习目标；确定单元学习标准和形成性测验内容等。

2. 教学实施

掌握学习教学法的教学活动是班级教学、形成性测验或诊断性测验、小组或个别矫正教学这三个环节不断循环的过程。简单来说，就是教师根据学生已有的知识、情感、技能等初始条件，确定教学目标、内容和要求，制订教学计划。单元教学结束后，学生接受形成性测验，检验学生是否达到教学要求。如果达到了教学要求，学生可以自主选择是否做补充练习；如果没有达到要求，则接受矫正教学。直到绝大部分学生都达到了教学要求，再开展后续单元的教学。

3. 教学评价

通过终结性测验，检验学生是否达到预期的学习要求。一般来说分为"合格"和"不合格"两种。有需要时，也可以将"不合格"的学生根据距离教学要求差距的大小，再进行细分等级。

综上可以看出掌握学习教学法的关键点是"反馈—矫正"程序。教学后及时进行测验，针对测验所反馈的结果，展开有效的矫正教学。

掌握学习教学法的优点有很多。比如，能够提高大部分学生的学习成绩和学习效率，提高学生的学习能力，增强学生的信心，激发学生的学习兴趣；培养学生之间的合作精神等。与此同时，掌握学习教学法的使用也具有一定的局限性。如学生之间差异性大，矫正教学时间长，影响整个教学计划的进度，学习速度快的学生没有得到足够的学习资源等。

（三）程序教学法

程序教学法是以伯尔赫斯·弗雷德里克斯金纳（Burrhus Frederic Skinner，1904—1990 年）的新行为主义操作条件反射理论为基础的一种教学方法。斯金纳通过实验发现，动物可以通过"刺激—反应"形成操作性的条件反射学习的行为。他认为，人的学习行为和其他动物的学习行为，其本质是一样的，都是对刺激做出的反应。因此人类的学习行为可以通过有序地选择教学信息，按一定顺序有步骤地进行强化训练来实现。

简单来说，就是教师将教材内容细分为一个个相互关联的小的知识点，每一个知识点都设置新的学习内容和练习题，然后将学习内容和练习题通过计算机程序进行存储。学生通过程序按顺序学习各个知识点，其流程就是：学生学习完第一个知识点后，马上进入练习环节。在练习环节中，学生对问题做出回答，如果答对了，就继续新内容的学习即学习第二个知识点；如果答错了，就返回去学习第一个知识点，直到能正确地回答练习环节中的所有问题。

程序教学法需要遵循以下四个基本教学原则：积极反应原则、小步子原则、自定步调原则和及时反馈原则。

因为计算机技术的发展，程序教学可以以远程教学的形式展开，因此两者相互结合又形成了 20 世纪 90 年代非常流行的计算机辅助教学（Computer Aided Instruction，CAI）形式。

（四）基于问题学习教学法

基于问题学习教学法又被称为问题式学习教学法或项目式学习教学法，起源于 20 世纪 50 年代中期，是美国医学教育的一种教学方法，因为其关注知识的应用和职业技能的培养，所以很快就被广泛应用于各层次的教学之中。

1. 基于问题学习教学法的内涵

国内外学者针对基于问题学习教学法的内涵主要有三种具有代表性的看法：一是基于问题学习教学法的提出者霍华德·巴罗斯（Howard Barrows）认为，基于问题学习教学法"既是一种课程，也是一种学习方式"。作为课程，基于问题学习教学法强调教师要精心设计课堂情境，学生通过自主合作学习解决问题、获取知识，形成解决问题的技能。作为学习方式，基于问题学习教学法强调学生通过系统学习解决复杂的问题，并能灵活运用知识解决生活中的实际问题。二是基于问题学习教学法是一种教学策略。教师通过创设真实而有意义的教学情境，为学生提供学习资源和帮助指导，培养学生解决问题的能力。三是基于问题学习教学法是一种教学模式。在这种教学模式下，教师是学生学习的支持者，通过创设情境激发学生的兴趣。学生是学习的主人，学生通过自主深入地思考问题，提出解决问题的方法。

本书中，基于问题学习教学法是指将学习"抛锚"于具体的问题情境之中，以学生自主学习为主的一种教学方法。在同一问题形成的有意义的背景下，学生通过合作，利用不同的信息资源主动建构关于现实世界的新的知识。因此，基于问题学习的教学方式是以建构主义心理学为理论基础，以促进发展学生分析问题、解决问题的能力和自主学习的能力为目标的一种教学方式。

在运用基于问题学习教学法进行教学时，要注意三个基本方面：一是树立正确的教学目标。培养学生灵活运用知识的能力，发展学生高层次反省思维的能力。二是平衡学科知识和问题之间的关系。将学科知识隐于问题的解决过程之中，培养学生解决实际问题的能力。三是在教学过程中，教师要有服务学生的意识，充分发挥学生的自主性。

2. 基于问题学习教学法的实施

基于问题学习教学法教学包括五个基本环节：①组成一个学习小组；②确定一个要研究的新问题；③解决问题；④各小组展示学习成果；⑤在解决问题之后进行反思。

基于问题学习教学法能从生活现象入手，激发学生的学习兴趣，提出要研究的课题；然后在问题情境中，通过小组合作学习，在教师的帮助下解决问题，交流思考过程；最后通过反思，引导学生回顾和探究过程，培养学生的思维能力和问题解决能力。

（五）深度学习教学法

1976年，美国的相关学者在长期对学习过程进行实验研究的基础上发表了《学习的本质区别：结果和过程》一文，并首次提出了深度学习和浅层学习的概念。深度学习和浅层学习是按照学习者在学习过程中获取和加工信息方式的不同来区分的，两者的主要区别如表 4-1 所示。

表 4-1　深度学习和浅层学习的比较[①]

	深度学习	浅层学习
记忆方式	理解基础上的记忆	机械记忆
知识体系	在新知识和原有知识之间建立联系，掌握复杂概念、深层知识等非结构化知识	零散的、孤立的概念、原理等结构化知识
关注焦点	关注解决问题所需的核心论点和概念	关注解决问题所需的公式和外在线索
投入程度	主动学习	被动学习
反思状态	逐步加深理解，批判性思维、自我反思	学习过程缺少反思
迁移能力	灵活运用知识于实践	不能灵活运用所学知识
思维层次	高阶思维	低阶思维
学习动机	学习是因为自身需求	学习是因为外在压力

1. 深度学习的概念和内涵

黎加厚教授提出"深度学习是指在理解的基础上，学习者能够批判

---

① 张浩，吴秀娟. 深度学习的内涵及认知理论基础探析［J］. 中国电化教育，2012 (10)：7-11，21.

地学习新思想和事实，并将它们融入原有的认知结构中，能够在众多思想间进行联系，并能够将已有的知识迁移到新的情境中，做出决策和解决问题的学习"①。

深度学习的理论基础是1997年一位美国学者提出的"知识深度"理论。通过这一理论，说明了基于国家课程标准来实施学业成就评价的程序和方法，因为知识深度理论有利于培养学生的高层次思维能力，所以该理论逐渐被教育学者应用于美国课堂教学之中，成为一种新的课堂教学设计方法。

知识深度理论将学生的认识水平分成四个等级，分别是回忆和重现、技能和概念、策略思考、拓展思考②。这四个等级的知识水平所对应的每一层级的活动任务如表4-2所示。从表4-2中可以看出深度学习提出的四个等级的知识学习，由低到高分别对应觉知、分析综合、应用和同化四个知识加工水平，其中觉知是最低水平的知识加工方式，同化是最高水平的知识加工方式。教师在运用知识深度理论进行教学设计时，需要根据不同等级的思维要求设计相应的促进学生深度学习的教学任务、活动和问题。教师在教学设计过程中设计的不同类型的活动、任务或问题，其目的不是让学生学习难度大的内容，而是丰富学生学习的过程，从而促进学生积极参与到深度学习之中，培养学生的高阶思维。

表4-2　深度学习的认识水平等级

等级	实质	思考	知识加工方式
回忆和重现	获取知识	知识是什么	觉知
技能和概念	应用知识	如何运用知识	分析综合
策略思考	分析知识	为什么这样运用知识	应用
拓展思考	扩充知识	还可以怎样运用知识	同化

2. 深度学习理论在教学中的实施

在运用知识深度理论进行教学设计时，不同的学科设计的教学活动、任务和问题是从具体学科内容出发的，因而都是不同的。但是基本上教学设计也都可以分为四个等级，如表4-3所示。

---

① 张维迎. 博弈论与信息经济学［M］. 上海：上海人民出版社，1996：17.
② 张建波. 基于DOK分级模式的研究型课堂教学设计——物质在溶解过程中有能量变化吗［J］. 化学教学，2018（7）：63-67.

表 4 - 3　知识深度理论与教学设计活动对应表①

知识深度等级	认知水平	活动、任务举例
回忆和重现	注重知识的回忆和重现，要求学生能够对事实、定义、用语再认或说出简单的过程和步骤	陈述故事中的事件、人物、背景等；列举出某个概念的关键词；回忆或识别公式
技能和概念	强调技能和概念，指那些超越回忆和重现的思考、观察，并做出推论和解释	用时间线、卡通画、概述或流程图，借助细节为系列事件排序；用多种形式解释概念，如图片、实物、关键词等；为开展研究制定恰当的策略，包括信息收集、组织、展示、总结等方面
策略思考	对复杂、抽象的逻辑推理的认知，通常需要多步思维过程	解释复杂的概念，并将其与现实世界联系起来；创作论文、故事、诗歌等；设计、组织调查、分析结果、得出结论
拓展思考	需要高阶的认知思维，涉及复杂的概念和跨学科内容的思考和实践	组织基于社区或学校的项目活动；运用多学科知识解决生活中的问题；完成需要多角色合作的任务

　　在四个知识深度等级的基础上，很多一线教师结合自己的教学实践，开发了适合不同教学内容、不同课堂类型的教学案例设计。比如张建波将知识深度分级理论应用于化学课堂教学设计，形成了研究型课堂教学设计的基本模式（见表 4 - 4）②。

---

　　① 钟传祎. 李希贵的知识深度改革和表达式学习 [EB/OL]. (2019 - 01 - 11) [2020 - 02 - 09]. http://blog.sina.com.cn/s/blog_71dd823f0102ze5p.html.

　　② 张建波. 基于 DOK 分级模式的研究型课堂教学设计——物质在溶解过程中有能量变化吗 [J]. 化学教学，2018 (7): 63 - 67.

表4－4　基于知识深度理论的研究型课堂教学设计对应点

知识深度等级	教学设计对应点
回忆和重现	回顾：已有概念或认知
技能和概念	预测：可能的实验结果 实验：测定和记录
策略思考	分析：实验现象产生的原因 推理：提出新机理，解释困惑
拓展思考	验证：设计实验验证新机理

（六）基于在线教育的混合式教学法

21世纪是资源全球化和信息数字化的时代，在线教育成为世纪之初的一种新的教学形式。这种教学形式从2001年麻省理工学院提出"OCW计划"至今，已经经历了20年的变迁，其从最初的开放课件项目和视频公开课，逐渐变为大规模开放在线课程如慕课（MOOC），及至今日的小规模限制性在线课堂（SPOC）[①]。

1. 混合式教学的概念和内涵

一般认为，混合式教学是指在适当的时间，通过应用适当的媒体技术，提供与适当的学习环境相契合的资源和活动，让适当的学生形成适当的能力，从而取得最优化教学效果的教学方式。[②]

混合式教学的理论基础包括学生的"掌握学习理论""以问题为中心的首要教学原理""关注高阶思维养成的深度学习理论""促进记忆保留的主动学习理论"。[③]

主要有以下四个方面：

第一，根据掌握学习理论，所有学生在学习任何内容时，只要有足够的时间和合适的教学方式，最后都可以对学习内容达到掌握的程度。基于这一点，可以将知识作为课前学习的内容，由学生根据自己的情况

---

① SPOC是一种将课堂教学与在线学习相结合，在具体实施的过程中以本校的课程设计与开发为主，将MOOC课程内容作为课程资源或嵌入或引用的"相交模式"。

② 李逢庆. 混合式教学的理论基础与教学设计 [J]. 现代教育技术，2016，26（9）：18－24.

③ 李逢庆. 混合式教学的理论基础与教学设计 [J]. 现代教育技术，2016，26（9）：18－24.

安排学习。

第二，"首要教学原理"认为，要实现学生的有效学习、提高教师的教学效能，教师应该为学生提供面向真实世界的问题设计，并在学生自主解决问题的过程中提供指导。基于这一点，教师在教学设计时要关注问题设计的现实性，在教学过程中要转变教学理念，从单向传递知识变为引导学生自主发现知识。

第三，深度学习理论指出，大部分课堂教学，教师关注的都是学生对知识的机械记忆情况，学生进行的是浅层次学习。教师应该改变教学目标，转而关注培养学生的"应用、分析、评价和创造"等高阶思维能力，这样学生才能综合运用所学知识创造性地解决现实生活中的问题。例如，以翻转课堂为代表的混合式教学，改变了传统课堂教师带领学生进行浅层次学习，学生课后进行知识迁移、尝试解决问题的这一局面，转而将浅层次知识的学习放到课前阶段进行，将知识的内化置于课堂之中，教师能在课堂中为学生进行知识内化提供有效的帮助。因此，可以有效培养学生的高阶思维能力。

第四，基于实验研究结果表明，如果学生在学习过程中只是被动地接受抽象知识，这些知识在学生大脑中保留的时间较短，因此学生容易遗忘知识，学习效率也较低。但如果学生是通过主动参与的方式获得知识，并将这些知识以生动具体的形式与外部世界进行联系，则知识在学生大脑中能长期保留。因此，主动学习理论认为，主动学习是促进知识由容易遗忘的短期记忆向深刻的长期记忆进行转化的一种有效方式。基于此，混合式教学提倡学生通过自主、合作、探究的学习方式，全程参与解决实际问题的学习活动。在学习过程中，学生不仅能通过观察获得基础知识，通过实践获得技能训练，还能够反思、深化自己解决问题的方法。

2. 混合式教学的实施

混合式教学是在翻转课堂教学模式的基础上，随着在线教育发展的需要而出现的一种新教学方式，因此有学者在借鉴翻转课堂教学模式的基础上，提出了"三阶段式的混合式教学实施流程"，将混合式教学分成了课前、课中和课后三个阶段，每个阶段根据教学目标设置不同的教学任务。具体教学流程如图 4 – 1 所示。

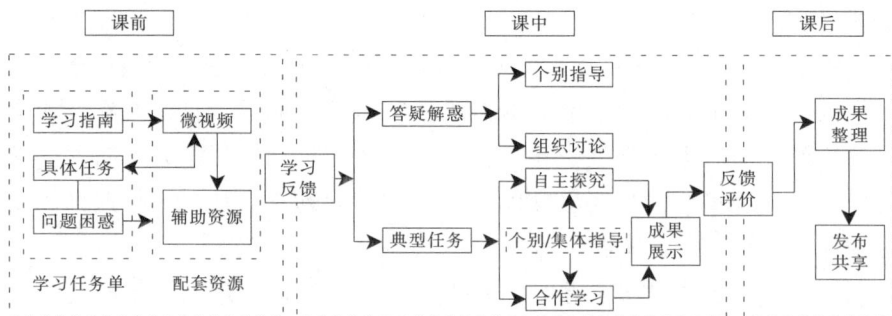

图 4 - 1   三阶段式的混合式教学实施流程①

混合式教学作为一种新兴的教学方式，其主要优势在于可以有效整合课内外的学习资源和学习时间，最大化地实现学生的自主学习、有意义学习和深度学习。在疫情突发的特殊时期，混合式教学不失为一种有效的教学方式。今后，随着进一步的资源全球化和信息数字化，混合式教学也是中小学课堂教学形式变化的一种趋势。

三、当代美国教育教学改革的特点

当代美国教育教学改革的历史，是一个不断创新、发展的过程。从中我们可以得到多方面的启示。

教育教学方法的改革需要以教学实验为依托，以心理学、神经科学、信息技术学等多学科的最新研究理论为依据。美国许多教学方法的创新都是美国学者在进行长期的教学实验的基础上，依据心理学、神经科学、信息技术学等的最新研究结果提出并实施的。美国教育学者注重教学方法的实验研究，将理论研究和教学实验相结合，从而实现教学方法的科学化。因此美国学者提出的教学方法的理论基础相对都比较坚实。

教学方法的实施要以学生为中心，发挥学生的主体性。不管是基于问题学习、深度学习，还是以翻转课堂为代表的混合式教学，都是以建构主义理论为基础来设计教学，提倡在教学过程中发挥学生的主体性，实现学生的自主、合作、探究学习，以此培养学生终身学习的习惯。教学过程中要实现以学生为中心，要求教师转变教学理念，重新定位自身角色，切实有效地指导和帮助学生发展。

教学内容的设计要以现实世界客观活动为出发点，培养学生解决实

---

① 李逢庆. 混合式教学的理论基础与教学设计 [J]. 现代教育技术, 2016, 26 (9): 18 - 24.

际的、复杂问题的高阶思维能力。随着社会的发展，基础知识和技能已经不能满足社会对人才的需要，社会迫切需要能综合运用各科知识、创造性地解决问题的人才。因此，教师在教学中要注意，教学的出发点不是让学生进行机械记忆、重复这样的浅层次学习，而要以培养学生"应用、分析、创新"的高阶思维能力为目标，帮助学生实现深度学习。

第二节　当代日本中小学教学改革

日本从"二战"后就开始致力于基础教育改革，历经数十年，其教育水平一直在世界上保持领先水平，是名副其实的世界教育强国。

一、当代日本中小学教学改革的历史演进

从"二战"结束至今，日本的基础教育改革可以从指导改革的理念变迁的层面划分为四个阶段：以经验主义为中心的课程与教学改革（1947—1957 年）、以学科主义为中心的课程与教学改革（1958—1976年）、以"宽松教育"理念为中心的课程与教学改革（1977—2005 年）和以"学力教育"为中心的课程与教学改革（2008 年至今）。

当代日本的基础教育改革始于"二战"结束后美国所施加的压力，日本开始实施以经验主义为中心的课程与教学改革。1947 年，日本文部省颁布了《学习指导要领一般篇（草案）》，并提出制定学科课程"必须依据儿童的现实生活及其变动来思考"。这其中，最能体现这一课程指导理念的是社会科、家政科和自由研究这三个科目。社会科、家政科体现了以儿童生活经验为中心，课程内容都与他们的日常生活经验密切相关。自由研究则鼓励学生通过自主活动进行科学探究性的学习方式来获取新知识。在教学方法改革方面更加注重提高教学质量和教学公平，倡导合作探究性教学和问题教学法。

1957 年，美国因苏联成功发射人造卫星而产生危机感，开始进行以学科为中心的基础教育课程与教学改革。日本受此影响，于 1958 年发布了全面修改的《学习指导要领》。此次改革最重要的变化就是课程设置理念从以"经验主义"为中心转变为以"学科主义"为中心。以此理念为指导，课程设置表现为课时加长、课程内容增多、课程难度提升三方面。此次基础教育改革的目标是提升日本中小学生的基础学力进而振兴科技，但是因为课程难度大，导致很多学生跟不上教学进度，甚至出现了普遍的旷课、逃学等现象。在教学方法改革上提倡注重基础知识的牢固和基

本能力的培养，如为提高音乐教学质量而产生的铃木教学法就是这一时期的代表。

1977 年，鉴于以学科主义为中心的课程改革中出现的种种问题，日本政府修订了《学习指导要领》，开始推行以"宽松教育"为核心的课程与教学改革。这次改革体现了"以人为本"、注重"个性培养"、突出"能力培养"，主要表现在课时、课程内容都大幅度减少，课程难度降低，增加综合性课程和可选课程，教学方法的多样性和个性化等方面。但是因为改革后出现了学生学力普遍降低，"宽松教育"的教育理念受到了来自各方的反对压力，日本政府不得不重新审视这一改革方向。这时期教学方法改革的核心理念是如何从传统以教师的"教"为主的方法向以学生的"学"为主的方法转变。代表性的教学改革如数学教师东丸库门创造了一种数学教学法，称为"库门教学法"。该法不是先花几个小时教授数学概念，而是首先要求学生完成大量练习题，且限时、不能出错。速度、准确率和自我教育是这种教学方法的关键点。这种方法深受日美等国中小学的欢迎。① 除"库门教学法"外，还有日本小学科学教学中所采取的"系统性与一体化结合"教学②以及在道德教育方面所提倡的"心灵教育"道德教育法等。正如著名教育家佐藤学所言："日本学校现已迎来了一个大的转型期。学校内外的社会和文化的急剧变化正在引发一场教室的教和学的'静悄悄的革命'。""静悄悄的革命"即是通过和事物对话、和他人对话、和自身对话的活动过程，创造一种活动的、合作的、反思的学习。这种革命是一种创建"学习共同体"的教育实践活动。③

2005 年，日本中央教育审议会发布了题为"创造新时代的义务教育"的报告，此报告的核心是"保证质量"，并以此为指导开展学力评价，期望能够提高学生的学力和教师的指导能力。2008 年，再次修订《学习指导要领》，提出了以培养学生"扎实的学力"为中心的教育教学理念。2017 年，日本文部省颁布了最新的《学习指导要领》，在这一纲领性文件中，日本坚持以"学力教育"为中心的理念，同时对这一理念的内涵进行了丰富和拓展。这一时期教学方法改革的主要任务是，提倡"主体性、互动式、深度"的学习方式，深化个性化教学改革及改革教学评价、实施 PDCA 循环评价模式等。同时，在低年级班提倡采用教师合作授课方

①　弓长. 美国向日本学习数学教学法 [J]. 国际人才交流，1990（3）：48.

②　光霞，樊文芳. 日本小学科学教学的特色及启示 [J]. 课程教学研究，2014（10）：30－33.

③　佐藤学. 静悄悄的革命——课堂改变，学校就会改变 [M]. 李季湄，译. 北京：教育科学出版社，2014：8.

式，即一位主讲教师和一位辅助教师合作，细化教师的指导方式，强化对学生学业的个别指导、小组指导，提高学生的学习效率。

二、当代日本中小学教学改革的主要内容

（一）当代日本中小学教学改革的理念

转变教学理念是教学改革的前提。在全球一体化的大背景下，日本将中小学教学改革的目标聚焦在如何培养发展学生的核心素养这一方面。日本文部省先后颁布了《创造新时代的义务教育》（2005）及《学习指导要领》（2017 年修订）等作为教学改革的指导性文件，对日本的教学改革起到了积极的推动作用。尤其是《学习指导要领》（2017 年修订）作为最新一轮基础教育课程改革的纲领性文件，从教育教学相关的各个方面提出了明确而具体的要求，对转变日本中小学的教学理念具有指导性作用。

根据《学习指导要领》（2017 年修订）的要求，当前日本进行基础教育改革的核心理念是以"学力教育"为中心，其目标是培养学生的生存能力。随着日本现代教育改革的进行，关于"生存能力"这一概念的内涵也不断得以发展。日本在 2008 年修订《学习指导要领》时，为应对"知识型社会"，将获取知识的能力作为学生"学力"的重要表现，"生存能力"被定义为"确切的学力"。文件将"确切的学力"解释为掌握、活用基础知识和技能，具有思考力和判断力，并达到基础知识、技能与思考力、判断力的有机统一。

在 2017 年修订的《学习指导要领》中，强调培养学生的"生存能力"是为了他们能更好地适应急剧变化的社会，因此进一步将"生存能力"进行丰富，拓展为三方面的内容：扎实的学力、丰富的心灵和健康的身体，最终目标是实现这三方面的和谐发展。具体而言，每一方面的内容内涵也非常丰富。扎实的学力要求在学习过程中激发学生的学习欲望和积极性，培养学生良好的学习习惯，学生掌握基础知识和技能，在此基础上灵活运用基础知识和基本技能解决问题，发展思考力、判断力和表现力。丰富的心灵主要是通过学习培养学生的自信和基本的道德规范意识。健康的身体包括生理健康、心理健康和安全教育三方面。如图 4-2 所示。

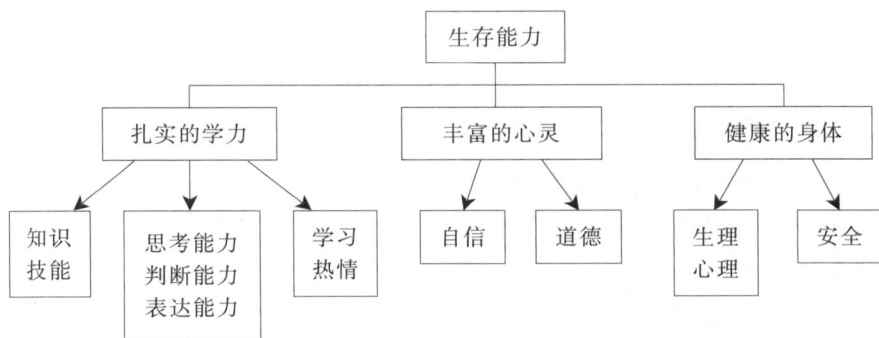

图 4 - 2　日本基础教育改革基本理念的内容

（二）当代日本中小学教学改革的方法

1. 推行"主体性、互动式、深度"的学习方式

为了培养具有"生存能力"或"确切的学力"的优秀公民，当代日本加强教学方法改革，推行"主体性、互动式、深度"的学习方式。

这种学习方式是一种主动学习的方式，在学习过程中既关注学习的量，也关注学习的质，同时还关注学生在学习过程中思考能力等的发展。当代日本教学改革，期望从学生的角度出发改善教与学的方法，从而使学生形成良好的学习习惯，提供学习的量与质，深入理解学习内容，实现《学习指导要领》（2017 年修订）所提出的"资质与能力"的发展目标。主体性学习关注"学生在学习过程中能否坚持有目标地自主学习"，这和目标中提出的"扎实的学力"要素之一——激发学生的学习欲望和积极性密切相关。学生有学习的欲望和积极性，才能主动学习，并实现终身学习。"互动式学习"则关注"学生在与人合作及外界相互作用的互动式学习过程中是否拓展了自己的认识、想法"。这里的"互动式学习"的范围不仅仅局限于课堂上的生生、师生互动，而是进行了横向和纵向的拓展——横向拓展了互动对象的空间范围，纵向拓展了互动对象的时间深度。从横向来看，互动学习的互动对象从课堂延伸到学生生活的所有空间活动范围，以及在其活动范围内接触到的所有人。从纵向来看，互动学习的互动对象从此刻延伸到历史上的所有时刻，学生不仅可以和此刻身边的对象进行互动学习，也可以和历史人物进行跨时空的对话、交流。通过这种时空拓展的互动式学习，学生形成自己的想法、观点，并在持续性的学习中不断完善。"深度学习"关注"学生能否实现发现问题、解决问题的深度学习过程目标"。不难看出，"深度学习"和"扎实的学力"的两个要素——基础知识和基本技能，思考力、判断力和表达力其实是密切相关的。目标要求学生不仅要掌握基础知识和基本技能，还要能够灵活运用基础知识和基本技能，形成解决问题的思考力、判断力和表达力。而后者正是深度学习的过程性目标，前者则是实现深度学习这一过程性目标的基础和前提。

2．铃木教学法

日本十分重视教学方法改革，并产生了许多在世界中小学教学改革中有较大影响的教学方法改革。鉴于篇幅，这里重点介绍铃木教学法。

铃木教学法又称铃木运动，是由日本小提琴家铃木镇一在 20 世纪开发与推广的音乐教学法及教育哲学。铃木教学法与柯达伊教学法、奥尔夫教学法、达尔克罗兹教学法被公认为世界著名的音乐教学法。

铃木镇一（1898—1998 年），生于日本名古屋。在读书期间，每年暑期都按照父命在小提琴工厂劳动。毕业前从家中新备的唱机听到埃尔曼演奏的舒伯特的《圣母颂》后，开始学小提琴。21 岁师从日本最早的小提琴家安藤幸田，同时师从作曲家弘田龙太郎学乐理，师从音乐家田边尚雄学声学。1920 年 10 月，离开日本留学德国。铃木从留德时期开始倾倒于莫扎特的音乐。1928 年回国后，他积极开展室内音乐活动，并在多所高校任讲师。1946 年后，他在松本市定居，通过教幼儿演奏小提琴开展其"才能教育活动"，到 20 世纪 50 年代已取得显著成果。20 世纪 60 年代中期，接受才能教育，且从三四岁起就拿起小提琴演奏巴赫、莫扎特乐曲的日本儿童越过二十万人。从此铃木教学法受到国内外的关注，并在一些国家和地区得到普及。①

铃木镇一根据自然语言习得的过程，针对学龄前的儿童，提出称为"才能教育"的教育方式。他认为，只要教学方法正确，任何一个儿童都有能力学到高级的音乐技巧。铃木镇一创办"才能教育研究会"，在日本广设"铃木教学法音乐教室"，推广"铃木教学法"。出版专著有《幼儿才能教育》《用爱浇灌》《爱的哺育——教育的新途径》《莫扎特教育风暴》等。

铃木教学法的基本观点：①人的才能不是天生就有的，任何孩子都可以培养成为有高度才能的人。②学习音乐的目的，不一定是成为音乐家。因为在音乐上所获得的美好能力，在其他领域中也能表现出很高的能力。③音乐教育的重要性，是培养人类真正美好的心灵和感觉。④才能教育越早越好。因为内在的音乐熏陶，可为日后的音乐教育奠定良好的基础。⑤儿童能力的开发要从记忆力、注意力、运动能力、表现力四

---

① 罗传开. 才能不是天生就有的——铃木教学法简介 [J]. 人民音乐，1983（9）：49–51.

个方面展开。

铃木教学法操作的基本要点：①创造学习音乐的环境，培养良好的乐感。②让儿童愉快而认真地学琴。专心练习，最开始就算每次只弹10分钟，每天弹两三次都有好效果，但如果不够认真，就算每天练一小时，由于有效练琴的时间不够，也达不到好的效果。③"美音训练"，即奏出优美的声音，要仔细倾听，注意音色之优美。④将个别课与集体课结合，个别课上了解每个孩子不同的接受程度和进展，集体课时再给他们进行群体激励，增强学习动力，提高学习兴趣。⑤反复练习，技精于熟。越熟练越能开发出孩子的艺术潜能，如果草草了事，即使学了很多年，进步亦不大。恰如画家，在某一题材方面画得越多，对于此题材的艺术造诣就愈高。

铃木教学过程的基本步骤：

（1）接触。让美好的音乐进入心灵，首先要创造良好的音乐环境。

（2）模仿。根据听到的旋律（可能是教师示范，也可能是事先听到的录音）进行模仿表演。

（3）鼓励。允许孩子有其自然的进度，寻求孩子的优点，给予肯定、赞美和鼓励。

（4）重复。制定新的目标，让孩子在重复中发现新的乐趣和挑战。

（5）增加。重复旧曲目，增加新曲目，铃木的教材内容多为各国童谣、民谣和各时代名家的作品，以提高孩子的音乐审美。

（6）改进和完善。通过不断反复而熟能生巧，逐步提高演奏技能。

铃木镇一曾说："倘若孩子们一生下来就听到好的音乐，之后又能自己演奏，那么他们既可以具有出色的感受能力，陶冶心情，形成忍耐力，又能成为有颗美丽心灵的人。"铃木教学法强调儿童要尽早学习，创建好的学习环境，接受良好的指导以及更多训练。受铃木的教学观影响，涌现出一批出色的音乐家，他们强调音乐教育的目的并不是培养音乐家，而是使每个孩子都有美好心灵，鼓励家人参与孩子的学习，营造和谐美好的家庭生活。铃木认为唯有通过爱才能制造更多的爱，创造更多成功教育的奇迹。

（三）实施 PDCA 循环评价模式，加强教学评价改革

为贯彻《学习指导要领》（2017 年修订）提出的以课程目标为依据进行综合性、改善性教学评价的主张，日本中小学在教学评价方面也进行了新的改革。

首先，明确以"资质与能力"的三要素为依据开展评价，即从"基础知识和基本技能""思考力、判断力、表达力""向学力与人性"三方面开展评价。新的评价标准和原有的评价标准（"关心、意欲、态度""思考、判断、表现""技能""知识理解"）相比，最重要的一点就是突出对"主体性学习"的关注，即将"向学力与人性"列为考核的三个方面之一。对"向学力与人性"的评价，不仅仅包括学生在课堂上的学习情况、课后作业完成情况，更重要的是要激发学生的学习欲望和积极性，形成终身自主学习的习惯，从而具备能在未来的未知情境中不断获取新的知识和技能的能力，具备发现新问题、解决新问题的思考力、判断力和表达力。从本质来看，此次改革希望能从培养学生主动学习出发，改革创新教与学的方法。其次，此次改革提倡采用的评价方式具有综合性，评价目标具有改善性。既采用传统的结果性评价方式（如纸笔测验等），又结合表现性评价（如课堂的小组讨论参与度、即兴表演等）和过程性评价（如学生的学习变化过程等）对学生进行综合性评价。同时为实现以评促教、以评促学，还引入了项目管理中经常使用的 PDCA 循环模式。"P"代表制订计划，即"Plan"；"D"代表实施计划，即"Do"；"C"代表对实施计划的过程进行检查，即"Check"；"A"代表对检查发现的问题进行改善，即"Act"。这四个步骤形成了一个封闭的循环模式，因此被称为 PDCA 循环模式。在项目管理中，"制订计划—实施计划—检查发现问题—改善计划"是一个不断循环的过程，因此在此次改革中引入这一评价方式的目的是不断地、持续性地通过评价来完善教与学的方式。

三、当代日本中小学教学改革的启示

当代日本中小学教学课程和教学改革对我国当前基础教育课程和教学改革具有借鉴意义。

首先，基础教育课程与教学改革是事关立国之本的大事，因此改革前应明确改革目标。

其次，当代日本中小学教学改革面向社会，实现积极的"学校—家庭—社会"联动协作机制。无论是铃木教学法，还是《学习指导要领》中的教学方式改革的资源观，均提出要建设"面向社会的教学和课程"。其目的就是要促进学校、家庭、社会形成教育合力，让三者在学生成长发展的过程中发挥最大的力量，实现学校、家庭、社区教育功能的一体化，最终形成学校教育改革和地方发展双赢的良性循环模式。

再次，终身教育要得以实现，除宏观上需要多样化的教育体制外，微观上还要求教学民主化。人的创造能力的发挥，只有在民主的环境中，当心灵得到放松时，思维才会活跃。脑科学研究发现，当人紧张时，供给大脑的营养就会不足，进而导致思维阻塞，人的创造性就会降低。因

此，在课堂教学改革中，要想发挥学生的积极性、主动性、创造性，前提是营造一个宽松、自由、民主的氛围，让他们有勇气去说、有信心去做。

最后，作为教师，要明确基础教育是大众化教育，而不是精英教育。不是要把所有的学生都培养成为某一领域的大家，而是培养适应时代的、能自我发展的多样化人才。因此，教师在课堂教学中，就应该依据学生的特点，对教材的内容、难度进行适当调整，真正从关注学生的发展出发，因材施教。在对学生的评价中，改变以分数为评判的唯一标准，实施多元化评价，促进学生健康、全面、和谐发展。

第三节　当代芬兰中小学教学改革

芬兰位于北欧，国土面积不大，是当代世界教育强国之一。芬兰在PISA① 项目中的表现每次都很优异。其中，芬兰学生的阅读素养排名两次居世界第一；数学素养在 PISA2003 和 PISA2006 两次测评中夺得第一；科学素养在 PISA2006 测评中排名世界第一。此后每次测评中芬兰学生的各项素养排名都位于前列。芬兰在教育领域取得的持续成功和芬兰实行的多次基础教育课程改革密切相关，因此芬兰的教育教学改革经验也非常值得我们进行深入探讨和学习。

一、当代芬兰中小学教育改革的历史演进

芬兰并不一直是世界上的教育强国。"二战"后，芬兰开始进行教育改革，主要经历了三个阶段。

第一阶段是"二战"后芬兰从农业国过渡到工业国，社会形态发生了巨大变化，芬兰教育界兴起了"公平的教育和机会"的教育观念，慢慢开始推行义务教育制度。到 20 世纪 70 年代初，芬兰正式实行从小学到初中的九年一贯义务教育制度，目标定位为培养具有竞争力的一代人。这一时期芬兰教育实行的是中央集权制，教师要严格按照国家教育委员会规定的教材进行教学。教师的任务被认为是向学生传授知识，教学理念受行为主义心理学的影响。芬兰中小学教师一般都采用讲授法进行教

---

①　PISA 是 Programme for International Student Assessment 的缩写，中文译为"国际学生评估项目"，这是经济合作与发展组织（OECD）开展的针对 15 岁学生阅读、数学、科学能力评价研究项目。该项目从 2000 年开始，每 3 年测评一次。

学，在讲授过程中，教师一般是教条式地教，学生则机械式地学，因此
教学效果并不是非常理想。

第二阶段是芬兰经济大力发展的时期，工业发展迅速，社会越来越
需要掌握一定技术的工人，因此，政府开始进行教育改革，建成并完善
了公立的综合学校教育体系。1976 年，芬兰就开始实施小学和初中连贯
的九年义务教育体制；1978 年，立法要求各级各类学校的教师都必须接
受研究生教育。这些教师除了各学校的班级教师、学科教师外，还包括
教育规划者、特殊教育教师和学生咨询教师等。20 世纪 80 年代，中央逐
渐下放教育管理权，学校根据国家教育委员会的教育指导方针来设置课
程，教师也可以自主地选择教学方式。部分学校开始尝试"整合型"教
学和学习方式，将教学核心从"学科知识"向"知识综合理解"转移，
从只关注知识传授向知识和能力并重转移。从教学方式上看，这一时
期的教学多受认知主义心理学理论的影响，中小学的课堂教学开始采用除
讲授法以外的其他多种教学方式，如自主式学习、讨论式学习、体验式
学习等。教学过程也从传统的知识由教师单向传递给学生，变为以教师
为主导、学生为主体的方向。

第三阶段是在知识经济和信息社会背景下，芬兰希望人才素质从单
一的熟练专业技术，向综合的能适应迅速变化的环境的知识和技能转变。
基于此，芬兰进行了多轮课程改革，基本原则是高质量、教育公平和终
身学习①，目标是提高教学质量，发展学生个性，以帮助学生适应不断发
展变化的社会要求。比如芬兰于 1994 年重组基础教育课程，以"知识经
济"为导向，从多方面发展学生的学习能力。这一阶段的课程灵活性比
较高，中央教育行政部门提出指导方向和培养目标，地方教育行政部门
和学校根据自身情况和条件制定当地和学校的课程标准以及制订教学计
划。中央继续下放教育管理权，学校可以决定自己的教育方式，教师可
以决定自己的教学方式，自主设计课程，自选甚至不用教科书。芬兰的
国家核心课程重视发挥学生的主体性，关注学生的学习体验和研究性学
习，注重学习过程的知识建构，强调终身学习和持续性自我发展。教师
角色和教学方式也因终身学习理念发生了转变。教师角色从指导者变为
学生学习的规划者，教学方式从以教师、教材为中心变为强调师生合作
学习、学生自我导向学习。教师多采用以学生为中心的教学方式，如课
堂讨论、小组合作学习、即兴表演等，在教学过程中开始注重创设问题

---

① 张德启，汪霞. 芬兰基础教育课程改革的整体设计与实施浅析 [J]. 外国教育研究，
2009，36（5）：59 - 63.

情境，引导学生进行自主、合作、探究。这一时期，在建构主义教学观的影响下，教学方式多以学生为本位，呈现多样化的趋势，强调学生与学生、教师与学生进行合作和互动。

二、当代芬兰基础教育教学改革的理念及其内容

21 世纪以来，芬兰进行了多次基础教育课程改革，每次改革都伴随着教育理念和课程内容的更新。

（一）芬兰教育改革的主要理念

2016 年，芬兰从秋季学期开始全面推行新的国家核心课程大纲。新大纲的一大亮点在于提出培养学生的"七大核心素养"。七大核心素养分为三个维度，分别是"人与自己""人与社会"和"人与工具"（见表 4 - 5）。

表 4 - 5　七大核心素养[①]

七大核心素养	人与自己	思考与学会学习 照顾自己与管理日常生活
	人与社会	文化素养、互动与自我表达 职业能力与企业家精神 参与建设可持续发展的未来
	人与工具	多元识读能力 信息通信技术能力

从表 4 - 5 可知，"七大核心素养"中，"人与自己"维度包括思考与学会学习，照顾自己与管理日常生活；"人与社会"维度包括文化素养、互动与自我表达，职业能力与企业家精神，参与建设可持续发展的未来；"人与工具"维度包括多元识读能力、信息通信技术能力。

新大纲的另一亮点在于实施"现象教学"。要发展学生的七大核心素养，需要培养习得相应素养的能力，大纲将这一能力定义为"横贯能力"。具体而言，标准中定义的"横贯能力"是指学生发现不同学科之间的问题，并能通过整合所学的不同学科的知识来解决问题的能力，我们可以将其理解为解决跨学科问题的能力。而现象教学则是学校培养学生横贯能力的实践载体。

---

① 叶文. 浅谈芬兰基础教育改革的"现象教学"［J］. 新教师，2020（3）：19 - 20.

综上可以看出，芬兰新课程改革是采用基于能力发展的跨学科教与学的方法，以发展学生的七大核心素养。与此同时，学生也要学习传统学科，并且在实践中学会综合运用传统学科的知识和技能来解决现实社会中的问题。

（二）芬兰教育教学方法改革的理念以及现象教学

1. 芬兰教育教学方法改革的理念

芬兰教育教学的理念核心是以学生为中心，强调以人为本。其出发点是以儿童的兴趣为主，以促进儿童个性发展为教育目标。因此，芬兰的教师不会严格控制学生的学习行为和日常行为。教师在设计教学目标、选择教学内容时，也会结合学生的年龄、性格、爱好等特征，选择适合学生学习的课题。特别是新推出的主题式教学，其教学主题可以由教师确定，也可以由师生共同协商确定，主要以学生的兴趣为出发点。

芬兰课堂教学的过程充分发挥了学生的主体性。在课堂教学过程中，教师采用以学生为中心的教学方法，比如讨论法、合作学习、探究性学习等。教学过程中学生在教师创设的情境中进行自主、合作和探究性学习，激发学生主动学习的热情，培养学生在探究过程中形成解决实际问题的思考力、判断力。

芬兰的课程设置也充分尊重了学生的兴趣和特长。以应用性课程为例，学生可以选择感兴趣的科目进行深入学习。而且，芬兰的高中从1999年开始就不分年级设置课程，而是主要按照学生的需求设置课程，芬兰的小学实行的是全科教学，学生也能在学习中找到自己的兴趣点。最新改革推行的以主题式教学为主的"现象教学"，特别强调学生可以参与教学主题的选择和确定过程。所有的这些课程设置都体现了以学生兴趣为中心、以人为本的改革理念。

为了更好地实现以上改革诉求，芬兰制定了非常有效的改革举措，颁布实施新的《基础教育国家核心课程大纲》，并在全国推广基于主题的现象教学。

2. 现象教学的概念及内涵

现象教学是指学校中各科教师一起备课，为学生准备跨学科的课堂教学，因此又被称为跨学科学习模块，是一种基于现象（主题）的教学。"现象"一词指事物的整体面貌，包括主题活动、现象学习和实践项目等。现象教学的内容可以由授课教师确定。教师根据生活中的某一类普遍现象，确定研究主题，然后以这些主题为核心，融合不同学科知识进行教学活动。同时，学生也可以参与课程内容的制定过程，即由师生合作，一起确定基于实际生活需要的课程主题，再将不同学科的知识融入主题研究活动。

> **现象教学案例——认识欧洲地理①**
> ①教师在课前询问学生的兴趣，对欧洲历史感兴趣的分为一组，对欧洲风土人情感兴趣的分为另一组；
> ②让两个组的学生自由讨论，产生感兴趣且想要研究的主题；
> ③汇报想要研究的主题，思考具体的研究方法并制订详细的计划；
> ④教师在学生研究过程中扮演资料提供者的角色；
> ⑤学生在规定时间内交付成果，与大家分享研究成果。
> 成绩的评定则以学生互评和自评为主，分别占80%和20%，教师仅充当裁判。

阅读并分析上面的现象教学案例，可以窥见现象教学的主要内涵有以下三点：

第一，现象教学的出发点是以学生为中心。从教学案例可以看出，从确定课题方向、制订课题研究计划，到实施研究计划、分享研究结果，直至最终的评价环节，都是以学生为中心展开，教师扮演的是资料提供者、活动组织者和引导者的角色。在教学过程中，教师一直秉持尊重学生的兴趣、特长、个性的原则，将每一个学生看作是一个独立的个体，不仅关注学生在学习过程中是否达成认知基础知识和技能的目标，还关注学生在学习过程中是否得到了积极的情感体验等。像案例中这样，教师在课堂上为学生介绍某个主题或某种现象，通过创设的接近实际生活的情境激发学生的探究欲望，进而以"主题现象"为切入点展开问题解决式教学，摒弃了传统课堂中信息由教师向学生单向传递的方式，实现了课堂内师生的互动交流，体现了以学生为中心的价值观，也彰显了学生的学习主体地位。

第二，现象教学的目标是发展学生的多元智能。根据美国学者加德纳的多元智能发展理论，人的智能可以划分为语言智能、"逻辑—数学"智能、空间智能、"身体—运觉"智能、音乐智能、人际智能、自我认知智能和博物学家智能八个方面。每个学生都具备这八个方面的智能，但是在每个方面的程度深浅和范围广度上存在差别。因此，教师在面对每一个学生时，都应该帮助其发现并发展自身在各方面的潜力。从某一个

---

① 叶文. 浅谈芬兰基础教育改革的"现象教学"[J]. 新教师，2020（3）：19–20.

角度而言，学生之间存在的这种各方面的智能在广度和深度上的差异性也是教师开展教学的一种宝贵资源。而芬兰提倡的现象教学正是以此理论为基础，在教学过程中以小组为单位开展主题式探究学习。在小组合作学习的过程中，学生通过交流可以认识到每个成员的个性特点，并在合作学习过程中对此进行善加利用，每一个学生在学习过程中所收获的不仅仅是知识和技能，更重要的是获得了互相学习、发展自身的机会和空间。

加德纳还提出，人类的学习发展过程是一个多维的、立体的、交叉的复杂过程，而不是一个单一的、线性的过程。因此，各学科知识的学习是一个互相渗透、互相交叉、互相影响的过程。芬兰新的课程大纲明确指出"每所学校每一学年至少要进行一次跨学科学习，学生应该有机会每年参与至少一个基于现象的项目，并能够从不同学科的角度研究同一主题"。这说明现象教学以多学科、多项目、多现象的方式展开，目标非常明确，就是希望打破学科界限，培养学生综合运用各学科知识和技能的能力。

第三，现象教学的理念是学生自主进行自我建构。与传统的教学理论不同，建构主义理论强调学习的过程应以学生的主动性和积极性为基础，学生主动建构知识。建构知识的过程，其实就是根据自身的经历和体验，将新旧知识建立起新的联系。因为每个学生已有的知识背景、生活背景、文化背景等都不同，所以每个学生对于相同的知识的理解和建构也是不同的。面对这些差异，学生在学习交流过程中，能够清晰地表达自己的观点，能够倾听他人的想法，最终通过协商得到相对一致的结论。现象教学从现象出发，通过创设情境，为学生的学习提供了背景框架和内容引导。在主题式的背景框架下，学生和教师之间、同组学生之间、全班同学之间能进行有效交流和协作，因此有利于学生自主建构自我经验。

3. 芬兰"现象教学"改革实施的条件

（1）"LUMA"教育发展项目为"现象教学"改革提供了课程条件。

早在1996—2002年，芬兰教育部就组织和开展了一项名为"LUMA"的数学和科学教育发展项目，希望通过这一项目使学生快乐地学习数学和自然科学。

LUMA是"Luonnontieteet"（芬兰语，即自然科学）和"Mathematics"这两个词的缩写，因此可以将LUMA项目理解为芬兰语境中的STEM教育。1996年，芬兰教育部开展了LUMA教育发展项目，2003年在赫尔辛基大学成立了芬兰首个LUMA中心，以后陆续又成立了九个LUMA中心，并于 2013 年成立了国家 LUMA 中心。LUMA 项目的初衷是将对数学和自然科学感兴趣的学生群体培养成未来的科学家和工程师，后来随着改革需要才面向全体学生。LUMA 中心实际上是创建了一个教育网络协作系统，国家 LUMA 中心协调全国范围内的 LUMA 中心，整合政府、教育机构、商业机构、科研机构、社区和家庭等的资源，支持儿童和青少年在各级教育中学好科学、技术、工程和数学学科，并对这些学科产生浓厚兴趣。

LUMA 中心的运行模式是基于最新的科学知识，根据各分中心的基础设施和资源环境，设计丰富有趣的课程，而且几乎所有 LUMA 活动和服务都是免费提供的。儿童和青少年可以在这里开展基于问题的现象学习，也可以了解最新的 STEM 研究信息，还可以参加 LUMA 中心举行的科学俱乐部聚会、营地训练等活动。总之所有 LUMA 中心活动的出发点都是让学生参与、体验有趣的合作探究的学习氛围，激发并保持学生对科学的兴趣。

通过 LUMA 中心实施的发展项目，整合全社会的资源，为学生开展主题式学习提供了场所和课程条件。

（2）培养高素质的教师力量为"现象教学"改革提供了师资条件。

要在课堂中贯彻实施现象教学，对教师的教学能力提出了更高的要求。因此，芬兰于 2016 年 10 月发布了最新的教师教育发展计划。

为了培养出以学生为本、具备深度学习和研究能力的教师，新的教师教育发展计划的内容从多方面进行拓展。发展教师综合能力，将教师综合能力作为评估教师专业发展的最重要因素，提出具体的教师综合能力发展目标，指导教师制订具体的个人发展计划，帮助教师有计划、有步骤地实现个人综合能力的提升和专业发展。从组织结构、就业预期、招生条件等方面推出相关优惠政策，吸引学习优秀的学生进入教育专业学习，为未来教师群体储备优秀资源。教师教育强调以学生为本、以教学研究为基础，培养教育关注学生、创新教育的研究型教师。通过加强教师同行合作和创新文化环境，打造具有团队协作能力的教师队伍，同时通过加强对教师领导力和管理力的培训，提高教师的教学管理能力。

三、当代芬兰中小学教学改革的启示

教学过程以学生为中心来确定合适的教学目标。芬兰的现象教学强调以学生为中心，在主题选择上，既可以由教师提出，也可以由学生自主提出感兴趣的课题。教学过程中同时关注知识和技能、积极的情感体验和人格健康等多方面的发展。因此教师在教育教学中，要始终将学生

作为教育的中心，以最新的教育理念为指导，制定契合学生全面和谐发展的教学目标。又可以从知识与技能、过程与方法、情感态度与价值观三个维度，全面发展学生的各项能力。又可以依据新发布的学生核心素养大纲，以培育学生核心素养为目标开展教学。

教学内容以生活为基础来实现学科融合。芬兰的现象教学最大的亮点就是弱化学科科目，融合学科知识，实现以主题为基础的现象学习。传统分科课程强调建立富有逻辑性的系统的学科知识体系，而当前的知识社会更强调通过不同学科知识融合来解决现实生活中复杂的问题。现象教学是从学生生活中选择学生感兴趣的现象，展开主题式研究，每一个主题研究都会涉及多个学科的内容，引导学生综合思考不同学科知识来解决生活中的问题，提高学生的能力。

教学过程以互动为依托实现师生共同发展。芬兰的现象教学赋予了师生更多的互动空间。主题式的现象教学的研究主题并不是确定的，标准指出由教师和学生共同参与研究主题的选择过程，因此从学习伊始就是师生沟通协作的一个过程。在教学过程中，教师和学生的关系也不是单向的，而是生生、师生多向交流合作的一个过程，每个人都能发表自己的观点和想法，每个人也在学习的过程中学会倾听和尊重他人的观点和想法，即使双方的观点和想法并不一致。正是基于这一点，不同的教师、不同的学生融合了不同的政治文化等背景，实现师生的共同发展。这也提示我们，面对来自不同文化背景的学生、面对不同个性兴趣的学生，应该在教学中采取多向交流的教学互动模式，让学生在学习过程中依据自己的过往生活经验进行知识的主动建构，实现师生的共同发展，建立和谐的师生关系。

第四节　中国香港中小学教学改革[①]

中国香港在"一国两制"政策的指导下，各方面均得到了很好的发展。由于中西文化融合，香港教育教学不仅受中国传统教育思想的影响，而且也受西方教育思想和方法的熏陶，积累了丰富的教学改革经验。

---

① 2015 年 5 月至 2019 年 12 月，笔者先后承担了田家炳基金会"振兴发展大埔县基础教育策略研究""广东客家区域中学教师培训导师卓越发展高级研修班"等项目，并带领嘉应学院和梅州市中小学教师 60 多人，先后两次在香港教育大学进行为期一个月的中学教师培训导师卓越发展培训，本节就是在这个培训过程中根据学习的心得撰写的。

一、香港中小学教学改革的理论基础

香港中小学教学改革的理论基础主要有多元智能理论、变易理论、差异理论等。多元智能理论上已介绍，这里不再赘述。

(一) 变易理论

变易理论，也称变异理论，是瑞典哥德堡大学教育系教授马飞龙基于传统的迁移理论所创立的一种教学理论。

变易理论认为，学习迁移的基本因素是审辨和变易。审辨，任何一种经验都意味着将事物的某些重要方面从整体环境中显露出来。变易，学习者要想在知觉上显露这些重要方面，就必须经历这些方面的变化和异同。"变易理论的基本观点是，为了认识某个事物，就必须注意到这个事物与其他事物之间的不同。为了注意这个事物与其他事物在某个属性上的不同，这个属性就必须在某个维度上发生变化。在所有其他属性都保持不变的情况下，这个差异才可以被识别出来。"① 所以说审辨是以变易为前提的。一个人对某个事物的理解，取决于其所能关注或辨识到的该事物的特征，即差异性。学习意味着对学习内容的理解，也就是学习者必须辨识到事物的 "关键特征"。妨碍学习者学习的原因，可能是其没能辨识到所学事物的关键特征，或缺乏帮助他们辨识的经验，或原有经验成为其重新辨识的障碍。教师通过事物化的现象，引导学习者聚焦事物的主要特征，了解差异性和共同性。"发现和证明学习迁移的必要条件是同时具备共同性和差异性，这是变异理论超越以往迁移观之处。这个超越点的核心价值，就在于它揭示了应当如何从具体事例中分离出（抽象出）普遍原理的教学规律。这也正是变异理论能够跻身'科学的教学论'的根本原因。"② 应用到教学中，当一个关键特征发生变化，而其他特征维持不变时，则变动的特征会被辨识到，即所谓的变式教学法，学生才会更好地察觉到这种变化，然后在头脑中建构起自己的知识系统，从而形成学习空间。

只有变易才会有审辨，也才会有真正的学习发生。那么什么样的变易才是有利于学习的呢？变易理论认为，学习者对学习内容的认识过程，可以分为对比、分离、类合和融合四种基本范式，每种范式关注学习内容不同的方面，这四种范式被称为变易图示。

---

① 植佩敏，马飞龙，郭建鹏，等. 如何促进学生学习：变易理论与中国式教学 [J]. 人民教育，2009 (8)：50 – 54.

② 陈建翔. "变异理论" 对传统迁移观的超越及启发 [J]. 中国教育学刊，2009 (1)：30 – 33.

　　对比指的是一个事物、概念或现象在某个维度上不同值或特征的变化。对比有助于识别特征。比如红色与黄色、棕色等颜色的差别。对比关注的是某个"变易维度"（如颜色）上的某个"值"（如红色）。除了我们所关注的那个值之外，同一维度至少还要有另一个值（如黄色），同时这两个（或多个）事物之间的其他维度（如形状）保持不变。概念图形与非概念图形如图 4-3 所示。

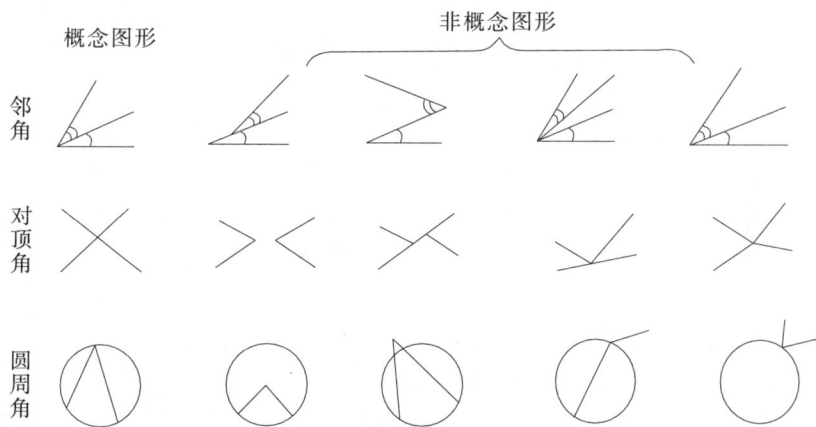

图 4-3　概念图形与非概念图形

　　分离指的是学习者将注意力集中于事物、概念或现象的某个变易维度上。学习者所识别的是变化的维度。例如当一个人注意到颜色之间的不同时，他就把"颜色"这个概念与其他属性（这些属性保持不变）分离开了。呈现两个或多个事物在某个维度上的变化时，就同时出现了对比（如红色与黄色）和分离（如颜色这个变易维度）。当然，这还取决于学习者的关注点（如"红"这个颜色或"颜色"这个概念）。

　　如果你想将一个特定的值（如红色）从一个事物（或多个事物）中分离出来，就必须保持那个值不变（也就是说必须比较红色的事物），而同时让事物之间的其他维度（如形状、大小）发生变化。关注保持不变的方面叫作类合，这是教学中经常使用的变与不变的范式。标准图形与非标准图形如图 4-4 所示。

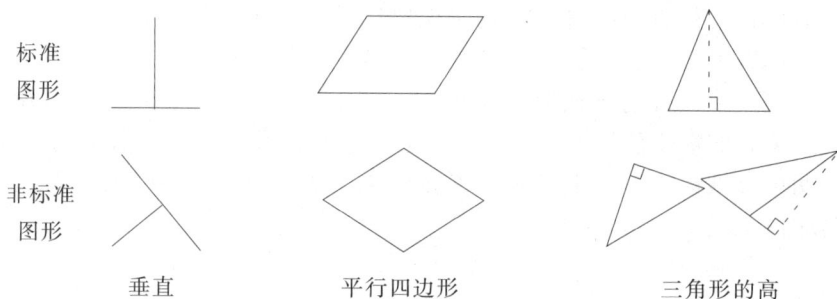

图4-4　标准图形与非标准图形

融合指的是让学生注意事物、概念或现象同时变化的几个方面。它反映了几个变化的方面之间的关系，以及这些方面与作为整体的学习内容之间的关系。例如，让学生分别看到需求与供给的变化情况之后，再让他们观察两者同时变化的情况，可以帮助他们同时思考两者的变化特征，并由此掌握两者之间的关系。①

教学过程中各因素对学习内容是如何变易的？可概括为以下三点。

（1）学生对所学内容的理解的变易。

学生对教师要教授的内容总会有直观或先入为主的见解，这种见解往往显示其学习的障碍所在。不同的学生见解不同，自然不同学生的学习困难亦不同，教师可以运用课前交谈、设计课前测试问卷及在课堂上认真听学生陈述的方式，把握学生差异，清楚学情，明了妨碍学生掌握学习内容的主要原因，在教学中要恰当地运用这些差异，达到优化教学的目的。

（2）教师在处理学习内容上的变易。

这是指教师对何谓适切的学习内容的不同认识及处理方式。不同教师对教授内容有不同的理解方式和处理方法，而教师之间的这种差异往往以潜意识的方式存在。教师之间的分享、讨论、阐释、合作不但有益于教师个人的成长，更有益于优质教学的完成。变易理论本身并没有指定用什么教学方法，关键在于"教师能够集聚并分享他们的智慧，讨论和共享他们对不同教学策略和取向的认识和经验，最后达成一个最能提高学生学习成效的教学建议"。

（3）依据变易图示原理指导教学设计。

教师利用变易图示作为指导教学设计的工具，确定教授内容及其中

---

① 植佩敏，马飞龙，郭建鹏，等. 如何促进学生学习：变易理论与中国式教学 [J]. 人民教育，2009（8）：33-37.

的可变部分与不可变部分，然后针对教授内容进行教学设计。

变易理论在世界各国都得到了广泛传播和运用。高宝玉博士与赖明珠博士利用该理论作为指导工具，引导香港中小学尝试在教学与课程方面进行改革实验，产生了极大的影响。

植佩敏等人在《如何促进学生学习：变易理论与中国式教学》一文中介绍了该理论，对我国研究与运用变易理论起到了推动作用。

（二）差异理论

差异理论是由赵志成教授根据自己多年从事香港学校整体改革的实践提出的综合改革理论，该理论认为每个学生都是一个独特的生物个体，具有不同的认知需要和过程，应该根据每个学生的不同需要进行差异教学。

差异教学是指在班级教学中以学生个性的差异为基础，为满足学生个别学习的需要，实施量身定做的异步教学活动，促进每个学生在原有的基础上得到充分发展的教学。差异教学就是关注某个学生或某组学生的学习需要和教学，而不是常见的班级授课形式，教师针对学习者的需要做出的响应性反映。做到根据学生的差异，不同的学生有不同的教学方式、任务和难度，按不同的进度学习，在同一时间做着不同的事情，有的学生分到了小组学习，有的学生单独学习等。实施差异教学指教师应改变教学速度或方式以适应学习者的需要，如不同学习风格和兴趣。在进行差异教学时，教师必须正确认识差异与公平的关系，必须认识到为了更好地实现公平，差异是必要的。要改变教学评估观念，实施差异评估。差异教学评估是差异教学的重要因素，可以说没有良好的差异教学评估，就没有成功的差异教学。传统的、唯一的评估方式是考试，是针对学生所学知识而进行的。差异评估不同于传统评估，差异评估还要关注学生的准备状态、学习兴趣、学习风格等，要考虑学生的思考能力、分析和解决问题的能力、动手能力以及学生的态度、情感、意志等各方面发展的情况。此外，特别要关注学生的探索精神、创新能力。差异评估要提供多种教育信息，更注重对学生平时的经常测查，强调通过考试进行及时反馈、矫正。

差异教学的理论基础是布鲁姆的目标分类学、加德纳的多元智能理论及巴班斯基的教学过程最优化理论。

二、香港中小学教学改革的内容

（一）通识教育（教学内容）

1997 年以前，香港的课程设置忽视中文课程。香港回归后，一方面，语言和文化的不同影响了香港学生和内地学生的交往；另一方面，随着社会的发展，学制中学科分化的缺点逐渐显现。同时，为了增强香港学生的爱国情感，以及培养适合社会发展的新型人才和终身学习人才，课程改革迫在眉睫。香港教育统筹局颁布了一系列教育改革措施。如2000年9月颁布了《终身学习——香港教育制度改革建议》，同年11月香港课程发展议会发布《学会学习——课程发展路向》；2001年6月发布《学会学习：终身学习·全人发展》；2002年发布《基础教育课程指引：各尽所能·发挥所长（小一至中三)》；2003年6月发布《终身学习·全人发展——香港教育制度改革建议》；2004年教育统筹局发布《资讯科技教育未来路向》；2014年6月香港教育局颁布了新的《基础教育课程指引：聚焦·深化·持续（小一至小六)》等。

教育统筹局希望通过课程改革，从根本上改善学生的素质。香港初中课程包括中文、英文、数学、体育、视觉艺术、音乐、综合科学、家政、设计与科技、中国历史、历史、经济与公共事务、地理等。2009年9月后，香港高中课程分为必修课程和选修课程。必修课程包括中文、英文、数学及通识教育，这四门是高中学生毕业参加香港中学文凭考试的科目。通识课程一共有六个单元即个人成长、今日香港、现代中国、全球化、公共卫生、能源科技。开设通识教育，主要目的是培养学生独立思考的能力，并且让学生对于不同的学科都能有一定的认识，开阔学生的视野，培养学生正面的价值观，提高对世界、国家、社会和环境的敏感度和关心度，同时提高学生的批判思考能力，并能够将各科各类的知识融会贯通，最终能够成为一个完全、完整的人。

通识教育是近代以来开始普及的，它的概念可追溯至中西方古时的教育思想。一般来说，通识教育有两层意义，一层是通材教育；另一层指的是全人教育，香港通识教育意在全人教育，这是与内地中学课程在设置上的不同之处。目前内地没有通识教育课，如果一定要类比，其思想品德课、政治课等学科的综合体可能类似于通识教育。

（二）优质教育（教学目标）

香港把教导学生学会学习并促进他们全面发展作为新世纪教学改革的目标，对香港年轻人进行"全人教育"并培养"终身学习"的理念。2000年，《终身学习——香港教育制度改革建议》提出21世纪的教育目标即让每个人在德、智、体、群、美各方面都有全面而具个性的发展，能够一生不断自学、思考、探索、创新和应变，具有足够的自信和合群精神，愿意为社会的繁荣、进步、自由和民主不断努力，为国家和世界的前途做出贡献①。为了实现教育目标，培养学生迎接未来挑战的能力，香港课程发展议会制定了学校课程宗旨，即为全体学生提供终身学习所需要的重要经验，并依照个体的差异性，引导其获得全面发展。在教学中，必须培养学生九种共通能力，即沟通能力、协作能力、创造能力、批判性思考能力、运用资讯科技能力、运算能力、解决问题能力、自我管理能力和研习、能力。注重"四个关键项目"，即德育及公民教育、从阅读中学习、专题研习、运用资讯科技进行互动学习。由此可见，香港基础教育课程十分重视学生的全面发展，强调学校必须采用各种教学法来教导学生学会学习。通过学习知识领域和其他领域的内容，培养学生包括思考能力、创造力、沟通能力等在内的多种能力，引导学生建立正确的价值观并树立终身学习的意识。

（三）提高教师素质，促进教师发展

为了使教师适应课程改革的需要，香港教育局十分重视教师素质的提高，为加强教师培训，香港教育行政部门指定了一系列的在职培训和进修课程。早在 2007 年，香港教育局师训与师资咨询委员会就建议，每位新进来的中学教师在 3 年内必须完成 150 个小时的专业发展学习任务。教师可以通过师徒制、教育局（网上行事历）观课/研讨会/讲座/工作交流等、学校/办学团体组织的教师发展日（讲座/研讨会）观课、国内/海外参观等方式不断学习教育新理念，促进教师持续发展。笔者调研了两所学校，其校长均是博士，他们不仅自身就是教师发展的楷模，还鼓励教师在教学过程中进一步深造，激发教师发掘自己的潜能。如宣基中学，建校至今在促进教师专业发展与成长方面取得了显著成效，基本经验有以下五点：①激发教师潜能，展现教育舞台。②建立支持系统，打造团队文化。③释放教师能量，创设教师空间。④创造愉悦环境，扩大专业容量。⑤推动反思文化，提升教学效能。他们坚持"差异化评价教师，包容教师差异，自己比自己，培养教师的热情"。

在促进教师专业发展的实践中，倡导采取行动研法，让教师在日常教学中发现问题、解决问题，实现自我成长。

（四）以学生为中心的教学方法

一是倡导变易教学。以变易教学理论为指导，大胆地进行教学方法改革，激发学生的学习积极性，提高教学效果。

二是教学信息技术与传统教学深度融合。随着教学技术手段的发展，香港中学教学信息技术与传统教学的融合日益加深。如香港田家炳中学，

---

① 陈嘉琪. 香港特区课程改革十年回顾 [J]. 网络科技时代, 2007 (13): 6 – 11.

从生活教育到学科教育、通识教育都非常重视利用教育信息技术强化协作学习。教师借助信息技术，在传统教学的基础上建构协作学习活动。教师通过课前预习和操作练习给学生提供学习支援，实现了课堂从教到学的翻转（见图4-5），即学习目标—比较平台—提供样本书写，使整个课堂目标明确，流程简洁清晰，充分调动了学生的学习兴趣，提升学生的学习能力。

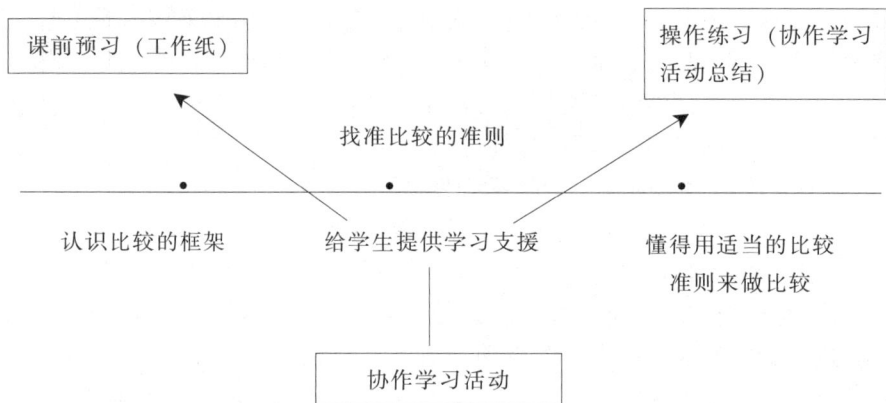

图4-5 协作学习过程图

  香港田家炳中学讲授通识教育的古运疆老师，在课堂教学中积极探索翻转课堂，提高课堂效率。他说："教师要勇于尝新。在电子化、科技化的时代，教师如果不努力向前走一步，其学生就会慢半步。"他将电子教学运用于课堂，把实在的课堂搬到网络上，设计了从教学活动到教学评估的一整套流程模式。电子教学没有改变他要教授的内容，却将学生的学习延伸到课外，大大提高了课堂教学效率，节省了课堂教学时间。

  理念指"对某项事业的价值追求和实施策略"。因此，教师们要做到在教学中坚持课程改革的基本精神，不仅要明确改革的"价值追求"，还要努力探索实施改革的具体行动策略。只有这样，才能把课程改革精神落到实处。香港教师细处、实处探索的方法值得我们借鉴。

  三是进行差异教学。为了照顾到每个学生的学习差异，香港中小学大多进行差异教学。差异教学就是关注某个学生或某组学生的学习需要和教学，而不是常见的班级授课形式。做到根据学生的差异，不同的学生有不同的教学方式、任务和难度，按不同的进度学习，在同一时间做着不同的事情，有的学生被分到小组学习，有的学生单独学习等。实施差异教学指教师改变教学速度或方式以适应学习者的需要，克服传统

"满堂灌""满堂问"式教学的弊端。在进行差异教学时，教师必须正确认识差异与公平的关系，必须改变教学评估观念，实施差异评估。赵志成教授曾在讲座中指出，根据自己多年指导差异教学的经验，认为实施差异学习的最佳方程式就是改变教师的范式和观念，多点介入信念，即能积极介入帮助学生。

三、香港中小学教学改革对我们的启示

（一）从上至下进行系统改革

从 20 世纪末开始的香港教学改革，一开始就注意从顶层设计着手做好整体规划。由香港课程发展议会在充分研究世界基础进行教学改革的基础上，制订改革方案，由香港教育局代表香港政府，开始进行由研究人员组成的专业支援团队指导中小学开展由上自下的改革，使改革具有科学性和可持续性。体现了香港全社会重视教育，公民支持教育的良好社会氛围。

（二）先进的教学理念作为教学改革的指导

香港的教学理念融贯中西，在以学生为本的前提下，积极吸收多元智能理论、变易理论和差异理论等先进的教学理论和理念来指导自己的改革，实现他们所提出的"全人教育"和"终身学习"的宗旨，教学改革具有坚实的理论基础。

（三）高素质教师作为改革的具体实施者

香港教学改革十分注重以高素质教师作为教学改革的主力军。政府出台了多种提高教师素质的措施，一是规定教师必须参加继续教育学习，完成每年的学分。早在 2007 年香港教育局师训与师资咨询委员会就建议，每位新来的教师在 3 年内必须完成 150 个小时的专业发展学习任务。二是提高教师待遇。三是对不能适应教学改革的教师采取"肥鸡餐"政策，让其提前退休，空出岗位吸收新教师加入教学改革的行列。

（四）教学信息化和传统教学的深度融合

在新一轮的教学改革中，香港中小学把推进现代教育技术与传统教学的融合作为教学改革的把手，加大教学改革力度，努力提高课堂教学质量。一方面是一些课程开始使用微课、慕课等，进行翻转课堂，让学生根据自己的实际做到时时可学、处处可学；另一方面是将信息化运用到教学管理中，实现了教学管理的数字化和个性化。

第五章 当代中国中小学主要教学方法改革（一）

在当代中国中小学教学改革的道路上，为了提高教学质量、追求有效教学，我们的教师总是充满激情、不畏艰难，从未停止探索的步伐。

——题记

本书从第五章至第七章，概括介绍了我国当代十一种著名的教学改革与方法，使大家对当代教学改革的全貌有一个基本把握。本章首先介绍黎世法的异步教学法、李吉林的情境教学法、张熊飞的诱思探究教学法和邱学华的尝试教学法。

第一节 黎世法的异步教学法

黎世法，1936 年生，江西南昌人，异步教学法及异步教育学创始人、湖北大学教育心理学教授，曾任湖北大学异步教学研究和推广中心主任。从 1979 年起，黎世法开始进行现代教育理论与教学方式的实验研究，至今已有 40 多年，共经历了四个阶段，即学情理论的形成、最优化教学理论的提出、异步教学论的诞生、异步教育学与适合教育的提出。该实验目前在全国各地有 3 万多所中小学参与，参与实验教师近 20 万人，可以说取得了巨大成功，风靡海内外。

一、异步教学法的产生与发展

异步教学法的产生是黎世法经过多年的调查研究，反复实验后才逐步确立的。

（一）学情理论的形成

1979 年 10 月至 1981 年 1 月，当时就职于武汉师范学院（今湖北大学）的黎世法在武汉的 43 所中学开展了有关中学生学习方法的调查研究。他通过概括学习环节，提出了六步学习法。分析发现，每个优秀中学生的基本学习心理过程具有十个有序的、前后联系紧密的学习环节，即制订计划—课前自学—专心上课—及时复习—独立作业—改正错误—系统小结—课外学习—记忆巩固—学习检查。其中主要的学习环节有六个，即课前自学—专心上课—及时复习—独立完成作业—改正错误—系统小结。根据这六个环节的学习功能，黎世法将学生解决每一个学习问题的过程抽象为六个因素：自学、启发、复习、作业、改错、小结。"六因素"也可称为"六步学习法"。学生的十个学习环节和六步学习过程贯穿成一条"学生进行系统的自主学习"的主线。每个学生的学习过程都是包括教师在内的任何"他人"，与包括现代化的技术手段和教学机器在内的"他物"所不能替代的，必须依靠自己学习。通过调查研究，黎世法还概括出了中学生学习书本知识的十条学习心理规律，即内因律、基础律、理解律、运用律、改错律、结合律、精学律、智能律、脑效律和勤奋律。

以上述调查结果为基础，黎世法提出了"学情理论"这一概念。"学情理论"指通过分析研究数以万计的中小学生的具体学习情况，从中发现学生的学习规律，进而建立起来的学习理论，核心在于把握学生学习的本质、规律及过程。

（二）最优化教学理论的提出

这一阶段，主要是提出了五步指导过程与六课型单元教学法。由于学生的学习规律在于学习的个体性，即差异性，这就决定了教师"教"的实质只能是根据人的差异进行指导。1981 年 2 月至 1984 年 12 月，经过研究和开展大规模实验，黎世法进一步发现，教师对学生的学习进行有效指导的过程可以概括为五步，即"五步指导过程"，这五步为提出问题—指明方法—明了学情—研讨学习—强化小结，简称五步指导法。将教师的五步指导过程与学生的六步学习过程综合起来，可以构成六阶段有效教学过程，简称六段教学方式，即"提出问题—指明方法—学生学习（六步学习）—明了学情—研讨学习—强化小结"，从而使学生的"学"与教师的"教"实现有效统一。

六段教学方式揭示了一条教学活动的基本规律，即教学方式一定要适合学情。根据这条基本规律，黎世法在"学情理论"的基础上，提出了以学情为条件的最优化教学方式和教学理论。最优化教学，就是要在一定的学情条件所许可的范围内取得最高的教学效率。最优化六段教学方式又称六课型单元教学法，教师先根据学生的学习水平，将教学内容划分为若干单元，然后在课堂上指导学生按教学单元进行"六步学习"，就依次形成了六种课型。教师用五步指导法指导学生自学，就形成了自学课型；指导学生自我启发，就形成了启发课型，以此类推。在小学阶段，六段教学方式称为六因素单元教学法，它具有教学单元相对小、教学周期短、节奏快的特点。

（三）异步教学论的诞生

经过分析比较，1985 年 1 月至 1992 年 9 月，黎世法将人类社会教学实践发展概括为三个阶段：以个别教学方式为主的古代社会的教学实践阶段、以班级授课制为主的近代社会的教学实践阶段和以个性化教学方式为主的现代社会的教学实践阶段。最优化教学方式和教学理论属于现代社会的一种个性化教学方式和教学理论。

黎世法认为，传统的班级授课制是"同步教学"，即一个班全体学生的学习速度与一个教师的讲课速度同步，教师讲到哪里，学生就学到哪里。为了区别于同步教学，并突出最优化教学方式和教学理论的特点，黎世法将其更名为"异步教学方式"和"异步教学理论"。其内容主要集中在黎世法的《异步教学论》《学生学习的科学方法》和《异步课堂教学的理论与方法》等著述中。

（四）异步教育学与适合教育的提出

1992 年 10 月至 2010 年 12 月，黎世法在发展异步教学论的基础上，提出了异步教育学。异步教育学是一种以"学情理论"为基础，以"异步教学论"为核心内容，能有效指导现代教育实践的现代教育学。在这一阶段，黎世法重点研究了学生的自主教育过程，发现学生的自主教育过程具有"八个基本"，即基本事实、基本理论、基本技术、基本技能、基本作业、基本综合学习实践成果、基本思维方法、基本情感态度和价值观。上述八个基本体现了知识的产生和发展过程，表明了学生学习知识和技能的过程，也是培养学生的能力、发展学生的智力、使学生形成正确的情感态度和价值观的过程。"八个基本"的学生自主教育过程的提出，就将教学活动和教育活动统一起来了。这些研究成果以《异步教育学》一书为标志。

2011 年 3 月，黎世法受《国家中长期教育改革和发展规划纲要(2010—2020 年)》提出的"要为每个学生提供适合的教育"精神的启发，在全国率先提出了"适合教育法"。黎世法认为适合教育是在异步教学法的基础上建立起来的，也可以说适合教育是异步教学法的发展与升华。作为一个系统工程，适合教育由三式一制构成。三式即学生的科学自主学习方式、为学服务的科学教学方式和可选择的个性化科学考评方式；一制，即按需教学制度。学生自主学习方式、学习技能训练方式和教师教学方式是异步教学法的主要内容，也是适合教育的前提和基础。按需教学制是适合教育的主要创新点，它突破了异步教学法的适当限制，进一步扩大了学生学习的自主权，强调学校、教师必须为学生自主学习提供最大限度的优质服务。"适合教育是面向每一个学生的个性化发展的教育，是因材施教的最高境界，是对每一个学生高度负责的教育。它可以促进更高境界的教育公平，使每一个学生都能成为最优秀的自己。"①

二、异步教学法的主要内容

异步教学法是黎世法在学情理论基础上创立的，以六课型和六步教学方式为核心，指导每个学生根据自己的特点进行"个性化学习"，即实施异步教学，它是我国本土化的一种教学方法。教师的教学过程，就是根据学生学习的"自学—启发—复习—作业—改错—小结"六步指导学生进行学习的过程。起初，黎世法将其称为"六课型单元教学法"。如上所述，六课型单元教学法，就是将现行教材分成若干教学单元，每单元按照自学课—启发课—复习课—作业课—改错课—小结课六种前后紧密联系的课型进行教学。

（一）六课型的基本结构和操作

自学课。主要任务是要求学生通过自学基本掌握一个单元的教学内容。由教师向学生布置自学参考提纲，帮助学生提出问题、开通思路、理解课文。学生开始自学，教师应了解学情并有重点地指导学生进行自学，同时与学生研讨学习问题。学生在自学过程中提出的问题，除了问教师外，还可与座位前后的同学小声议论。通过自学教学，可以使学生有目的地学习新课。这样也便于教师明确指导的重点，解决多数学生存在的共性问题和少数学生存在的非共性问题。

启发课。旨在于学生的头脑中建立新旧知识的有效联系，寻求和提供恰当的解决问题的认识条件。实质是启发学生自我启发。教师可以向全班学生提出在自学过程中多数学生难以解决的一个或几个问题。对于难度比较大的共性问题，可以在全班大多数学生做了充分准备的基础上，组织全班学生进行讨论。教师不能代替学生解决问题，只能给学生指出如何寻找解决问题的恰当认识条件和方法，要真正解决问题，还必须依靠每个学生自己对有关的认识条件进行独立思考和独立操作。

复习课。复习阶段是学生在教师的指导下，运用科学的学习方法和思维方法，继续解决在新单元的学习过程中尚未解决的问题，并在此基础上，初步对所学的新知识进行系统化、概括化，加深和巩固对所学知

① 曾宪波. 适合学生的教育才是优质教育：访著名教育改革家、湖北大学资深教育心理学教授黎世法 [J]. 湖北教育，2012（9）：32–35.

识的理解和记忆，为将所学的新知识应用于实际并形成新的技能做准备的过程。教师布置复习参考提纲，学生按照教师布置的提纲进行复习。教师在指导学生复习的过程中，应进一步检查和掌握学生的学习情况，如果发现相当一部分学生对某个问题还没真正理解，教师可及时针对这个问题对全班学生进行指导。

作业课。作业阶段是学生在教师的指导下，独立地将所学的新知识灵活运用于实际，使知识具体化，形成新的技能，进一步加深和巩固对新知识的理解，提高学生学习的自觉性和积极性的过程。为了适应不同水平的学生的学习需要，异步教学提出了五种作业题：必做题、巩固题、深化题、提高题、过渡题。教师上课时可以先出示必做题，待三分之一左右的学生基本正确地做完了必做题时，教师可将选做题（巩固题、深化题、提高题）同时呈现给学生，让学生根据自己的情况任意选择。学生独立完成作业，教师了解学情，并点面结合进行作业指导。

改错课。改错阶段是学生在教师的指导下，发现错误，认真分析解答错误的原因，改正作业错误，掌握正确解答方法的过程。即便学生的作业没有错误，教师也要分析总结一下能正确完成作业的原因，进一步提高作业的正确率。学生在教师的指导下，先进行自改。学生遇到困难，可请教同座位的同学，或请教别的同学，还可以请教教师。在全班学生都进行了认真自改的基础上，同学之间进行互改作业。同时，教师应有重点地指导学生互改，与学生研讨改错问题。对于特别重要的作业题，同学之间互改以前或以后，可请一至两位学生对这一重要的作业题进行讲解。然后，由教师对该题做正确分析和结论，以提高全班学生分析问题和解决问题的能力。每个学生除了有一般的作业本外，还要有一本错误作业的重做本，教师要定期掌握学生作业改错的情况。教师对学生讲解作业的内容要评分，作为考核学生成绩的依据之一。

小结课。小结教学阶段是学生在教师的指导下，运用科学的学习方法和思维方法，使所学的知识进一步系统化、概括化，使所学的技能进一步综合化、熟练化，获得比较完整的知识，并在此基础上，进一步提高自学能力的过程。教师布置小结参考提纲并进行小结指导谈话，指明小结方法，学生对教师的谈话内容做重点笔记。学生根据小结参考提纲，将课文中的有关重点内容摘录在小结笔记本上，以便思维加工、整理和概括。教师应一边了解学情，一边与学生研讨小结问题。学生在小结的过程中，如果遇到难点或需要加深理解的内容，要反复阅读和深思课文并认真查阅参考资料，如果经过独立思考，问题还得不到解决，可与座位前后的同学展开小声讨论，或请教教师。

在小学阶段，"六因素单元教学法"具有教学单元比中学小，教学周期短、节奏快的特点。

六课型单元教学法重视对学生学情的了解，体现了"教为主导，学为主体"的思想。这种方法改变了传统教学的"满堂灌"及不分学生实际而"一刀切"的现状，有利于把教师的主导作用与学生的积极性和主动性结合起来；有利于学生积极主动地学习书本知识和形成基本技能，不断将知识概括化、技能综合化；有利于学生培养自学能力和发展智力；有利于减轻学生的学习负担，促进学生的全面发展。教师在运用六课型单元教学法时，要把握两个基本要点：一是把中小学传统的学生课堂听课改成由学生在课堂里自己学习，把教师的课堂讲课改成辅导学生自学。二是每单元知识的课堂辅导，教师要严格安排好"自学—启发—复习—作业—改错—小结"这六步，因为这是中小学学习、掌握知识的客观规律。

（二）异步教学的过程

异步教学的过程也称为六段教学，指教师在课堂教学中先后进行的六个简要步骤，包括"提出问题—指明方法—学生学习—明了学情—研讨学习—强化小结"。

第一段：提出问题。教师可在提出问题之前、之后或过程中，创设有利于学生解决学习问题的教学环境。教师从学生现有的一般学习水平出发，依据课程学习内容向学生提出（或呈现）本节课应解决的主要学习问题。

第二段：指明方法。教师针对所提出的学习问题，结合所创设的解决学习问题的教学环境，向学生指明解决学习问题的思路、途径和方法，以帮助和促进学生解决学习问题。在教师指明方法时，学生可一边听一边记笔记。

第三段：学生学习。学生运用独学和合作学习的形式，进行以独学为基础的自主六步学习。通过分析研究课文或观察研究客观事物，直接与课文或客观学习对象对话，运用工具书、参考资料和其他学习条件，逐个解决教师提出的学习问题。

第四段：明了学情。了解学生学习中出现的各种问题，重点是明了学困生的学情与学优生的知识创新点。在学生开始自主学习的同时，教师要迅速走下讲台，深入学生中了解学生的学习情况。

第五段：研讨学习。这一段体现了教师异步指导的过程。教师在明了学情的过程中，应根据学生学习中出现的各种问题，区别不同情况进行指导。此时，课堂上有的学生在独学，有的学生在"对学"（两个学生在一起合作学习），还有的学生在群学（三个以上学生在一起合作学习），教师可一边明了学情，一边针对不同的学情，对学生进行不同的指导。

第六段：强化小结。经过上述五段教学，学生在教师的指导下，学习问题基本上得到解决。这时，师生要用少量的时间交流学习心得，共同肯定这节课的学习成果，体验学习成功的感受。

三、异步教学法的特点与影响

（一）异步教学法的本质与特点

异步教学过程，就是教师用五步指导法，从学生的具体学情出发，指导学生进行六步学习的过程（包括学生完成当堂课的"作业—改错"任务）。其中学生学习、明了学情和研讨学习三段是交织在一起进行的，是课堂的主体，占了一节课的大部分时间和空间。异步课堂教学的实质是学生在教师指导下的主动的、富有个性的学习过程。它要求教师必须尊重学生在教师的指导下，以独学为基础的多边合作性学习的基本规律及"教和学的措施，一定要适合学情"与"通过绝对异的途径，达到相对同的结点"的教学效率规律。

异步教学的特点。从教学过程来看具有"五化"。一是教学内容问题化。即教师对教学内容进行高度概括与提炼，抽象出具有实质性的概念与原理，然后用问题的方式表述出来让学生学习。二是学习方式个体化。即学生为学习的主人，教师为学生学习的指导者、组织者。三是教学方式异步化。即教师根据学情或需要，分别使用三种不同的指导形式（个别指导、分类指导和全体指导）来指导学生进行五种不同形式的学习（独学、对学、群学、请教教师和全体学）。四是教学活动过程化。即以学生的个体独学为基础，充分运用一切教学条件，根据学生的具体学情组织课内外教学活动，通过培养学生的自主学习能力，达到高效率、大面积提高教学质量的目的。五是教学根据学情化。教师开展教学活动的出发点与依据主要在于学生的实际情况。从教学结构来看，学有学的系统，教有教的系统，学和教自成体系，按学生需要既能结合又能分开，学不依赖教，教不代替学等。

随着时间的推移，异步教学理论正在不断完善和补充。异步教学要取得更大的发展，在实施中必须注意处理好以下五个问题：

第一，要正确理解"最优教学方式"中的"最优"二字。最优是有条件的、相对的，在任何情况下都处于绝对最优位置的事物是不存在的。这里所说的"最优教学方式"指的是以学情为条件的最优化教学方式，教学过程越符合学生的学情，教学效率就越高。因此，这种教学方式不排斥其他具体的教学方法。

第二，异步教学的源头是学情理论，而学情理论所勾勒的通常是最普通或最理想的情形。因此，要处理好日常教学与理想教学状态之间存在的差异。

第三，认为"认识规律，并按规律形成一套简洁的教学操作模式与方法，然后教师使用该操作模式，就可以大面积提高教学质量"，会把教学活动简单化。因此，要处理好运用操作模式与复杂的教育教学现实的关系。

第四，异步教学对学生的自觉性要求较高，因此，实施异步教学理论，最初阶段必须重视对学生自学方法的训练（特别是对学困生），否则，必然会困难重重。

第五，实施异步教学法不仅仅涉及课堂教学问题，还涉及学校教学管理和要求按需组织教学等问题。它是一项系统工程，必须建立各种必要的教学制度，以保证教学顺利实施。

（二）异步教学法的影响

1. 产生了广泛的教育实践效益

从 1979 年至今，异步教学法实验已开展了 40 多年。异步教学法的创立对于改革传统教学的弊端，提高教学质量，减轻学生负担，促进学生全面发展起了积极的推动作用，可以说取得了巨大成功。

自 2001 年秋季我国开始基础教育课程改革以来，黎世法深入到多个省市指导新课程教学，并被聘为新课程异步教学总指导。出版的《异步教育学》和《新课程异步教学方法论》两部专著，正在指导着我国国家级和省级基础教育课程改革实验区的新课程教学，并取得了明显的教学效果，真正解决了新课程教学中的一大难题——新课程教学的根本方法问题。新课程异步教学法，操作程序具体明确，一学就会，深受广大中小学教师和学生的欢迎。由黎世法主持的"中小学异步教学实验研究"项目，先后获得了湖北大学优秀科研成果一等奖和教育部基础教育教学改革优秀科研成果一等奖。

黎世法的研究成果引起了中等教育界和高等教育界的高度关注和强烈反响，对于我国中、高等教育改革也产生了积极作用。

20 世纪末至 21 世纪初，异步教学的理论和方法传播到东南亚各国以及中国香港。他不仅曾是中国与美国教学理论与方法学术研讨会中方的首席教育专家，而且其教学法也是我国第一个走出国门，被国际认可的教育品牌。

2. 具有深刻的学术思想

异步教学法以学生学情调查研究为依据，在进行实验的同时积极开展理论研究，取得了丰硕的成果。在学术上主张教学改革要以学情理论为基础。人类社会教学方式发展分为个别教学、同步教学与异步教学三个阶段（见《人类社会教学方式发展的三个阶段》），现代教学属于异步教学，异步教学的本质是个性化教学。当代教育要按需施教，实行个性化教育，这种就是适合的教育。黎世法出版了《学生学习的科学方法》《异步课堂教学的理论和方法》《异步教学论》《异步教育学》等十多部专著，发表了 60 多篇论文。在理论上先后创立了学情理论、异步教学理论，建立异步教育学，以上成就对于丰富我国教育理论，建立具有中国特色的教育理论具有推进作用。

第二节　李吉林的情境教学法

李吉林，1938 年生，江苏南通人。1956 年 8 月于江苏省南通女子师范学校毕业后在南通师范第二附属小学任教，江苏省首批特级教师，全国教书育人楷模，曾任江苏情境教育研究所所长，兼任中国教育学会副会长等职。李吉林长期坚持教学改革，创立了情境教育理论体系，受到教育界的普遍欢迎与尊重，是基础教育界中卓有影响的小学教育专家。2014 年，李吉林的"情境教育实践探索与理论研究"获基础教育国家级教学成果奖特等奖。

一、情境教学法的产生与发展

（一）情境教学法的产生

情境教学法是指在教学过程中，教师以情感为纽带，有目的地引入或创设具有一定情绪色彩的、以形象为主体的生动具体的场景，使学生获得一定的情感体验，从而帮助学生理解教材，并使学生的心理机能得到发展的教学方法。它是李吉林情境教育理论的重要组成部分。

情境教学法的产生具有复杂的时代背景。二十世纪六七十年代，我国基础教育受极"左"路线的影响，小学语文教学出现了违背教育教学规律的现象。生动活泼的小学语文教学变成了"注入式＋谈话＋单项训练"的灌输式教学，学习变成了不断积累知识和训练记忆力。内容极为丰富的小学语文教学被支离破碎地分析讲解、没完没了地重复性抄写，偏离了语文教学的根本任务，造成小学语文教学"呆板、烦琐、片面、低效"，压抑了儿童的发展，耽误了儿童发展的最佳期。同时，由于家庭教育条件的变化，当代儿童的知识面及各种信息的储存量已远远超过 20 世纪 50 年代的儿童，且接受了良好的学前教育。又由于学龄初期的儿童脑重量与大脑机能基本接近成人，言语进一步发展，第二信号系统活动日益发展，就可能形成更多的概念以及概念之间的联系。这一时期，儿童的思维与语言发展的可塑性非常大。

如何从整体出发，探索一种促进儿童智能及心理品质和谐发展的途径、手段及方法，改革传统教学方法，培养更多更好的人才，已成为小学语文教育教学亟待解决的问题，改革的迫切性日益彰显。

情境教学法的产生具有坚实的理论基础。受美国情景教学方法的启发，1979 年的春天，李吉林的一位教外语的同事蒋兆一先生对她说："你汉语里训练语言的方法，我们外语可以用。"李吉林在惊喜之余，即刻请教蒋老师："那么外语里有什么方法，我们汉语也可以用呢?"蒋老师说："有一种叫'情境教学'的方法可以借鉴。"李吉林在分析掌握了美国外语情境教学法后，认为"无论是汉语还是外语，都是人们交流思想和情感的工具。既然是工具，两者必有共性。语言这样的本质属性告诉我，外语训练语言的方法也可以成为中国学生学习母语的方法"[1]。因此她决定将英语中的情境教学移植到语文教学中。

哲学、心理学、教育学、生态学等有关理论是情境教学法产生的重要理论基础。

该教学法的哲学基础是关于认识的直观原理。从方法论看，客观存在是儿童主观意识产生的前提。客观世界正是通过形象进入儿童的意识的，意识是客观存在的反映。因此，在教学中教师要创设教学情境，即有意识地创设优化了的、有利于儿童发展的外界环境，让儿童认识外部世界的客观存在。这种经过优化的客观情境，在教师语言的支配下，使儿童置身于特定的情境中，不仅可以影响儿童的认知心理，而且可以促使儿童开展情感活动并积极参与学习，以引起儿童本身的自我运动。夸美纽斯在《大教学论》中写道："一切知识都是从感官开始的。"这种论述反映了教学过程中学生认识规律的一个重要方面：直观可以使抽象的知识具体化、形象化，有助于学生感性知识的形成。

心理学中关于情感和认知相互作用、思维科学的相似原理、有意识与无意识心理等理论也是情境教学法产生的理论基础。

情绪心理学研究表明：个体的情感对认知活动至少有动力、调节、

---

① 李吉林. 为儿童快乐学习的情境教学 [J]. 课程·教材·教法，2013（2）：3-4.

强化三方面的功能。动力功能是指情感对认知活动的增力或减力的效能，即积极的、健康的情感对认知活动起发动和促进作用，消极的、不健康的情感对认知活动起阻碍和抑制作用。这一观点启示我们在教学过程中，要引起学生积极的、健康的情感体验，可以直接提高学生学习的积极性，使学习活动成为学生主动进行的、快乐的事情。调节功能是指情感对认知活动的组织或瓦解作用，即中等强度的、愉快的情绪有利于智力操作的组织和进行，而情绪过强、过弱或情绪不佳则可能导致思维混乱和记忆困难。这就要求我们在教学中要创设使学生感到轻松愉快、心平气和、耳目一新，促进学生心理活动的展开和深入进行的情境。课堂教学实践也证实：欢快活泼的课堂气氛是取得优良教学效果的重要条件，学生情感高涨和欢欣鼓舞之时往往是知识内化和深化之时。

脑科学研究表明：人的大脑功能，左右脑既有分工又有合作，大脑左半球是掌管逻辑、理性和分析的思维，包括言语的活动；大脑右半球负责直觉、创造力和想象力，包括情感的活动。在传统教学中，无论是教师的分析讲解，还是学生的单项练习，甚至机械背诵，所调动的主要是逻辑的、无感情的大脑左半球的活动。如果在教学中能够使学生的大脑两半球交替兴奋、抑制或同时兴奋，协同工作，就一定能大大挖掘大脑的潜在能量，使学生可以在轻松愉快的氛围中学习，从而提高教学效率。

有意识与无意识心理。众所周知，意识心理活动是主体对客体所意识到的心理活动的总和，包括有意知觉、有意记忆、有意注意、有意再认、有意重现（回忆）、有意想象、有意表象（再造的和创造的）、逻辑和言语思维、有意体验等。但遗憾的是，包含如此丰富内容的意识心理活动仍然不能单独完成认识、适应和改造自然的任务。这就要求我们在教学中要善于诱发和利用无意识心理提供的认识潜能。所谓无意识心理，就是人们所未意识到的心理活动的总和，是主体对客体的不自觉认识与内部体验的统一，是人脑不可缺少的反映形式，它包括无意感知、无意识记、无意再认、无意表象、无意想象、非言语思维、无意注意、无意体验等。它具有两个方面的功能：对客体的一种不知不觉的认知作用；对客体的一种不知不觉的内部体验作用。常言的"情绪传染"就是无意识心理这一功能的表现。研究表明，无意识心理的上述两个功能直接作用于人的认知过程：首先它是人们认识客观现实的必要形式，其次它又是促使人们有效地进行学习或创造性工作的一种能力。可见，无意识心理活动所产生的潜能是人的认知过程中不可缺少的能量源泉。情境教学就是利用这一原理，通过各种途径尽可能地调用学生学习的无意识功能，强调于不知不觉中使学生获得智力因素与非智力因素的统一。

情境教学法的产生还有赖于中国传统文化精髓的滋润。我国南朝著名文学理论家刘勰在《文心雕龙》一书中提出"意境"的核心是"情以物迁，辞以情发"。这句话把"情""物""辞"三个关键字联系在一起，表明了客观世界不仅对人的情感有影响，人的情感也会触发语言的表达。李吉林对这一传统文化的深刻理解与解读，使她开始探索情境作文教学，帮助她解决了语文教学中学生写作的难题。

情境教学正是在这样的时代背景以及坚实的理论基础之下应运而生的。当然，作为情境教学的探索者，李吉林认为她对情境教学法做的理论认识不是一蹴而就的，而"是逐渐加深的，实验由局部到整体，认识也由感性逐步上升到理性"①。

（二）　情境教学法研究的发展阶段

李吉林从 1978 年开始进行情境教学研究，其教育思想先后经历了情境教学、情境教育、情境课程理论、儿童学习理论四个不同的发展阶段。

1．大胆改革，创立情境教学法

从 1978 年开始进行研究到 1990 年提出"着眼发展，着力基础，全面提高儿童的素质'情境教育实验'综合实施方案"为止。

以进行教学改革为起点，探索新的教学法。针对传统语文教学的弊端，1978 年，李吉林一改长期从事小学中高年级语文教学的路数，主动要求去教一年级。她改变了低年级语文教学仅仅以识字为重点的传统教学方法，一年级上学期就进行了大量的"说一句话"训练，3 个月后开始"口头作文"的训练，下学期进行每天"写一句话"的训练。二年级开始教学生进行命题作文和观察日记的作写。这样提早起步，适当地增加了学习难度，使学生必须"跳一跳才能摘到果子"。这样训练的结果，使儿童的智力得到了较好发展。她的学生二年级时人均识字数超过 2 680个，达到了四年级学生的识字水平，课堂阅读量是同龄一般班级的 6 倍！

1979 年，江苏省教育学会召开成立大会，邀请李吉林参加并在大会上发言。李吉林在大会上宣读了她的第一篇论文《小学低年级语文教学中的智力发展》，引起了很大反响。会议刚结束，先是南京，接着是上海，都邀请她去做报告。"我做梦也没想到，一个初出茅庐的小学老师就像小河里的鲤鱼跃上了学术的'龙门'。这让我原来压抑十年的精神世界得到了彻底的释放。于是，我下决心打破传统单一而封闭的语文教学陈式，从改革中寻找小学语文教学新的出路。由此，情境教学的探索与研

---

① 李吉林. 情境教学的探索过程及其理论依据 [J]. 江苏教育，1987（23）：11 - 13.

究翻开了第一页。"①

　　1982 年，李吉林提出了"凭借情境，促进整体发展"的课题，通过这个阶段的实验，她概括出了情境教学促进儿童发展的"五要素"，即诱发主动性、强化感受性、着眼发展性、渗透教育性、贯穿实践性。进一步对情境教学与儿童语言学习，情境教学与形象思维、逻辑思维、创造性思维的发展，以及情境教学在识字教学、阅读教学、作文教学过程中的具体运用，做了理论上的概括，初步构建了情境教学的理论构架及操作体系②。李吉林将情境教学实验的过程概括为："对情境教学进行初步的探索，首先从外语教学中，运用情境进行句型、会话训练，得到启示，后又从中国古代诗词的境界说中汲取了很多的营养。集诸家论述，根据'形'和'意'、'情'和'物'辩证统一的原理，探索出情境教学。"③

　　从 1978 年开始到 1982 年第一轮实验结束，李吉林实验班的 43 个学生，在报刊上发表文章的有 33 人，作品达 75 篇，升学考试时，55.8% 的学生作文成绩优秀。这个比例是当时整个区的优秀率的 12 倍。④ 实验的成功，给人们带来了极大的鼓舞。南京市教育局要求李吉林总结经验，深化研究，尽快推广。在致力于教学实践创造的同时，李吉林开始对情境教学和情境教育的理论进行反思和探索。李吉林出版了《情境教学实验与研究》等书，《情境教学实验与研究》获得了国家教委首届教育科学优秀成果一等奖以及中国新闻出版署举办的第二届全国优秀图书评比一等奖。与此同时，李吉林开始了第二轮的实验，并把经验推广到一个年级同时进行，到 1990 年结束。

　　2. 扩大实验范围，提炼情境教育理论

　　从 1990 年提出"着眼发展，着力基础，全面提高儿童的素质'情境教育实验'综合实施方案"开始，到 2000 年课题"情境教育促进儿童素质全面发展的实验与研究"结题为止。

　　1993 年暑假，李吉林天天伏案工作，为完成以"从'情境教学'到'情境教育'的探索与思考"为题的论文，她日夜苦战，病中还躺在床上校对稿子。在纪念邓小平"三个面向"发表 10 周年大会上，她宣读了这篇论文，再一次引起教育界的轰动。这篇论文被中国教育学会评为优秀论文。

　　1995 年，李吉林主持了全国教育科学"九五"规划重点课题"情境

①　李吉林. 情境教育三十年 [N]. 中国教师报，2009 - 12 - 24（1）.
②　李吉林. 为儿童学习探索 30 年 [J]. 全球教育展望，2008（6）：17 - 21.
③　李吉林. 情境教学的探索过程及其理论依据 [J]. 江苏教育，1987（23）：11 - 13.
④　李吉林. 情境教育的诗篇 [M]. 北京：高等教育出版社，2004：109.

教育促进儿童素质全面发展的实验与研究"，使情境教育的研究步入快速车道。1996 年召开全国"情境教学—情境教育"学术研讨会，在这个会上李吉林介绍了情境教育的基本原理：暗示诱导原理、情感驱动原理、角色转换原理、心理场整合原理。"这四条原理说起来半个小时，写下来三四千字，但是在我心里却是独自反复，整整琢磨了 5 年才公开表述。我感到在教育创新中一定要自觉地反思，反思会产生顿悟。"①

2000 年冬，"情境教育促进儿童素质全面发展的实验与研究"的课题结题。全国教育规划专家组成员给予了极高的评价。与会专家热情地鼓励李吉林："为了中国的基础教育走向世界，相关的情境你应该继续申报课题。"

3．系统研究，进入情境课程观

这一阶段从 2000 年全国教育科学"十五"规划国家重点课题"情境课程的开发与研究"立项开始，到 2005 年该课题结项为止。

为了使情境教育大众化，2000 年，李吉林申报了全国教育科学"十五"规划国家重点课题"情境课程的开发与研究"。情境教育实验的深化必然带来课程的改革。李吉林反思近 30 年情境教育探索中局部课程改革的共同规律，围绕儿童发展，突出"真""美""情""思"四大元素，以"儿童—知识—社会"三个维度作为内核进行整合，取国内外课程论的精华，创造性地形成了情境课程理论。李吉林认为，情境课程类型可分五种：体现主体作用的学科情境课程，体现整体联动作用的大单元情境课程，体现源泉作用的野外情境课程，体现强化作用的专项训练情境课程（如在语文学科中，设有"区分主次速读课""学习鉴赏精读课""体验情感指导朗读课""扮演角色表演课""编写提纲复述课"等），体现衔接作用的过渡情境课程。有关情境课程的研究成果集中反映在《情境教育的诗篇》一书中。

4．深化儿童学习理论

这个阶段始自 2006 年申报全国教育科学"十一五"规划重点课题"'情境教育与儿童学习'的实验与研究"开始。

这一阶段情境教育理论进一步深化。情境教育理论的核心是为了儿童的学习，但是儿童在优化的情境中究竟是如何学习的，如何减轻儿童的学习负担等，关于这些问题，情境教育理论还不能做出完整的回答。于是这一阶段李吉林将学习科学知识，探讨儿童学习的机理、内化的过程，努力揭开儿童学习的"黑箱"，解放儿童的手、脑、身心，提高儿童

①　李吉林. 为儿童学习探索 30 年 [J]. 全球教育展望，2008（6）：17–21.

的学习效能等，作为主要研究任务。这一时期，李吉林发表了多篇相关论文。

二、情境教学法的主要内容

情境教学法的内容主要包括情境教学的类型、情境教学的基本原则与途径、情境教学的操作要素等。

（一）情境教学的类型

情境教学法的核心在于通过创设情境激发学生的情感。情境根据刺激物对儿童感官或思维活动所引起的不同作用，大致分为实体情境、模拟情境、语表情境、想象情境及推理情境。在教学中教师可以根据教学内容与学生实际，灵活创设教学情境。

1. 实体情境

实体情境即以物体原型为主的情境，具有具体生动、直观的特点。如把学生带到大自然中，所见的山川田野，风云雨雪，花草树木，鸟兽虫鱼等都是实体情境。在课堂中所出示的实物标本，如珊瑚、指南针、松果等也是实体情境。实体情境因其本身的具体化，使学生看得到、摸得着，易于感受，易于理解。凭借实体情境，可以发展学生的观察能力、思维能力，从而加深对事物的认识。如让一位留级生在全班同学面前喂鸭子，可激发其做个好学生的自尊感；带学生到野外听鸟的叫声，使其与大自然融为一体。

2. 模拟情境

模拟情境是在相似原理的基础上产生的。模拟情境就是根据教学的实际需要，抓住事物的主要特征，运用一定的手段进行复现，从而形象地反映事物特点。如图画再现、音乐渲染、角色扮演等，都属于模拟情境。因为是模拟，就和实体相似。儿童进入模拟情境就可通过眼前形象和实际感受，联系已积累的经验，展开联想，使情境丰富而逼真。同时，由于是模拟情境，只需相似即可，在运用时，就显得简便易行，如画一个萝卜，点上三笔作眼睛、嘴巴，就可以表示为"萝卜娃娃"。由学生担当角色进行表演，也属模拟情境。

3. 语表情境

语表情境即运用语言表述的情境。在教学实践中，常常是语言描绘与其他直观手段结合运用，把学生带入特定的情境。而语表情境，则是单纯用语言描述某一情境，通过语言的意义、声调、形象、感情色彩激起学生的情绪、情感以及想象活动，从而体验情境。对一些无法展现实体情境的课文，一般是通过语表情境把学生带入课文情境的。

4. 想象情境

想象情境是通过学生的想象活动，在已获得的经验的基础上，将表象重新加以组合的情境。它虽不像实体情境那样可以看得见、摸得着，但它的意象却比实体情境更广远，更富有感情色彩。学生的情绪往往在想象情境中得到高涨，想象力也随之而发展。当然想象情境往往要借助实体情境、语表情境或模拟情境，作为想象的契机。例如，口头作文《我是一棵蒲公英》，"我"的理想那一段，想象蒲公英的种子乘风飞去，飞过高山，飞过田野，有的愿它来到荒山上，有的愿它来到森林里，还有的愿它来到草原上……并在那儿发芽长大。这就是典型的想象情境。因为所有这些学生并不能亲眼见到，只是将有关表象重新组合成新形象。怎样才能让学生展开这美妙的想象呢？那是被吹起的蒲公英的种子。孩子们看到种子飞远这一实体情境，听到教师的语言描述："你看，蒲公英的种子飞了，飞向蓝天，你抬头往上看，看见了什么，低头往下看，看见了什么？你飞呀飞呀，你来到什么地方？决定在哪儿生根发芽？"于是学生望着蒲公英的种子向远方飞去，望着望着，许多形象浮现在眼前，伴随着情绪和教师语言描述的方向性，新的形象出现了，学生进入了想象情境……

5. 推理情境

推理情境是通过学生的思维活动，在形象分析的基础上，诱导学生进行抽象思维，逐步认识事物本质的情境。以形象思维为主是儿童思维的基本特征，但随着年龄增长，必须逐步向抽象思维过渡。推理情境的创设会促进这种过渡。正因为儿童抽象的逻辑思维还属初级阶段，在对分析、综合、判断、推理事物的过程中，仍然伴随着形象，纯推理的思维还不大可能形成。推理情境总是伴随着形象进入分析推导事物的有序状态中。教学寓言和常识性课文常常运用到推理情境。

例如，在上《刻舟求剑》一课时，先进行模拟情境演示，一艘小船可以前后移动，"剑"从"船"上落到水中，在"船舷"上刻上记号，然后使"船"向前行进。演示到这，要求学生判断用"刻舟"的办法"求剑"能否求到。于是学生凭借眼前的形象进行分析推理："剑"从某处落入水中，已不能随"船"前行，"船"不断行进，离"剑"愈来愈远，到了对岸，与"剑"距离更远了。得出"剑"是捞不到的结论。在此基础上，再引导学生分析这个人错在哪儿。从而认识到错就错在用不变的、静止的观点去看待事物，没有看到事物本身是在发展变化的。推理情境帮助学生从具体到抽象，从个别到一般去深入地认识事物的本质。

（二） 情境教学的基本原则与途径

情境教学以促进儿童全面发展为目标，把儿童发展的许多因素统一在语文教学中，李吉林提出了促进儿童发展的"五原则"：以培养兴趣为前提，诱发主动性；以指导观察为基础，强化感受性；以发展思维为重点，着眼发展性；以情感因素为动因，渗透教育性；以训练学科能力为手段，贯穿实践性。

以教学情境的分类为依据，实施情境教学具有六条基本途径：

第一是以生活展现情境。即通过把学生带入社会，带入大自然，从其中选取某一典型场景，作为学生观察的客体，教师以语言描绘，使客体更鲜明地展现在学生眼前。

第二是以实物演示情境。即以实物为中心，略设必要背景，构成一个整体，以演示某一特定的情境。可分为两种：一是真实的原型实物；二是模拟的替代实物。另外，以实物创设情境，必须有一定的背景，应考虑其整体性，形成真切感，教学效果才会明显。

第三是以图画再现情境。即把课文内容形象化，符合学生对形象乐于接受、易于理解的认识特点。用画面创设情境，常用形式有：放大的挂图、剪贴画、简易粉笔画、现成的课文插图、电教画面等。

第四是以音乐渲染情境。音乐是一种抒情功能极强的艺术形式。用直感的方式，使人获得比其他艺术形式更为直接、丰富、生动的感受。当它以音响的运动形式作用于人的听觉，产生感性上的直接体验时，必然会唤起听者心理上类似的反应，从而引发情感上的共鸣。因此，通过音乐更容易把学生带到特定的情境之中。

第五是以表演体会情境。情境教学中的表演有两种：一是进入角色；二是扮演角色。所谓"进入角色"，即"假如我是课文中的角色"，而扮演角色则是担当课文中的某一角色，进行表演。

第六是以语言描绘情境。有两种情况：一是直接以语言描绘情境；二是语言描绘与直观手段相结合。运用语言描绘情境，无论是与直观手段结合进行，还是单独运用，对教师运用语言的要求除具有相当的示范性外，还要具有主导性、形象性、启发性及可知性。

（三） 情境教学的操作要素

情境教学吸收"境界说"的"真""情""思""美"的精华，儒家文化"敏于行"的思想，以及杜威的以儿童活动为中心的现代教育理念，构建了情境教学中的课堂操作要素，概括起来有五个方面，即以"情"为纽带，以情育人；以"思"为核心，以智育人；以"学生活动"为途径，促进学生主动发展；以"美"为境界，以美育人；以"周围世界"

为源泉，以环境育人。

1. 以"情"为纽带，以情育人

传统的教学往往注重理性，忽略情感，因而使得教师与学生之间、学生与教材之间、学生与学生之间产生距离。李吉林认为，我们的教学对象是有情感的学生。学生的情感会形成一种内驱力，我们应该利用这种情感，使其成为主动投入、参与教学过程的力量。

2. 以"思"为核心，以智育人

李吉林主张教师的教学应始终以启迪学生思维、促进学生智力发展为核心，设计组织教学过程，努力开发学生的智力，并且以"发展学生的创造力"作为不懈追求的教育的较高境界。

3. 以"学生活动"为途径，促进学生主动发展

实践活动是课堂教学中促进学生素质发展的主要途径。因此在进一步推进"素质教育"的今天，让学生在教学过程中充分地实践和活动显得更加重要。因为"人的发展是在活动和相互关系的过程中进行的"。

4. 以"美"为境界，以美育人

面对我国传统教学损伤学生心理现状的焦虑和全面实现教育目标的责任感，情境教育选择"美"作为教学改革的一个突破口。李吉林认为，教学不仅为了让学生学习，还为了让学生主动地学习；教学不仅为了引导学生习得知识，还为了引导学生丰富精神世界；教学不仅为了学生的明天做准备，还为了今天获得最初的幸福人生。

5. 以"周围世界"为源泉，以环境育人

大自然是人类生活的根基，智慧的源泉。大自然的万千姿态、绚丽色彩及富有音乐感的声响，又成为对学生进行审美教育的"课本"。李吉林认为，我们应该顺乎自然，利用学生的经验，让学生回归大自然，投入周围世界宽阔而丰富的怀抱中。

三、情境教学法的特点及影响

（一）情境教学法的特点

情境教学法具有形真、情切、意远、理蕴的特点。

形真主要是要求形象富有真切感，即神韵相似，达到"可意会，可想象"，但不是实体的复现或完全复制，而是以简化的形体、暗示的手法获得与实体在结构上对应的形象，从而给学生以真切之感。

情切即情真意切，情感参与认知活动，充分地调动了学生学习的主动性。"让情感进入课堂"这极高的教与学的境界，可以通过情境教学这一模式得以实现。

意远即意境广远，形成想象契机，有效地发挥想象力。情境教学讲究"情趣"和"意象"，情境不是图解式地、机械地创设，它总是作为一个整体，出现在学生眼前，给学生造成"直接的印象"。

理蕴即蕴含理念。抽象的理念伴随着形象，能有效地提高认识力。从教材中心出发，由教材内容决定情境教学的形式。在教学过程中，围绕教材中心创设一个或一组情境。

(二) 情境教学法的影响

李吉林从1978年开始进行情境教学的探索与研究，在许多领域做出了富有开拓性和独创性的贡献，创立了"情境教学""情境教育"和"情境课程"，构建了情境教育理论框架和操作模式，丰富和发展了我国当代教育教学理论和教育改革实践，对建立具有中国特色的本土教育学具有积极的促进作用。相关研究先后被列为全国重点课题。李吉林记录、总结、提炼通过实践所得的收获，取得了丰富的成果，这些成果大大丰富了我国教育理论的宝库。柳斌曾指出："情景教学——情景教育是在中国的大地上土生土长发展起来的，有中国特色，而且对于解决目前中国基础教育存在的一些问题是行之有效的。"[1]

情境教学法不仅在理论上形成了独立的教育学体系，而且也产生了极大的教育实践效应。事实证明，李吉林的情境教学法实验是成功的，其方法特色也是十分明显的。按照李吉林自己的话来说："在小学语文教学中运用情境教学，孩子们感到'易''趣''活'，这就极大地提高了课堂教学的效率。"[2] 1987年，江苏省教委成立了"江苏省推广李吉林教改经验领导小组"，大力推广情境教学法，同年，教育部把情境教育定为向全国推广的八个素质教育的重要模式之一。[3] 不久，参与实验的教学班仅江苏省就有1 000多个，参与的小学教师有10万多名，极大促进了实验学校教学质量的提高。

李吉林在进行实验的过程中，还十分注重对青年教师的培养。早在20世纪90年代初期，南通师范学校第二附属小学就成立了青年教师培训中心，李吉林担任辅导员，后来，江苏情境教育研究所与南通师范学校共同成为小学语文骨干教师国家级培训基地，先后培养了如吴云霞、施建平等一批青年教师，其中仅南通师范学校第二附属小学就有13名教师是在她的"传帮带"培训下成长起来的。这13名教师，有4人当了校

① 柳斌. 重视"情境教育"，努力探索全面提高学生素质的途径 [J]. 人民教育，1997 (3)：6-9.
② 李吉林. 情境教学特点浅说 [J]. 课程·教材·教法，1987 (4)：15-20.
③ 李吉林. 行者的温暖与快乐 [J]. 广西教育，2010 (4)：30.

长，3 人成长为"特级教师"，个个都是学校骨干，在学术上很有造诣，在学校形成了一支积极向上的教育科研优秀团队。这样，情境教学法以李吉林的教学风格为核心，以培训的教师为半径向四周辐射，逐步形成了情境教学流派，在全国小学语文教学中产生了巨大影响。

第三节　张熊飞的诱思探究教学法

张熊飞，1938 年生，陕西师范大学教育科学学院教授，国务院政府特殊津贴享受者，诱思探究教学法的创立者。他 1960 年毕业于陕西师范大学物理系。曾在中学任教 27 年，1987 年 3 月调任陕西师范大学物理系，曾任中学物理教学研究室主任，陕西师范大学教育科学学院诱思探究教育研究中心主任。

张熊飞本着"教师要引导学生独立思考，大面积提高教学质量"的目的，在构建"教与学的和谐关系"上着力研究，开展实验。经过不断发展，他总结出了一套自己的理论，并探索出了切实可行的操作方法。

一、诱思探究教学法的产生与发展

对于诱思探究教学法的研究，可以上溯至 20 世纪 60 年代张熊飞在物理教学中开展的探索性实验，旨在尝试让学生成为教学过程中的主体。

张熊飞和他的研究伙伴始终紧紧抓住"大面积提高教学质量"这一基础教育改革的重要方向开展研究，本着"边实验、边总结、边概括、边推广"的研究方针，沿着"实践丰富科研，科研形成理论，理论指导实践，如此循环往复"的螺旋式上升的研究途径，进行了不懈努力。研究共包含五个阶段的探索：

第一阶段为调查体验阶段。以调查为主，目的在于掌握教学现状。从调查研究中，张熊飞认识到，许多改革成果具有明显的经验性和生硬的技术化色彩，运用时则表现出严重的形式主义和主观主义特征，违背了教学论应该是科学性、伦理性与艺术性和谐统一的基本观点。同时，绝大部分教改实验仅探索了教学全过程的某一方面，以点概面，难以反映教学过程的全貌。学科教学论应该形成全方位的、系统的理论体系。由此，诱思探究教学开始"萌芽"：仅仅实现学生的主体地位是不行的，还必须充分发挥教师的引导作用。后来发表的《谈谈探索性学生实验的实施》一文成为"探究教学过程"的雏形。学习老一辈的教学经验"跳一跳能摘到桃子"，从而体验到知识、能力、品行之间的和谐关系，是对

"三维教学目标论"的初步认识。

第二阶段为实验摸索阶段。以实验为主，目的在于摸索教学的规律性。张熊飞把前阶段成功的经验运用于实践，在 4 个学校的 10 个自然班的初中物理教学中开展了有计划的实验，使教学的规律性逐渐明朗化，开始认识到教师的引导作用和学生主体地位的和谐关系及其实现途径。同时，他还总结了前 30 年进行的物理教学和研究的经验，归纳出某些教学规律，初步形成了诱思探究教学法的理论雏形。

为了改变当时一些地区"片面追求升学率"的情形，张熊飞将实验标准确定为：第一，质量标准，即提高课堂教学质量；第二，效率标准，即提高课堂教学效率，并且把后者作为矛盾的主要方面。同时，明确了实验研究的具体任务：其一，大面积提高教学质量；其二，提高教师素质，培养既能出色完成教学任务，又能进行教学研究的学者型教师。

此阶段所形成的初步理论虽然反映了教学系统的某些特征和规律，但还是片段式的、互不联系的，还没有形成独立的理论结构。

第三阶段为筛选深化阶段。以筛选为主，目的在于构建学科教学论的演绎结构。1990 年，该课题研究被列入"国家教委直属师范大学基础教育改革与发展研究项目"。同时，原国家教委还将诱思探究教学法向其他学科进行推广，极大地开阔了改革的思路。张熊飞一方面深入到教学第一线，运用已有的理论认识，促进了一批实验基地大面积提高教学质量，同时提高了一批教师的业务素质；另一方面，切实加强理论研究，构建科学的教学理论演绎结构，于 1993 年出版了《诱思探究教学导论》。

其中，在阐述"三维教学目标论"时，明确提出"学科教学要为提高全民族素质服务"，并对"大面积提高教学质量"给予了理论界定："大面积"指全体学生，"提高"不是绝对的优秀标准，而是培优促差，在原有的基础上相对提高。"教学质量"是指学生在知识、能力、品德等方面获得全面发展，而不是单纯指考试成绩。1995 年，课题研究成果先后通过了省级和国家级鉴定，认为其在大面积提高教学质量和培养学者型教师等方面取得了显著的成效。1996 年 3 月 12 日，原陕西省教育委员会正式发文向全省推广。经过了这一阶段，实验探索仍需进一步定量化、规范化，其理论成果需要进一步科学化、具体化。

第四阶段为验证升华阶段。以验证为主，目的在于完善和升华诱思探究法的学科理论。深化研究从实验探索和理论升华两方面展开，为大面积提高教学质量提供了有一定实验根据的系统理论。1997 年，诱思探究学科教学论的研究被列入全国教育科学"九五"规划教育部重点课题，进入验证升华阶段。2001 年，全国教育科学规划领导小组办公室组织专家对该课题进行鉴定，认为"诱思探究的理论探索和大面积实验对于推动课堂学科教学改革，提高教师专业水平和学校教育质量，全面推进素质教育都具有十分显著的促进作用"。

第五阶段为迁移运用，实践深入阶段。在总结上一个阶段理论成果的基础上，从2001年开始，大面积将诱思探究学科教学论的理念从物理教学迁移到其他学科教学中。2002年6月10日，"诱思探究学科教学论应用研究"再次被全国教育科学规划领导小组批准为全国教育科学"十五"教育部规划课题，开始进一步完善深化其应用研究。2006年10月，全国教育科学规划领导小组办公室对该课题进行了结题鉴定，明确指出："本项研究成果具有较强的科学性和推广传播价值，在全国同类研究中处于先进水平。"

二、诱思探究教学法的主要内容

诱思探究教学法也称诱思探究学科教学论，是指教师在教学中运用多种措施诱导学生进行思考和探索研究，使学生掌握知识、发展能力、培育品德的教学方法。这个教学法是张熊飞集基础教育20多年的实践经验，潜心研究多年而创立的，其目的在于探讨有效课堂教学的理论与实践，揭示客观教学规律，构建具有中国特色的适用于素质教育的现代教学法。它既是一种教学方法，又是一种教学理论，它继承和发展了我国传统的启发式教学思想，其内涵包括三个方面：诱思教学思想论、诱思教学模式论、三维教学目标论。提出了"学生为主体，教师为主导，训练为主线，思维为主攻"的教学思想以及落实这一思想的诱思探究教学模式，即在课堂教学中按照"探索—研究—运用"的因果层次关系安排教学内容，组织教学，达到变教为诱、变学为思的目的。

（一）诱思探究教学的思想观

教学思想的变革是教学改革的先导，其中正确处理好教与学的辩证关系是关键。张熊飞分析了教与学各自的职能，认为教师教学的基本职能是引导，教师的引导作用有四大特征：情感性（情感沟通，营造促进学生学习的积极心理氛围）、启发性（促进交往，平等对话，诱思交融，互动共识）、促进性（不仅仅局限于传道、授业、解惑，更重要的在于开窍、引路、促进）、反馈性（沟通教与学、学与学的多向反馈回路，以落实素质教育）。教师要充分发挥引导作用，核心特征是启发性，归纳为"循循善诱"。学生是教学中的主体，这种主体地位有四大特征：能动性（发挥情意因素的动力作用）、独立性（人的成长与内化是任何人都难以代替的，必须独立完成）、创造性（参与教学，在沟通与交往中获得的任何学习成果都是一种创造性劳动)、基础性（为自身的生存、做人、学习、发展奠定良好的基础）。① 学生要真正实现主体地位，核心特征是独立性，特别是思维的独立性，归纳为"独立思考"。其后，张熊飞分析了教与学的辩证统一职能，概括了四条教学规律：

一是引而不发，因人善喻，不言之教，和易以思，这就是为师之道的根本。

二是食贵自化，学贵自得，深思熟虑，积水成渊，这就是为学之道的灵魂。

三是善诱则通，善思则得，诱思交融，众志成城，这就是教学辩证法的真谛。

四是教贵善诱，学贵善思，以诱达思，启智悟道，这就是启发教学的精髓。

简言之，教学的本质就是学生在教师的导向性信息诱导下独立完成学习任务。

（二）诱思探究教学的模式论

诱思探究教学模式论是诱思探究教学的运行机制，它由指导教师进行课堂教学实践的一系列教学方法组成。根据不同教学内容与学生的实际，张熊飞将诱思探究教学方法概括为实践探究法和理论探究法。由于实践探索的具体方式不同，实践探究法又分为实验探究法、体验探究法、经验探究法和形象探究法四种。

1. 实验探究法

实验探究法的基本步骤是：教师在课初精心设问，激发学生的探索兴趣；在教学中，抓住时机，引导学生边实验，边思索，边总结，把观察引向深入；在此基础上，引导学生对所观察的丰富的、感性的材料进行理论分析，形成理性认识；继续创造教学情境，让学生反复思考，经历再实践、再认识的深化过程。

例如，运用实验探究法教授有关托盘天平的知识，教师先提出要求：请你们想办法测出自己钢笔的质量。面对从来没有使用过的天平，学生要完成任务，就要观察、思考、想办法。他们首先看到天平不平衡——有人发现了螺母，拧动螺母调平；有人想出了用纸片或硬币调平；有人加砝码调平。开始测质量了，学生都会把被测物体放置一盘，在另一盘加减砝码，根据标尺及指针摆动判断平衡，但绝大多数读不出砝码的总质量，几乎所有的学生都用手抓砝码。经过约10分钟的实验，学生具备

---

① 张熊飞. 诱思探究学科教学论的研究和实践 [J]. 教育研究，2002，23（9）：51 - 52.

了一定的感性知识，又产生了一些问题，积极求知的心理状态形成了。教师抓住时机，针对学生操作中存在的问题开始讲课，诱导学生边听讲，边对照自己的操作，找出自己做对的地方和做错的地方，从而形成正确的概念，并重新进行操作。

为了将对天平的学习引向深入，教师可再安排一节实验课，要求学生测量固体、液体、粉末的质量。这节实验课绝不是上节课的重复，而是有更高的要求：第一，要求正确使用天平；第二，要求测出准确的质量数；第三，要创造性地完成对液体及粉末的质量测量。

这样进行教学，既强化了学生的操作能力，又加深和巩固了学生所学的基础知识，还锻炼了他们独立解决问题的能力。

2. 体验探究法

体验探究法就是在教学中让学生投入一定的实践活动，通过自己的亲身体验，获得丰富的感性材料。再在教师的诱导下，逐步研究归纳，掌握其本质特征，完成教学任务。

3. 经验探究法

经验探究法指教师在教学中充分引导学生运用他们对客观世界已有的经验事实进行探索，从而归纳、研究出事物的内在规律。例如，通过两手摩擦会发热、敲打火石会出现火星、硬物钻木能起火等具体的同类事物经验，引导学生理解"摩擦生热"。通过诱导学生回忆生活经验：为什么能闻到花香？调盐后为什么一锅饭都是咸的？使学生理解物质的分子运动。

4. 形象探究法

形象探究法就是教师在教学中引导学生以具体的形象材料为原型进行形象思维活动，运用"释文—成像—悟道"的教学思维层次来实施教学过程，完成教学任务的方法。如陕北有一位语文教师在教学中讲过三遍游记散文《威尼斯》，但总感到效果不理想。因为生活在黄土高原上的农村学生连河水都见得很少，很难想象出"水上名城"的风采。于是，该教师就运用形象探究法，在再次进行《威尼斯》教学时，先让学生看录像《欧洲庄园：威尼斯》。当风光旖旎、具有悠久文化艺术传统的古城由远渐近、真切地展现在学生眼前时，大家都被深深地吸引住了。碧波荡漾的河道，古老美丽的建筑，配上那充满感情的精彩解说，学生沉浸在一种美的享受中。威尼斯"水上城市"的风貌，辉煌灿烂的文化艺术成就都使学生为之陶醉。

为了充分实现学生的主体地位，该教师及时要求他们结合在地理课上所学的知识，写一篇自己"游览"威尼斯的短文。学生热情之高，是以往按部就班的程式化教学所无法比拟的。互相交流短文后，她再诱导学生兴趣盎然地去学习课文，结果获得了意想不到的成功。

5. 理论探究法

理论探究法就是通过理论探索和演绎（或归纳、类比）研究来发展已有的概念，诱导学生进一步认识客观世界的本质和规律。运用理论探究法进行教学，要求教师必须精心设计典型事例，充分发挥迁移的教学功能，以学生认知结构中原有的概念为起点，揭示该概念的本质特征，从而获得新概念。

在运用诱思探究教学模式时，需要特别强调的是：探究的内容一定要突出重点，探究的方向要不偏不怪，坚决杜绝引导学生"钻牛角尖"，去探索一些烦琐、生涩、意义不大的内容，探究要突出学生的主体地位，每次探究都要尽可能地给学生留有回味及进一步发挥的空间。力争做到以下三点：

一是正确选取"诱思点"。一节课可能有几个"诱思点"。一个"诱思点"可能在几节课中都会出现。因此，选取"诱思点"要有轻有重，层次设计科学合理。一般来说，重要知识内容，难点内容，典型问题，有价值的结论等都是重要的"诱思点"。

二是把握探究的深度。探究的深度要视课程标准对有关知识的要求程度以及学生的实际情况而定，学生一听就会、一看就知、无深度、无新意的内容调动不起学生探究的积极性，同样过难过深的内容也会挫伤学生探究的积极性。

三是巧妙设计诱导情境。如学生学习程度较好，诱导的情境一定要新，要有诱惑力，对基础而重要的知识要设计新颖别致的导入口，对易错的知识点要设计"陷阱"，对表面容易但又不容易认识透的知识点要从不同角度设计"透视镜"。

（三）三维教学目标观

基础教育要促进学生成为德、智、体、美等方面全面和谐发展的创新型、开拓型人才。具体到教学领域则要实现"掌握知识，发展能力，培育品德"的三维目标。这就是诱思探究学科教学论的三维教学目标观。

学生通过学习获得知识，提高能力，进一步培养良好的品德，这是三维教学目标的精华所在。这就要求教师正确引导学生进行探索研究，帮助学生找出问题，同时掌握质疑、解疑的方法，从而培养学生研究问题的能力和探索科学的精神，以求达到发展学生的能力，培养高素质人才，通过诱导、思辨调动学生的学习积极性，积极启发学生的思维，激励学生创新的目的。

诱思探究教学法包括诱思教学思想论、诱思教学模式论、三维教学目标论三个方面，这三个方面之间存在着内在逻辑关系，具有不同的教学功能。这一内在逻辑体系体现了一种返璞归真的生态教学系统：思想上是启发式，过程上是探究式，目标上是发展式。

三、诱思探究教学法的特点与影响

（一）诱思探究教学法的特点

诱思探究教学法立足于更新教学思想来解决具体的教法问题，是教学思想与教学方法的结合。其核心在于学生的"思"，"思"的前提是教师的"诱"，"思"的结果则是学生的"探究"。因此，从提高学生素质着眼，在教学思想上突出教师的"诱"，充分认识到教师的主导作用在于"循循善诱"，以引路、诱导的方式进行教学，改变过去把现成的知识灌输给学生的模式。基于这种认识，诱思探究教学法的教学模式和方法就体现在"探究"上。学生通过教师的启发，自主思考，大胆探究，发现规律，得出结论。真正实现"教是为了不教"的目的。

诱思探究教学法着意于构建学生的主体地位，根据认知规律，循循善诱，不断调动学生的求知欲，激发学生被压抑的潜能。现代教学的基本要求之一是教学生学会学习。诱思探究教学满足了现代教学的这一要求，它要求教师充分发挥"信息源"的作用，变教为诱，变教为导，对学生进行启发、诱导，成为学生学习过程中的"引路人"。在教师的指引下，学生的主体地位也得到了尊重：学生不是直接从教师那里获取现成的知识，而是变学为思，变学为悟，在教师的引导下自己研究问题、寻找答案。这样，学生不仅得到了他们应该掌握的知识，同时掌握了学习的方法、策略，并逐渐形成热爱学习、乐于探究的品质。诱思探究教学不仅强调学生的"思"，还注重学生的"练"，提出练有"六法"，即做、看、听、读、议、写。做、看是基础，听、读是主导，议是交流，写是迁移。诱思探究教学把"练"的规律和方法做了科学合理的安排，大大提高了"练"的效能。

总之，诱思探究教学法不是一个封闭静止的体系，其处于不断检验与发展的过程之中。尽管它在实践中取得了显著的成绩，但是，要充分发挥诱思探究思想，还需要不断努力深化。真正落实诱思探究教学法，还有许多困难有待解决。

（二）诱思探究教学法的影响

1981年，张熊飞受陕西省原教育厅教研室委托，主持诱思探究课题研究。他遵循"实践丰富科研，科研形成理论，理论指导实践，如此循环往复"的环形互动研究机制，历经了调查体验、试验摸索、筛选深化、验证升华、实践深入等几个阶段，取得了丰硕成果。发表文章近百篇，出版了多部专著。他紧紧抓住素质教育的灵魂——以学生为本，充分发挥主体性，论述了诱思教学思想论、探究教学模式论、三维教学目标论，独立地形成了全新的"诱思探究学科教学论"理论体系。

1995 年 10 月，全国教育科学规划领导小组办公室对诱思探究教学法前期成果进行国家级结题鉴定，认为该成果"操作性强、易学、实用、有效，具有中国特色"，在"大面积提高中小学教学质量方面取得了显著成效"，"为实验学校培养了一批骨干教师"，赞扬张熊飞"做出了艰苦的努力，表现出了高度的敬业精神和奉献精神"。2001 年 1 月，又对第四阶段的研究成果进行第二次国家级结题鉴定，认为"该课题具有丰富的发展内涵和很强的生命力"，"对推动课堂学科教学改革，提高教师专业水平和学校教育质量，全面推进素质教育都具有十分显著的促进作用"。2006 年 10 月 14 日，全国教育科学规划领导小组办公室对张熊飞主持的"十五"课题"诱思探究学科教学论应用研究"进行了结题鉴定，明确指出："本项研究成果具有较强的科学性和推广传播价值，在全国同类研究中处于先进水平。""在全面推进基础教育改革和教学改革，全面推进素质教育的工作中，已经并能继续发挥重要作用。"

诱思探究教学思想现在已应用于中小学各个学科，被教育界誉为"在课堂教学领域实施素质教育的理论和实践""把课程改革提出的自主、探究、合作的基本理念理论化、系统化、实践化"的典范，以及"开展创新教学的典型代表"。1996 年 3 月，陕西省教育委员会正式发文，向全省推广"诱思探究教学"。多年来，诱思探究教学法的推广范围不断扩大。对于推动学科教学改革，提高教师教学水平和学校教育质量，全面推进素质教育产生了重要影响。

1993—1999 年，由张熊飞主持的课题研究，两次被陕西省人民政府授予"优秀教学成果一等奖"；1997 年 3 月获国家教育委员会"全国师范院校基础教育改革优秀成果二等奖"。1999 年 9 月，《诱思探究教学导论》荣获"全国第二届教育科学优秀成果一等奖"；2006 年 9 月，《诱思探究学科教学论》荣获"第二届全国教育科学研究优秀成果三等奖"。多家媒体对其成果进行了多次报道。1999 年 8 月中旬，中央教育电视台连续 6 次播放了专题人物片《张熊飞教授和"诱思探究教学"理论》。

第四节　邱学华的尝试教学法

邱学华，1935年生，江苏常州人，中国当代著名的小学数学教育专家，尝试教学理论创始人，特级教师。2014年，他的"尝试教学法的实验研究与推广应用"获国家级教学成果奖一等奖。

自20世纪60年代开始酝酿思考，到80年代正式启动教学实验，邱学华对"尝试教学"进行了40多年的研究与实践。从"学生能够在尝试中学习"到"学生能尝试、尝试能成功、成功能创新"观点的提出，尝试教学从无到有，从实验到理论，在中小学产生了重要影响，并建有"邱学华尝试教学在线"网站。

一、尝试教学法的产生与发展

（一）尝试教学法的产生

1951年，在农村小学当代课教师的邱学华发现，教师先讲、学生听懂后才练习的传统教学方式会使教师教得苦、学生学得累，且教学效果不理想。但由于缺乏经验和教育科学知识，这一问题在当时无法解决。

1956年，邱学华考入上海华东师范大学教育系深造，毕业后留校做助教，一边教书一边到附小搞教学实验，主要方法是让学生先做题，教师再讲，这便是尝试教学的雏形。"文革"结束后，邱学华回到家乡常州，在常州师范学校办起了小学数学教学研究班，培训骨干教师，决定开展系统性的教学实验，试图证明"学生能够在尝试中学习"这一大胆的设想。小规模的实验取得了成功，他最初的设想得到了证实。

1986年，在实验的基础上，邱学华的论文《小学教学尝试教学法的实践和理论》发表在当时文章观点比较新颖的杂志《教育研究》上，引起了国内学者的强烈反响，各地教育杂志相继转载，各地教师纷纷开展实验，在全国掀起了一股"尝试热"。虽之前在西安举行的一次全国性的教学研究会上，一位小学数学界的权威人士公开指责邱学华的尝试教学法，这位权威人士的话传到了全国各地，一时间尝试教学法受批判的消息不胫而走，各地实验项目纷纷"下马"，有些教育杂志也不敢再刊发此类文章。关键时刻，邱学华没有胆怯，坚持自己的观点，并得到了江苏省教育厅和常州市教育局的支持和帮助。广大教育实践工作者相信实践的效果，尝试教学法以其观点鲜明、操作简便、效果显著的特点而赢得了大家的信服，实验范围不断扩大。1985年4月，来自全国各地的四百多位代表参加了在常州举行的全国协作区第一届尝试教学研讨会。这次研讨会在全国引起了很大反响，成为尝试教学法发展的一个新起点。在此之前，邱学华还发表了《再谈尝试教学法》等文章。至此，尝试教学法已得到教育理论界的认可。之后，在实践的基础上，邱学华为满足广大教师对具体操作方法和理论提高的需要，编写了专著《尝试教学法》。

从1980年开始，邱学华在对小学数学进行全方位研究的基础上，提出了尝试教学法，后扩展到小学语文、常识、音乐、体育、美术等学科，再从小学延伸到中学，渗透到幼儿园；从普教发展到特教，又延伸到职业教育、高等教育。尝试教学在理论层面上的发展经历了小学数学尝试教学法—尝试教学法—尝试教学原则—尝试教学理论—尝试教育理论—尝试学习理论等不同发展阶段。

（二）尝试教学理论发展的新阶段——尝试学习理论的提出

20世纪90年代之后，尝试教学法在中小学各科教学中呈现出的积极实验效果让邱学华又开始思考，这是否符合了某种教育规律？一方面，他从中国传统文化《周易》中"蒙卦"的卦辞"匪我求童蒙，童蒙求我"受到启示：教育的最佳时机是让学生在学习中遇到困难后，想获得教师帮助解决问题的时候。另一方面，实践也充分证明"学生能在尝试中学习"是带有普遍意义的。因此，邱学华萌发了把尝试教学法升华为尝试教学理论的设想，提出了"尝试教学理论研究"的研究课题，使尝试教学研究迈入了一个新阶段。2000年10月，邱学华完整地提出了"学生能尝试，尝试能成功，成功能创新"的新观点，形成了尝试教学理论的核心。2000年全国第十届尝试教学法研讨会之后，为了进一步深化尝试教学理论，邱学华确定从学习论的角度开始进行"尝试学习理论"研究，作为新的研究方向。尝试学习是学生主动探索的一种学习方式，和新课程改革的理念一致，把尝试学习的研究同新课程改革结合起来，使邱学华的研究工作进入了一个新的天地。

二、尝试教学法的基本程序

尝试教学在长期的教学实践中已经建立了适应各种不同教学需要的教学模式，包括基本模式、灵活模式与整合模式三类。根据尝试教学理论的实质和"先试后导、先练后讲、先学后教"的基本特征，在教学实践中，邱学华逐步形成了一套基本操作模式，具体分七步：

第一，准备练习。这一步是学生进行尝试活动的准备阶段。对解决尝试问题所需的基础知识先进行准备练习，然后采用"以旧引新"的办法，由准备题引导出尝试题，发挥旧知识的迁移作用，为学生解决尝试题铺路架桥。

第二，出示尝试题。这一步是提出问题，为学生的尝试活动提出任务，让学生进入问题情境之中。出示尝试题后，必须激发学生尝试的兴趣，激活学生的思维，可以先让学生思考并相互讨论解决方案。

第三，自学课本。这一步是为学生在尝试活动中自己解决问题提供信息。出示尝试题后，学生产生了好奇心，同时产生了解决问题的愿望。这时引导学生自学课本就成为学生切身的需要。在自学课本之前，教师有时可提一些思考问题以指导，自学课本时，学生遇到困难可以提问，同桌之间也可互相商量。通过自学课本，大部分学生对解答尝试题有了办法，时机一旦成熟就可转入下一步。

第四，尝试练习。尝试练习根据学科特点有多种形式。教师要密切关注学生的情况，以便及时掌握学生尝试练习的反馈信息，对学困生进行个别辅导。学生在尝试中遇到困难，可以继续阅读课本，同学之间也可以互相帮助。

第五，学生讨论。尝试练习中会出现不同的答案，学生会产生疑问，这时教师可引导学生讨论，对不同的看法可以进行讨论，学生在此过程中开始尝试讲道理，之后学生需要知道自己的尝试结果是否正确，教师讲解也已成为学生的迫切需要。

第六，教师讲解。这一步是为了确保学生系统地掌握知识。有些学生会做尝试题，但可能是按照例题思路依样画葫芦，并没有真正懂得其中道理，因此需要教师的讲解。讲解不是什么都要从头讲起，教师只要针对学生感到困难的地方和教材的重点之处讲解即可。

第七，第二次尝试练习。这一步是给学生"再射一箭"的机会。在第一次练习中，有的学生可能会做错，有的学生虽然做对了但没有弄懂其中的道理。经过学生讨论和教师讲解之后，得到了反馈矫正，可第二次尝试练习，再一次进行信息反馈。这一步对学困生特别有利。第二次尝试题应与第一次的不同，稍有变化或采用题组形式，之后教师可以进行补充讲解。

以上七步是一个有机整体，反映了学生完整的尝试过程，也是一个有序可控的教学系统。中间五步是主题，第一步是准备阶段，第七步是引申阶段。其基本操作程序如图 5-1 所示：

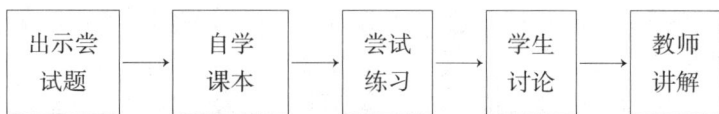

图 5 - 1　尝试教学法的基本操作程序

由于实际教学情况复杂多变，生搬硬套某一种模式是不科学的，邱学华在实践的基础上又提出可以从基本模式中派生出许多变式，称为灵活模式。例如，调换式，即把基本式中的某几步调换一下；增添式，即在基本式的基础上再增添一步或几步，如在出示尝试题以后可以增添"学生讨论"这一步骤；结合式，即当学生比较熟悉和适应尝试教学以后，基本式七步就不必分得过于清楚，而是可以有机结合地进行；超前式，即由于教学时间有限，教师可以将基本式的前几步提前到课前作为预习进行。

尝试教学模式可以同其他教学模式整合，因而产生了第三类整合模式。邱学华认为，提倡一种教学法并不代表排斥另一种教学法，它们之间不应该是对立的，而应该是相互结合、相互补充、相互融合的。

当然，任何一种教学理论都不可能是十全十美的，运用尝试教学理论在具体的教学操作模式上还有一定的局限性，如运用尝试教学操作模式，就要求学生要有一定的自学能力，因而它在小学低年级的应用范围较小。对于初步概念的引入课，一般也不适合于应用该操作模式。实践性较强的教材也不完全适于应用该操作模式。此外，尝试教学还存在理论基础有待加强、在小学数学以外的学科中运用还存在各种困难、理论实验不够科学、一些具体做法需要进一步思考等问题。

三、尝试教学法的特点与影响

（一）尝试教学法的特点

"先练后讲，先学后教"是尝试教学法的鲜明特征，即学生先进行尝试练习，教师后进行指导讲解。它与几千年传统教学的"先教后学，先讲后练"截然相反。这种教学变化，将引起教学过程中的深刻变化，主要有四种。

第一种为学生的地位变了，从被动地位转化为主体地位。

第二种为教师的角色变了，从主宰者转化为引导者。

第三种为课本的作用变了，从习题集转化为自学本。

第四种为学生之间的关系变了，从各听各的转化为合作交流。

虽只是前后位置的变动，但恰能引起课堂教学一系列的根本变化，而这些变化，不需要教师刻意去做，是"先练后讲，先学后教"的尝试教学模式本身所决定的。这种变化，如保证学生的主体地位，促进教师的角色转化，指导学生自学课本、自主探索，鼓励学生合作交流，都是新课程改革所倡导的主要教育理念①。

尝试教学理论具有坚实的学科理论依据，主要包括哲学基础、教学论基础和心理学基础三个方面。从哲学角度看，辩证唯物主义的认识论要求重视学生在教学中的实践活动，使学生获得知识，发展思维，培养能力。尝试教学法充分发挥学生在课堂教学活动中的主体作用，一开始就要求学生进行尝试练习，把学生推到主动的位置。尝试练习中遇到困难，学生便会主动地自学课本或寻求教师的帮助，学习成为学生自身的需要。从教学论角度讲，尝试教学法符合现代教学论思想的要求，改变了传统的注入式教法，把知识传授和能力培养统一起来，引起了教学过程中一系列的变化，如从教师讲、学生听转变为在教师的指导下，学生自学、先练，教师再讲，从单纯传授知识转变为在传授知识的同时培养能力、发展智力，等等。从心理学角度上说，尝试教学运用了心理学中的迁移规律，重视学生已有的旧知识和生活经验在新知识学习中的作用，使先前的知识结构改组，结合新学的知识，使学生形成能容纳新知识的更高一级的新知识结构。

在多年的尝试教学实验过程中，邱学华认识到，如果教师为学生创设了一定的教学条件，学生的尝试就能取得成功，而促进学生尝试成功的因素有很多，如学生的主体作用、教师的指导作用、课本的示范作用、旧知识的迁移作用、学生之间的互补作用、师生多向的情意作用和教学手段的辅助作用等。这七种促成尝试成功的因素，各有其独特的功能和价值，共同组成一个整体结构，彼此之间相互联系、相互影响、相互制约，各因素之间的相互运动构成了一个动力系统。其中，学生的主体作用是中心，教师对学生进行指导，学生的主体作用通过课本的示范作用、旧知识的迁移作用、学生之间的互补作用和教学手段的辅助作用，来实现尝试成功，而师生多向的情意作用则为上述因素的实现提供了良好的教学情境。

（二）尝试教学法的影响

邱学华从 1982 年开始探索尝试教学法，最终形成了自己独具特色的尝试教学理论。尝试教学法以尝试题为起点，促使学生自学课本，再以尝试为手段进行课堂练习，激发学生相互讨论的愿望，最后通过教师讲

---

① 邱学华. 尝试教学研究 50 年［J］. 课程·教材·教法，2013，33（4）：13.

解达到尝试成功。尝试教学法以培养学生的尝试能力为教学目标，具有很强的时代性。邱学华因为他的尝试教育理论被教育界称为"邱学华现象"[①]。

尝试教学实验至今已开展近40年，全国已有98个县市全面推广尝试教学理论，实验基地2 200多个，实验教师达70多万人，实验班级约90万个，受教学生3 000多万人，对推动课程改革、深化素质教育产生了积极的作用。

邱学华在开始尝试教学实验的同时，更加勤奋地开展理论研究，著述甚丰，是我国一个多产的教育理论家。编著和主编260多本图书，在国内外教育报刊上发表了600多篇文章。他的著作内容主要分为研究尝试教学理论、小学数学教学及辅导学生学习三大类。其中《尝试教学法》获全国首届教育理论优秀著作奖，《尝试　成功　发展》中"尝试教学理论研究与实践"的研究报告在1999年荣获教育部颁发的全国第二届教育科学优秀成果二等奖。教育科学出版社从1999年开始出版"尝试教学理论研究丛书"，这一套丛书构建了比较完整的尝试教学理论体系。

邱学华关于小学数学教学研究方面的著作涉及面很广，大部分是在20世纪80年代出版的。1982年由天津人民出版社出版的《怎样教小学数学》受到了广大教师的欢迎，先后共印了近百万册。1989年，他花了半年的时间搜集资料，整理撰写了《中国小学数学四十年》，此书字数近百万，是研究中华人民共和国成立后小学数学教学史的一本重要著作。1990年，在北京举行国际数学教育大会期间举办的中国数学教育图书展销中，此书受到了国际数学教育家，特别是港澳台学者的青睐。由于邱学华出身小学教师，又长期在教学第一线，写的东西贴近教师实际，教师喜欢看，许多书都是再版，多次印刷。

他写作的1984年由中国少年儿童出版社出版的《解应用题的钥匙》深受小朋友的喜爱。1985年后，受一位移民美国的中学生的一封来信的鼓舞，他先后主编了《小学数学大世界》《数学大王》等，颇受小朋友的欢迎。其中许多种图书都获得了全国或地区的优秀图书奖，许多书都进行了多次印刷。

为了收集、保留珍贵的小学数学教育资料，促进我国小学数学教育的发展研究和国际交流，邱学华倡议建立小学教育博物馆。这一倡议得到浙江省万里教育集团的全力支持，经过不断努力，2006年4月8日，中国乃至世界第一个小学数学博物馆在万里小学建成，并举行了隆重的

① 张玉文. 邱学华和尝试教育法［N］. 中国教育报，2005 – 04 – 10.

开馆仪式。

邱学华的大胆尝试，成功的教育人生，让我们更深刻地理解了"自古成功在尝试"的道理，同时也感受到了一个名师"教育人生竞风流"的成功！面对他所取得的成绩及做出的贡献，苏州大学教授朱永新称他是"教育的'光明使者'"；教育家顾明远评价："邱学华的'尝试教学'，开始从教学方法上的实验，到理论上的提升，其执着的精神令人佩服。"

附课例 1

《桂林山水》教学设计（五年级散文教学）

【教学要求】

1. 通过桂林山水独特的美，引导学生感受祖国河山之壮美，培养学生热爱祖国的情感。

2. 通过看图学习，进一步训练学生的观察能力，并使学生在观察中展开合理的想象。

3. 掌握本课的主要词语：无瑕、峰峦雄伟、奇峰罗列、形态万千、危峰兀立、连绵不断等；认识排比句。

4. 能正确、流利、有感情地朗读课文，并能背诵。

课前准备：

让学生看有关桂林山水的风景照片；

放大课文插图。

【课时安排】

两个课时。

第一课时：导入。描述、带入情境；范读课文；自学、理清层次；教学课文第二节；自学课文第三节。

第二课时：释疑。学生讲书，精读欣赏第四节。

【教学过程】

以第一课时为例

（一）导入新课

如果有人来到我们的家乡南通，问我们南通有哪些地方风景优美，你准备怎么介绍？（对祖国的热爱应从家乡的一山一水、一草一木开始）

美丽的家乡仅是我们祖国秀丽河山的一角。在祖国的大地上有许多名山大川。（板书：名山大川）

你们去过哪些名山大川？没去过听说过的也行。（从家乡的山水到祖国的名山大川，逐一拓展）

你们听说过桂林吗？（指地图）桂林在广西壮族自治区。你们有人去过吗？桂林山水比起你们刚才说的这些名山大川更有一番独特的美。所以，人们都说"桂林山水甲天下"。"甲"是什么意思？（板书：

甲）甲是指第一位的、超过其他的，意思是桂林山水天下第一。

（二）描述、带入情境

1. 桂林山水这么美，你们想去游览一番吗？那现在就让我们开启"旅途"。我们坐上飞机，很快就到桂林了，呈现在我们眼前的山光水色就像一幅美丽的图画，你们看——

2. 出示图画。（插图或放大插图）

3. 现在老师给你们做导游，来介绍桂林山水。

（三）范读课文

（老师担当导游，范读课文成了导游的介绍，学生感到亲切）

（四）自学课文，理清层次

概括出每一节的主要内容。

学生讨论后板书如下：

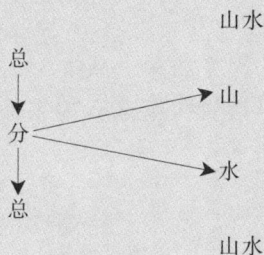

```
                          山水
        总
         │
         ↓            ──→ 山
        分 ───────────┤
         │            ──→ 水
         ↓
        总
                          山水
```

（五）教学课文

1. 观察图画。我们先看看漓江的水。漓江的水怎么美？

2. 教学"观赏"。刚才我们愉快地观赏、享受着大自然的美（利用学生的真实感受教学词语，生动而真切），可以用什么词？（欣赏）还有呢？（观赏）"观赏"也是"欣赏"的意思。我们常常说"欣赏美景""欣赏音乐"，可以是"看"，也可以是不用眼睛看。而"观赏"一定要"看"，也就是通过"看"去欣赏，这个词中，哪个字包含"看"的意思？（观）所以我们就不能说"观赏音乐"。

3. 自学。

4. 指导。学生自学课文，一定要学会抓住最主要的内容。漓江的水怎么美？抓住主要特点。

（根据学生回答，板书：静、清、绿）

5. 为了让学生体会句式的整齐、排比的作用，可组织安排一系列训练。

"漓江的水，静、清、绿"，同学们想一想：在"静""清""绿"

之间用什么连接词，就可组成句子？例句如下：

漓江的水既静又清还绿。
漓江的水不但静而且清还很绿。
漓江的水又静又清又绿。

指点：其实这一句就是这一个小节的概括。这样概括地写一句，能使我们感受到漓江的美吗？如果把"静""清""绿"这三个形容词重叠一下，你感觉怎么样？句子该怎么说？

漓江的水静静的。
漓江的水清清的。
漓江的水绿绿的。

指点：词语一重叠，程度加深了一些。
我们看着漓江的水不禁赞叹起来，如果使它变成感叹句，句子应该怎样组织排列？例句如下：

漓江的水真静啊！
漓江的水真清啊！
漓江的水真绿啊！

书上就是用的感叹句。这样写，语气是加强了一些，但是漓江的水静得怎么样，清得怎么样，绿得怎么样，我们能感受到吗？课文是怎么写的呢？

（通过一系列语言训练的铺垫，使学生体会课文的语感，体会漓江之美）

指点：漓江的三个特点，都在感叹句后面补充说明了。补充说明都是用"得"。

读句子；指导朗读。

"真静……啊"，轻轻地拖长声音，给人静的感觉。

"真清啊"，声音稍稍提高些，但又读得很轻，好像看到了江底的沙石。

"真绿啊"，声音响些，饱满些，给人明快的感觉。

齐读。

指点：这样写就具体了，而且给人以美的感觉。

6. 理解"静得让你感觉不到它在流动"这句话。那是一种怎样的意境？

通过描述启发学生想象，并进一步带入情境：漓江畔，有好些小船正等着我们呢。现在，老师和你们一起坐上小船，轻轻地摇荡在漓江上，这就是"荡舟漓江"。我们眯着眼，看着这图画想象一下，漓江的水怎么静？体会一下"静得让你感觉不到它在流动"是什么情景。

一起哼唱《让我们荡起双桨》，看哪些同学仿佛真的到了漓江。

听着音乐，观察、想象片刻。（音乐、图画加上教师的语言描述，促使学生多种感官兴奋，音乐的旋律丰富了视觉的感受，教师的语言又支配着学生的想象，从而把学生带入漓江畔的情境中，充分体验到漓江的宁静与美）

你们还记得表示水流声音的词吗？

（潺潺、淙淙、哗哗、叮咚叮咚）

轻轻地问：听一听，你们听见了漓江水流动的"哗哗"的声音了吗？（稍停）听到叮咚叮咚的流水声了吗？（稍停）"潺潺的"呢？"淙淙的"呢？

看一看，你们感觉得到漓江水在流动吗？听不到，好静啊！给人一种宁静的感觉。你只觉得船在向前移。

轻声读：漓江的水真静啊！静得让你感觉不到它在流动。

7. 现在我们从船上往下看，仿佛看到了什么？

8. 现在让我们抬起头，放眼望去，漓江的水该多绿啊！（引导看图）书上打了个什么比方？翡翠，就是绿色的玉石。这块玉石上有斑点吗？从哪个词可以看出？

（"无瑕"。指点："瑕"是指玉上的斑点）

9. 教师、学生轮读这三句话，教师读每一分句的前半句，学生读后半句。（漓江的水真静啊，静得让你感觉不到它在流动；漓江的水真清啊，清得可以看见江底的沙石；漓江的水真绿啊，绿得仿佛那是一块无瑕的翡翠）

10. 读了以后更觉漓江美，文章也写得美，所以我们爱读。如果还是这些内容，把它们重新排列一下，效果会怎么样呢？你们体会一下。

（引导学生做比较，体会排比句的作用）

教师读另外组成的句式不整齐的一段话："漓江的水真静啊，静得让你感觉不到它在流动。漓江的水也很清，连江底的沙石也看得见。漓江的水绿得非常可爱，简直像一块无瑕的翡翠。"

我们再一起把课文中的句子读一读，大家比一比，想一想有什么不同。

这三个分句都是写漓江的美，课文就是把这些意思密切关联的句子排成结构相同或者相似的一串句子，加强语势，给人的印象鲜明、深刻。这样的句子就叫排比句。（教给知识）

齐读。（女生读第一分句，男生读第二分句，男女生齐读第三分句，逐渐加强语气，进一步体会排比句的作用）

11. 讲分号。

这三个分句是并列的，所以中间是分号，停顿和句号差不多。

12. 指点烘托的手法。

如第二节，如果一开始就说"漓江的水真静啊"，和第一节的联系会很紧密，但为什么要说"我看见过波澜壮阔的大海，欣赏过水平如镜的西湖，却从没看见过漓江这样的水"？

"波澜壮阔"——是雄伟壮丽的美。

"水平如镜"——是宁静柔和的美。

两者都很美。然后说"却从没看见过漓江这样的水"，起什么作用？想一想和中心有什么关系？

（突出桂林的"山水甲天下"）

突出了哪一个字？（"甲"）

指导读。重点在哪儿？（"却从没看见过漓江这样的水"）

那该怎么读呢？听教师不同的两种读法。

第一种：教师先用赞美的语调读，突出大海和西湖的美。

第二种：教师用轻缓的语气读大海和西湖的句子，然后强调"却从没看见过漓江这样的水"。

你们觉得哪一种读法恰当？（第二种）

提示层次：先说没看见过漓江这样的水，再说漓江的水怎么美，写出漓江的水的特点。

齐读第一、二小节。

板书：

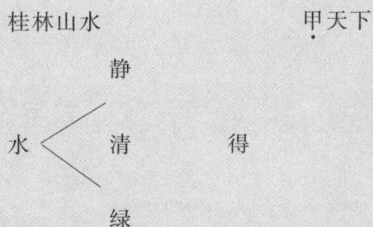

桂林山水　　　　　　　甲天下

水 ＜ 静
　　　清　　得
　　　绿

（六）语言训练

出示句子：我爱长江、西湖和家乡的小河。谁能把这个句子改成排比句？

第一步（不加附加成分）如：我爱长江，我爱西湖，我更爱家乡的小河。

第二步（加修饰语）如：我爱浩荡的长江，我爱明镜般的西湖，我更爱家乡弯弯曲曲的小河。

（七）学生自学第三节

桂林的山怎么美呢？同学们自己看看图，读读课文。

（要求边读边做下列记号：表示疑问用"——"，分层次用"‖"，重要词语标"……"，好词佳句用"～～～"）

（指明一同学到抄好这一段课文的黑板上做记号）

选自：李吉林. 李吉林与情境教育［M］. 北京：北京师范大学出版社，2019：261－266.

附课例 2

小学数学 "质数和合数" 教学设计①

【教学目标】

（1）在约数和倍数的知识基础上，让学生通过尝试活动来理解质数和合数的概念。

（2）让学生自己尝试，编制 50 以内的质数表。

（3）通过练习和游戏使学生较快地判断常见的数是质数还是合数。

【教学过程】

1. 导入新课

按单数、双数可以把自然数分成哪两大类？（奇数、偶数）这节课要按新的分类方法，分成质数和合数。（板书：质数、合数）

看到课题 "质数和合数"，你们想学到哪些知识？（让学生自己说出这节课的教学目标）

2. 新课展开

（1）找约数游戏。

怎样把自然数分成 "质数和合数"，这个新的分类方法同前面学过的 "约数和倍数" 有关系。现在做一个找约数的游戏：班上每个同学都有自己的学号，现在大家来玩一个找自己学号的约数的游戏。（同桌互相说）

（2）让前 12 名同学说出各自学号的约数，整理后板书在黑板上：

1 的约数：1；

2 的约数：1、2；

3 的约数：1、3；

4 的约数：1、2、4；

…………

（3）根据上面各数约数的个数，你认为分哪几种情况？让学生根据分类情况填空：

只有一个约数的是（1）。

① 本设计是邱学华 1996 年 4 月在云南省昆明市举行全国协作区小学数学课堂教学观摩会上所运用的，该课把尝试教学法与游戏教学法结合起来，通过游戏让学生尝试自己获取知识，课堂气氛十分活跃。

有两个约数的是（2、3、5、7、11）。

有两个以上约数的是（4、6、8、9、10、12）。

（4）学生自学课本得出结论：

自然数按约数个数可分为：质数、合数和1。

个数除了1和它本身以外，不再有别的约数，这个数叫作质数，也叫作素数。

个数除了1和它本身以外，还有别的约数，这个数叫作合数。

3．试探练习

（1）编制50以内的质数表。

通过游戏方式让学生自己编出50以内的质数表。先请除学号1以外的同学全部起立，然后分别请是2、3、5、7倍数学号的同学坐下（但学号是2、3、5、7的同学本身不坐下），最后看剩下同学的学号是什么数。通过讨论使学生明白坐下同学的学号都能分别被2、3、5、7整除，所以都是合数号，而没有坐下的同学都是质数号。

质数列：2、3、5、7、11、13、17、19、23、29、31、37、41、43、47……

最小的质数是几？有没有最大的质数？观察质数表的规律。（除2以外全是奇数，除5以外，个位数都不是5，除20以内的数外，一般每10个数中只有2个或3个是质数等）

教师告诉学生，刚才采用的办法叫作筛选法，把2、3、5、7的倍数一批一批地筛掉，剩下的都是质数。课后要求学生用筛选法编制100以内的质数表。

（2）判断质数和合数。

采用比赛的形式。小黑板上出现许多数，1人写合数，1人写质数。

（板书：29、21，15、1、5、0、2、9、27、37、51、42）

（3）抢答比赛（判断题，认为对的坐下，认为错的站起来）

①在自然数中，除了质数以外都是合数。

②除2以外，所有的偶数都是合数。

③所有的奇数都是质数。

④两个质数相加，和一定是合数。

⑤9既是奇数又是合数。

4．发展练习

（1）摘取"数学皇冠上的明珠"。

200多年前，有一位德国数学家名叫哥德巴赫，他发现：每一个不小于 6 的，都可以写成 2 个质数的和。简称为（1 + 1），例如：

$6 = 3 + 3$

$10 = 3 + 7$

$8 = 3 + 5$

$12 = 5 + 7$

你们谁来试试看，看谁想得多。（要求学生再写出其他数）

你们以为这个世界难题太简单了。问题在哪里呢？因为自然数是无限的，那么这个论断是不是对所有的自然数都正确呢？在数学上还必须在理论上进行证明。哥德巴赫自己无法证明，因为没有证明，不能成为一条规律，所以只能说是一个猜想。人们就把哥德巴赫提出的那个问题称为"哥德巴赫猜想"。

哥德巴赫猜想是个世界难题，有人称它为"数学皇冠上的明珠"，直到现在还没有完全解决。在这方面取得国际领先地位的是中国数学家陈景润。他已经证明了（1 + 2），就是任何一个充分大的偶数都可以表示一个素数加上两个素数的积，例如 $8 = 2 + 2 \times 3$，$18 = 3 + 3 \times 5$，$98 = 7 + 7 \times 13$。这个猜想的最后解决，还需人们付出艰辛劳动。你们想不想试一试？（要求学生再写出其他数）

（2）猜一猜老师的电话号码。

从高位开始依次是：

最小的既是质数又是奇数。（3）

最小的质数。（2）

10 以内最大的质数。（7）

最小的合数。（4）

既不是质数，又不是合数。（1）

10 以内最大的既是偶数又是合数。（8）

10 以内最大的既是奇数又是合数。（9）

5. 课堂小结

这节课你们学到了哪些新的知识？（略）

选自：邱学华. 邱学华与尝试教育人生［M］. 北京：北京师范大学出版社，2015：205 – 209.

第六章　当代中国中小学主要教学方法改革（二）

改革的先导是对弊端的批评，如果对改革理解不当，就会导致改革发生偏向，只有克服新的片面性，改革才能走向健全，取得更大的成效。

——宋子江

第一节　魏书生的语文六步教学法

魏书生，1950 年生，河北省交河县人，当代著名语文教学改革家。1966 年初中毕业于沈阳市三十二中，1968 年下乡劳动 9 个月后做了 2 年的农村小学民办教师，1971 年被招进盘锦市电机厂做行政干事，1978 年 2 月调入盘锦盘山县三中当班主任，教语文课，1979 年 3 月开始了他的教学改革进程①。魏书生为全国中青年有突出贡献的专家，首届中国十大杰出青年之一。曾任盘锦市教育局局长、党委书记。发表学术论文 1 000 多篇，出版学术著作 36 本，代表作有《班主任工作漫谈》《教学工作漫谈》等。

一、魏书生语文六步教学法产生的背景

任何一项改革都有它特定的历史背景。魏书生是 1979 年着手进行语文教学改革的，他顺应时代的要求，自强不息，锐意进取，走出了一条富有个性特色的语文教学改革道路。

1. 新时期呼唤语文教学个性的回归

中小学的语文教学，经历"文革"后，在教和学等关系上出现了混乱，因而导致教学质量严重下降。到了 20 世纪 70 年代末，人们越来越明显地感到，要极大地提高全民族的科学文化水平，为中国腾飞培养更多、更好的人才，就必须切切实实地改进语文教学，提高中小学运用语文工具获取知识、传情达意的能力。1978 年 3 月，中国科学院语言研究所在

---

① 方洲. 中国当代名人成功素质分析报告 [M]. 北京：中国青年出版社，1998：300.

北京召开北京地区语言学科规划座谈会，叶圣陶在会上进行了题为"大力研究语文教学，尽快改进语文教学"的长篇发言，较为系统地阐述了他对改进语文教学的见解和愿望。他指出："语文是工具，自然科学方面的文、史、哲、经，学习、表达和交流都要使用这个工具，语文教学才算对极大提高整个中华民族的科学文化水平尽了分内的责任。以往少慢差费的办法不能不放弃，怎么转到多快好省的办法得赶紧研究，总要在不长的时期内得到切实有效的改进。"1978 年 3 月 16 日，吕叔湘也发表了题为"当前语文教学中两个迫切的问题"的文章，就中国语文和外国语文的教学问题提出呼吁，其中说："中小学语文课所用教学时间在各门课程中历来居首位。新近公布的《全日制十年制中小学教学计划试行草案》规定，10 年上课总时数是 9 160 课时，语文是 2 749 课时，恰好是30%。10 年的时间，2 700 多课时，用来学习本国语文，却是大多数不过关，岂非咄咄怪事！"为此他建议："是不是应该研究研究如何提高语文教学的效率，用较少的时间取得较好的成绩？"

1979 年，人民教育出版社中学语文编辑室根据吕叔湘的倡议，派出调查组调查中小学语文教学的现状。在调查中，人们确认语文是一门教会学生正确理解掌握祖国语言文化的重要学科，它的基本任务主要在于教会学生"学语文"和"用语文"，做到会读、会写、会说、会听。对于语文教学中的思想教育，理解不能太狭隘，要着重于思想品质、道德情操的培养，要在语文训练过程中进行，获得熏陶感染、潜移默化的效果。这对语文学科性质和任务的确认，为转变语文教学观念，深化语文教学改革奠定了基础。

2. 语文教学整体改革的氛围初步形成

"文革"结束，改革开放思想逐步确立。我国开始思考走自己的道路，建设有中国特色的社会主义。既注意学习和借鉴国外的先进经验，又注重本国国情，坚定不移地走自己的道路。在语文教育领域，人们也开始用这样的思想、观念来总结过去、剖析现在、展望未来，探讨符合我国语文特点的教育教学规律，实现语文教育观念的更新，进行多种模式的语文教学整体改革。如欧阳代娜老师曾进行了语文教学内容序列化的研究。在她设计的教学体系中，初中阶段安排了语文知识 40 个，听说读写能力训练点 98 个，分阅读和写作两条线设计出教学和训练的序列，取得了较好的教学效果。于漪老师把她的教学经验概括为：在"苦"字教育，让学生明白学语文非下苦功夫不可，以此锻炼学生的意志，培养他们的学风；在"得"字上下功夫，让学生每上一堂课都有所得，以此激发学生持续不断地探索语文知识宝库的求知欲；在"趣"字上启发引导，让学生学得思维活跃，兴趣盎然。以此引起学生对语文无穷魅力的感悟，产生一种内在的学习动力。这样做的目的是从学生的实际出发，引导学生做学习的主人，充满感情地去学习，切实提高学生的语文能力。钱梦龙老师的教育思想具体反映在他所创立的"三主""四式"的语文导读法整体改革方案之中。"教师为主导""学生为主体""训练为主线"的"三主"观点具有丰富的科学内涵，实践证明是行之有效的，并且在相当范围内产生了积极影响。

20 世纪 70 年代末至 80 年代初，语文教学过程中把研究教师"如何教"逐步转向教师指导学生"如何学"，成为一种趋势，这预示着中国语文教育在培养一代新人的历史重任中将进一步展示它的生机和活力。

3. 学生现实的语文素质需要提升

语文教学改革的大环境和社会整体改革的发展趋势为魏书生创造性地开展语文教学改革提供了宽松的氛围。一些著名的专家、学者和广大语文教师一道踏着时代的足音，阔步向前，进行语文教学改革的理论研究和实践探索。魏书生便是其中表现突出的一员。魏书生具有强烈的进取心和责任感，是在改革大潮中成长起来的教育改革家。

改革需要勇气，需要动力，需要胆识和气魄。所有这一切，从魏书生坚定的从教信念中得到了很好的印证。为了实现当一名教师的夙愿，魏书生执着申请了 150 次之多，终于在 1978 年 2 月走进了盘山县三中。他难以抑制自己的从教激情，写了一首七言律诗表达自己的心声，其中"我以我心付童心，笑看花苑迎朝阳"表现了其坚定、乐观、豁达的从教心愿！这成了他进行教育教学改革的"助推器"。改革的道路并不是一帆风顺的，充满着坎坷和艰辛。初涉讲坛的魏书生，满怀欣喜，通过自己的精心准备，按照五环节的课堂教学模式开始了他的讲课生涯。然而走进课堂，面对自己学生现实的语文素质现状，他感受到的更多是困惑和无奈。

有一次，魏书生讲一篇课文，正当他讲得津津有味的时候，竟然听到有人在课堂上打呼噜。当他放下书本看睡得正香的学生的时候，发现课堂上打瞌睡的人还不少。自己讲得这么精彩，学生却在课堂上睡着了，一种莫名的失落感袭上心头。他索性停课，叫醒一名正在打瞌睡的同学，向其提出了一个最简单的问题："什么叫中心思想？""不知道，老师从没讲过。"学生的回答使得全班同学大笑起来。"什么叫写作手法？请你说说。""是不是比喻什么的呀？"全班同学又大笑起来。他又点名叫没有睡觉的同学："你懂什么叫中心思想吗？""懂，中心思想就是说明人物的机智勇敢。"他的心凉了，他感到了学生无知的可怜，灵机一动，干脆把这节课作为调查课来上。"请同学们拿张纸出来，把自己家的街道、门牌号码以及爸爸妈妈的名字写出来，字迹不许潦草，认真写完交上来。"一下子大家来劲了，但还是有不少学生交头接耳。原来，爸爸妈妈的名字也会把他们难住："俺爸的名字真难写！"魏书生又进一步调查学生为什么而读书，有的学生认为读书是为了少受批评，有的学生回答是为了考上重点高中，还有的学生的回答令人啼笑皆非。学生的语文学习现状不容乐观，学习观念更是不尽如人意。魏书生此时感觉到自己的劳动是无效劳动，自己这样持续付出得越多，学生的学习效果却越差。自己感觉讲得特别精彩，学校领导也满意，而学生却没有太大的收获，这样的语文教学又有什么意义呢？魏书生开始反思自己的语文教学，开始思考如何培养学生正确的学习观念，如何引导学生学习语文，如何让语文课真正符合学生的现实需求。这时他在教学观念中一个重要的转变是由"自我本位"转向了"学生本位"。以学生为主体的教学理念开始在他的心里萌发。他从学生现实的学习状况和思想实际出发，打破常规教学模式，开始探索新的改革道路。

1983 年 11 月底，魏书生赴北京参加全国中学语文研究会（简称"全国中语会"）第三届年会，他的经验介绍引起了现场轰动。1984 年暑期，全国中语会在大连召开，重点推广了魏书生的教书育人经验。吕叔湘先生从头到尾听了他的发言，对魏书生给予了极高的评价。他认为："魏书生不是一个一般的教育家，他立志献身教育事业，有一种忘我的精神，这不是一般人所能做到的，也不是一般的教育家所能做到的……我要是年轻一半，我一定要拜他为师，向他学习。"

二、魏书生语文六步教学法的主要内容

为了改革现有语文教学无效的现状，提高学生语文学习的兴趣与质量，魏书生在"以学生为主体的教学理念"指导下，以培养学生自学能力为中心，重视科学与民主，创立了语文六步教学法。

（一）六步教学法的基本结构

六步教学法的基本结构为"定向—自学—讨论—答题—自测—小结"。

1. 定向

就是确定这一课的学习重点。例如，讲《桃花源记》一课，生字有哪几个；虚词"焉"的用法，"妻子""阡陌交通"等古今意思的不同；这一课的省略句式比较突出，则可列为重点；哪一段要重点进行翻译。还要理解作者在这篇文章里所表达的政治理想以及这种思想的局限性。

2．自学

学生把课文通读一遍，逐段翻译。不懂的地方，留待下一步解决。

3．讨论

前后左右每四人为一组，把自学中不懂的地方提出来，互相讨论，讨论后也不能解决的问题，留待答题去解决。

4．答题

也是由学生自己去解答疑难问题。由每个学习小组承担回答一部分问题，如第一组回答第一段中的疑难问题，第二组回答第二段中的疑难问题。这样，疑难之处越来越少。然后由教师回答解决剩下的疑难问题。

5．自测

根据定向指出的重点、难点以及学习后的自我理解，由学生拟出一组十分钟的自测题，由全班学生回答，学生自己拿出红笔来评分，自己检查学习效果。

6．小结

下课前，每个学生在自己的座位上口头总结一下这节课的学习过程和主要收获，再在不同类型的学生中选一两名单独总结，使学生接受的信息得到及时反馈。①

语文六步教学法以知、情、行、恒相互作用的规律为依据，重点培养学生的自学能力。知，就是使学生认识求知的重要性，唤起学生求知的欲望与学习需求。情，就是让学生体验获得知识的欢乐和幸福感。行，是让学生了解自身学习活动的方向和规则，提高效率。恒，就是在学习中要有恒心，坚持到底，不半途而废。魏书生总结出了"四遍八步"读书法等自学方法，以培养学生的阅读和思维能力。

（二）画语文知识树，引导学生自学

1．画语文知识树，让学生明确学什么

魏书生觉得培养学生的自学能力，首先碰到的是"学什么"的问题。于是他引导学生画出了"语文知识树"，即"语文知识结构图"：主要有基础知识、文言文、文学常识、阅读和写作。基础知识包括语音、文字、词汇、句子、语法、修辞、逻辑、标点八个方面。文言文包括字、实词、虚词、句式四个方面。文学常识包括外国、古代、现代、当代四个方面。阅读和写作包括中心、选材、结构、表达、语言、体裁六个方面。学生按照"语文知识树"去学语文，就能做到心中有数。

---

① 魏书生. 研究学生心理　提高语文教学效率［J］. 语文教学通讯，1984（1）：49－50.

2．教给学生自学的方法

（1）引导学生自学整册教材。

魏书生总是在本期即将结束快放假的时候，就把下学期的新教材发给学生，并及时引导学生写教材分析。比如写完《初中语文第二册教材分析》的学生，在假期就应该写《初中语文第三册教材分析》，它分为七个部分。

①列生字表。生字表一般指教材下面加拼音的字。包括现代文生字和文言文生字。

②列新词表。把课文里需掌握的加注解的词列成表。重点是动词、形容词，必要的名词也应列入表中。现代文和文言文要分开列出。

③单元分析。统计本册教材共几个单元，记叙文、说明文、议论文、文言文等各占几单元。

④习题归类。分类统计课文后的练习题各有多少道？如字、词、句，语法、修辞、逻辑以及听说读写的练习题各有多少道？

⑤知识短文归类。知识短文共多少篇？读写听说的知识短文几篇？汉语知识短文几篇？

⑥书后附录。附录有哪些内容？对学语文有什么作用？

⑦列文学常识简表。按照时代顺序列出这册教材涉及的作家、诗人的名字、身份、作品名称以及作品的出处和其中的名句。外国作家还要写清他们的国籍和年代。

教材分析写完了，再引导学生定一个假期自学时间表。

首先，学习教材分析中所列的生字表、生词表、文学常识简表。其次，自己读知识短文，书后的字、词、句及其他基础知识训练题也要试着做。要求背诵的课文，开学前就应开始背。文言文也试着翻译。有译不出的，就打上标记，开学再问老师。①

（2）引导学生自学一类文章。

魏书生在教学中根据课文的不同题材，让学生在阅读后填写相应的表格。

①学习说明文，要求学生阅读后填写表6－1：

---

① 魏书生. 指导学生自学整册教材［J］. 语文教学与研究，2000（7）：9.

表 6 - 1　说明文学习表

课题	事物的特征	说明的顺序	说明的方法

小说三要素本是在初三才讲的知识，在学生初一时魏书生就给大家讲了。读小说的方法还是让学生列表、填表，如表 6 - 2 所示：

表 6 - 2　小说学习表

课题	人物		环境		情节			
	姓名	性格	社会	自然	开端	发展	高潮	结局

②学习议论文，要求学生阅读后填写表 6 - 3：

表 6 - 3　议论文学习表

课题	论点	论据		论证	
		理论	事实	立论	驳论

③学习散文单元，要求学生阅读后填写表 6 - 4：

表 6 - 4　散文学习表

课题	形散			神不散	
	选材	结构	表达	中心	线索

（3）引导学生自学一篇文章。

魏书生喜欢向学生介绍"四遍八步"读书法。"四遍"指一篇文章读四次；"八步"指完成八项任务。

第一遍，跳读。完成第一、二步任务：识记作者及文章梗概；识记主要人、事、物或观点。每分钟应读完 1 500 字。

第二遍，速读。完成第三、四步任务：复述内容；理清结构层次。

每分钟应读完 1 000 字。

第三遍，细读。完成第五、六、七步任务：理解掌握字、词、句；圈点摘录重要部分，归纳中心思想。每分钟应读完 200 字。

第四遍，精读。完成第八步任务：分析写作方法。[①]

(三) 深化对学生大脑潜力的开发

就深化对学生大脑潜力的开发而言，魏书生认为主要靠两点：一靠民主，二靠科学。

民主，就是千方百计使学生成为学习的主人，做到师生平等，生生平等。魏书生从以下五个方面入手：第一，教师要树立为学生服务的思想意识。教师是深入学生内心，帮助学生上进的服务者。第二，建立互助的师生关系。教师帮助学生学会学习，学生帮助教师提高教育能力。第三，发展学生的人性与个性。教师要帮助学生认识到自己内心世界的广阔，学会用自己的能源照亮自己的内心世界，用积极、乐观、实干、豁达、好学去战胜消极、悲观、空谈、狭隘、厌学。第四，决策过程多商量。语文学什么、怎么学，课怎么讲，教材怎么处理，怎样留作业，怎样考试，魏书生都会和学生商量，以增强学生的主人翁责任感。第五，每个人都要为集体办事。魏书生经常请学生讲语文课，当然他会帮助学生备课。学生学会留作业、批改作业，学会出考试题、评考试卷。学生能做的事，他尽量不做。例如：刘月承包教生字的任务，陈小闯承包教生词的任务，张雪松承包教语法的任务，孟欣承包教修辞的任务，张颖承包教文学常识的任务，雷蕾承包讲解课后练习题的任务，张一楠承包补考的任务，等等。

科学，就是从管理的角度组织语文教学，帮助每位同学都成为管理者，以提高语文管理自动化的程度。其办法是建立以下三个系统。[②]

(1) 计划系统。主要按时间范畴制订的计划，即把和语文教学有直接与间接关系的 34 件事，分成六类：①每天必做的 6 件事；②每天按学号轮流做的 3 件事；③每周做一次的 3 件事；④每学期做一次的 9 件事；⑤不定期做的 6 件事；⑥渗透于语文教学中的 7 件事。使学生明确什么时间该做哪些事。

(2) 监督检查系统。即自检、互检、班干部检查、班集体检查、教师抽检五道关口。并规定了各道关口具体的检查办法与补救措施。

---

① 魏书生. "四遍八步"读书法 [J]. 课外语文（初中），2004（4）：8－9.
② 魏书生. 探索语文教学管理科学化的途径 [J]. 课程·教材·教法，1994（12）：22－26.

（3）反馈系统。即个别讨论、班干部反馈、班集体反馈、家长反馈等四种方式，以保证学习计划、制度符合学生、家长、教师的心理实际。

三、对语文六步教学法的评价

魏书生的语文六步教学法，也有人称为魏书生语文教学模式，成熟于 20 世纪 80 年代中期，较为集中、系统地体现在他发表的《研究学生心理　提高语文教学效率》《培养学生的自学能力》和《探索语文教学管理科学化的途径》三篇文章中。实践证明，语文六步教学法的确体现了以学生为主体，以教师为主导，培养学生自学能力，发展学生的个性等先进的教育思想，给当时的中学语文教坛带来了一股强劲的鼎新革旧之风，对全面推进中学语文教育教学改革起到了积极作用，至今仍闪耀着智慧的光芒，为越来越多的中学语文教师所学习、效法，有人称颂魏书生为"穿西服的孔子"。

魏书生改革的成功改变了人们把语文视为"教改瓶颈"的看法，给语文的教育教学改革带来了很大的启示，但"改革的先导是对弊端的批评，如果对改革理解不当，就会导致改革发生偏向，只有克服新的片面性，改革才能走向健全，取得更大的成效"①。以此来观照魏书生的语文教育教学改革，我们有必要对其进行反思，使其教改实践与思想得到进一步完善与发展，在语文教改中发挥更大的作用。认真实践与反思语文六步教学法，研究其步骤和操作方法，就会发现这样教语文，与崇尚人文情怀、崇尚创新精神的新课程语文教育理念还有差距。其实，早在魏书生语文教学模式诞生之初，就有人针对其模式中的逻辑缺陷提出了不同看法，指出：语文教学的科学性应表现出有序无序的对立统一，正极负极的双向思维，全面综合的整体观念等特质。② 2000 年，郭吉成也撰文从学生的创新思维的培养，语文素质的提高，个性的发展，人格的完善等方面对魏书生语文教学模式进行了质疑。③

这里我们从三个方面谈谈它的不足之处。第一，语文管理系统模式有专制化倾向。综观魏书生语文六步教学法的这三个管理系统（计划系统、监督检查系统、反馈系统），值得肯定的是，这三个系统的确体现了

---

① 宋子江. 语文教学退思录：教学方法应该是多样的［J］. 中学语文教学，2001（3）：3－6.

② 程红兵. 语文教学"科学化"刍议：与魏书生同志商榷［J］. 语文学习，1991（11）：11－13.

③ 郭吉成. 还给学生一个自主的发展空间——解构魏氏语文教学管理模式［J］. 教学月刊（中学文科版），2000（7）：3－7.

学语文与做人相结合的教育思想和人本化的教育理念，保证了学生学习目标明确，线路清晰，进程有序，促进了学生整体学习习惯的养成，学习成绩的提高，道德素质的优化，基本上达到了魏书生语文教学管理自动化的理想目标。

然而，当我们为这一方法的成功而感到欣喜的同时，也无法回避这样一个事实：该法在追求"科学化"的语文教学管理目标的同时，又不自觉地暴露了其专制化的思想倾向。这种由教师设计好的让学生服服帖帖地去钻、去自主学习和自我修炼的套子，主观性太强。但学生毕竟是一个个活生生的人，不可能也没必要完全像电脑一样按程序指令行事。长此以往，不仅不能很好地发展学生的人性和个性，还会扼制他们探奇求异的灵性和创造力，这样教育只会培养一批批循规蹈矩，亦步亦趋，缺乏个性和创造精神的标准化人才。

第二，"知识树"应试色彩太浓，有碍于"全面提高学生的语文素养"。打开"语文知识树"，我们可以清楚地看到，这里纵横交错地编织着现代汉语、古代汉语、古今中外文学常识、文章学、写作学等知识的要目，差不多是大学中文系主要学科袖珍本的目录汇编。认为这些知识点就代表着初中语文学科"不可更移的基本规律"，学习语文就是引导学生自学，要求他们将教材中的这些"基本规律"找出来，列成表，然后各个击破。相比之下，其优点就在于能让学生自觉地、刻苦而又高效地掌握这些知识点，并能较好应对期末、升学等各种考试。显然，这是在"应试教育"的影响下，语文教育重知识、轻能力、急功近利的体现。如果我们的语文教师把大量的时间都花在讲知识体系上，过于追求知识体系的系统性、完整性，无形之中就会减少学生听说读写等实践活动的时间，那么，"全面提高学生的语文素养"的目标就难以实现。

第三，"六步法"限制了学生的视野，使语文学习表层化。魏书生的"语文六步法"将课堂教学活动分为六步：定向、自学、讨论、答疑、自测、小结。这"六步"的确充分保障了学生的主体地位，使其能够自学、交流，检测并总结，但这一主体地位是限定在师本意志的框架之内的，是制约之下的自主与自由。在这个框架里，学生个性张扬、自主发展的空间被挤压了，视野被限制了。语文课文的体裁、内容是多变的，语文课的课型也是多种多样的，学生的"胃口"也不会是一成不变、毫无差异的，"六步法"恐怕很难千篇一律地一贯到底。课文是有血有肉、丰富多彩的，学生是生动活泼、千差万别的，教学环境也是不尽相同、不断变化的，怎么能奢望制定一个统一规范、详尽周密，所谓的科学模式来把学生束缚起来，一举达到"不需要教"的最终目标呢？"六步法"的表层化体现在如"六步法"中的"定向"交由学生自己来定。定向的依据当然只能是课文内容、写法以及"知识树"上的相关知识点。再如，对文章的解读和分析，该法仅注重让学生掌握各种文章的一般阅读方法和分析方法，划分文章的结构，归纳文章的中心，分析文章的写法，等等。我们知道，初中阶段，是培养语感、训练语言能力的"黄金时段"。用"语言—思想—语言"这一语文学习规律来观照，六步教学法所要求的语文学习过程恐怕只是停留在"语言—思想"这一阶段，即通过对语言范文进行阅读理解，进而把握文章的思想内容的阶段。这不过是语言学习的初始阶段，只达到了学生语言学习的表层化程度。这种表层化的学习要达到"培养学生适应实际需要的语文能力"的这一教学目标是很难的。

尽管六步教学法有不足之处，但作为一代教育改革家，魏书生可以说是耸立在中国当代教育大地上的一座矿藏丰富的青山，他的精神财富值得我们努力挖掘和拥有，他的教育教学思想值得我们去学习、思考和实践。我们坚信只要广大教师像魏书生那样，立志改革，不保守，不懈怠，结合当地实际、自身实际和学生实际，不断提高自身的思想素质、文化素质、业务素质和身心素质，积极探索素质教育的规律，也一定会在各自的岗位上发挥先锋作用，给人民的教育事业增光添彩。

第二节　顾泠沅的有效教学改革

顾泠沅，1944 年生，江苏吴江人。上海市教育科学研究院副院长、研究员，华东师范大学教授、博士生导师。多次被评为上海市劳动模范、全国劳动模范，并荣获全国五一劳动奖章。享受国务院特殊津贴。

1977 年起，顾泠沅在青浦县（现上海青浦区）主持数学教育改革实验长达 15 年，先后完成了"大面积提高数学教育与质量的实验研究""教改实验的方法学与教学原理研究"等项目，在全国引起广泛影响。在实践筛选的基础上，总结出了"尝试指导、效果回授"的有效教学策略，并应用于实践，大面积提高了教学质量。

一、有效教学法的产生与发展

有效教学法的产生归根于上海市青浦县数学教学改革实验，旨在大面积提高教学质量。

1977 年，全国恢复了高等学校招生考试制度，顾泠沅作为青浦县的数学教研员，以初中数学的基础知识为内容在全县对 4 373 名学生进行了一场统一的中学数学测验，结果令人震惊：测验的平均成绩为 11.1 分，及格率为 2.8%，零分率高达 23.5%。为了改变现状，"大面积提高数学教育与质量的实验研究"拉开帷幕。此项研究共经历了以下五个阶段：

第一阶段：调查阶段。调查研究从四个方面着手：①基础教育的关键期调查。研究结果表明，基础教育有三个关键期，一是学龄前的启蒙期，二是小学中年级的自我意识形成期，三是小学中低年级的思维发展飞跃期。②师生教学的现状调查。顾泠沅在全县范围进行了 22 次数学质量普查，找到了学生学习存在问题的症结所在：一是原有基础差；二是只会模仿，不会独立思考；三是知识遗忘率高。同时，通过对 7 所农村初中的 50 名数学教师连续听课，再进行分析研究，发现大量农村教师在教材、教法方面的问题突出。③"文革"前后班级特点的比较调查。调查发现，"文革"后班级学生优劣分化现象明显，大部分学生上课注意力不集中。④行之有效的教学经验调查。顾泠沅数学教改实验小组经过三年调查，内容为听汇报、查教学计划、看历年教学总结、抽查学生作业和试卷、召开座谈会、个别交谈，研究学生成绩分布状况、了解学生知识和能力的不同特征等，积累了丰富的数学教学专题经验。

第二阶段：筛选阶段。为了得到具有普遍指导意义的有效教学经验和措施，顾泠沅数学教改实验小组有计划、有目的地组织有经验的教师，在教学实践中现场取样、系统考察，对原有的经验进行研究，筛去其中非本质、非规律性的成分，提炼出本质的、具有规律性的成分，然后将调查的经验和措施进行再实践、再评价，经过多次反复，最终选出具有普遍指导意义的有效教学措施：①让学生在迫切要求下学习；②组织好课堂教学的层次序列；③在讲授的同时辅之以尝试指导；④及时反馈教学效果的信息，随时调节教学。可归纳为"尝试指导、效果回授"。

第三阶段：实验阶段。主实验是运用"尝试指导""效果回授"等心理效应改革数学教学的实验。辅助实验有：①"尝试指导"和"效果回授"两因子实验；②通过主观判断对课堂教学进行评价的初步实验；③用"出声想"方法评价学生解题思维过程的实验。实验结果证实，"尝试指导、效果回授"确实是大面积提高教学质量的有效措施。

第四阶段：传播与推广阶段。从调查阶段起，顾泠沅数学教改实验小组就为推广传播做了基础性的准备工作，边研究边传播。从 1978 年下半年起，顾泠沅连续 6 个学期分年级按章节为全县中学数学教师举办专题讲座和备课辅导，综合教材传播经验，使教学质量在短期内开始回升。1980 年起，采用"读书报告会"的形式总结专题经验，连续开展 3 次教研组长培训班。从 1982 年下半年起，教研工作的基点向基层教研组转移，进一步扩大了推广传播面。1984 年汇总数学教改成果，参加县首次教育科研成果评选活动，开放数学教学研究成果陈列室。1985 年又组织全县中青年数学教师教学开展观摩活动。

全县性的正式推广传播则是在 1984 年的实验完成后，分三个层次进行：①把研究成果中的某些教学措施融于教学常规中，要求全体数学教师遵照执行；②逐步扩大积极分子队伍，1984—1988 年办了 3 期推广指导班；③抓好重点推广班。7 年中，在教学改革方面取得初步成果的基础上，从学科教学法、目标分类学、教学研究法和教育实验论 4 个层面对教学改革进行横断研究，进一步探索教学规律。1990 年，县教师进修学校将数学教改成果编成全县教师的职务培训课程。从此，教改成果得以落实，传播更为广泛。

第五阶段：深化研究阶段。如果说之前的青浦实验是少数教学改革领头人狠抓几所试点学校、在实践中以点带面引领教师"学会教学"的过程，那么进入 21 世纪，青浦实验正经历着一批由普通教师组成的骨干团体，在实践摸索中走向"学会学习"的过程。2001 年起，青浦实验研究所与上海市教育科学研究院教师发展研究中心合作，拉开了"青浦实验的新世纪行动"之序幕。2002 年，作为青浦实验的新世纪行动之一，开发了教师专业发展的革新范式——行动教育，这一成果自从在全国校本研究制度建设项目中推广以来，已经成为一种有效的教师行动学习的方式。自 2006 年底起，行动之二"课堂教学改革的视角变迁与师生行为研究"、行动之三"学生学习质量目标的大样本调研"同时启动。[①] 2011年 4 月 1 日上海市基础教育工作会议提出，要加强对学生的研究，把教学的出发点和着力点从教师如何"教"转变为学生如何"学"，做到以学定教。可以预见，未来的课堂教学，无论是在教育观念上，还是在教学结构上，都将朝着"以学生的学习为中心"这一核心转型，也就是"以学定教"。

二、有效教学的主要内容

（一）有效教学的理论基础

有效教学构建的理论基础批判地继承了我国古代传统的教育思想，例如：学思从志、德业相辅；循序渐进、温故知新；学而时习之、躬行践履；自反自强、教学相长。同时，借鉴西方教学理论和学习理论如"动机需要""态度学习"理论；布鲁纳的知识结构和奥苏贝尔的认知结

构同化理论；皮亚杰的活动理论、操作内化理论和列昂节夫的"活动与个性"的心理学体系；布鲁姆的掌握学习理论和阿莫纳什维利的自我评价体系等。①

（二）有效教学的目标分类

顾泠沅以青浦县大面积提高数学教学质量的改革实验为基础，提出了教学目标分类的三维结构模式。他将教学目标区分为教与学的行为、教与学的水平两大类。教与学的行为包括知识的获得、知识的应用和评价。教与学的水平包括记忆水平、说明性理解水平和探究性理解水平。将教与学的行为、教与学的水平与教学内容相结合，构建出有效教学的目标体系"教与学的水平（三级水平）×教学行为（三种行为）×教学内容"②。下面主要分析教与学的水平的三方面内容。

第一，记忆水平的教学。旨在识别或记住事实材料，不求理解，机械模仿，教学中以教师得出结论为主，反复训练学生的记忆功能。该水平的教学只能达到机械模仿的目标，学生通过记住事实，包括名称、定义、符号、公理、定理、公式、性质、法则等来达到在标准情境中简单地套用或按照示例进行机械模仿的目标。

第二，说明性理解水平的教学。教师通过对知识和技能进行解释，使学生对知识和技能加以领会并学会在新情况中加以应用。该水平的教学能使学生通过说明性理解（即对知识、技能的实质性领会，会用自己的语言和其他形式加以正确表达）达到封闭性转换的目标（即从变式情境中区分出知识的本质属性或把变式灵活转换为标准式）。

第三，探究性理解水平的教学。旨在有目的地引起新问题情境的认知冲突，要求学生尝试学习，师生共同提出问题和解决问题，共同进行研究和评价。该水平的教学能达到开放性转换的目标，学生通过研究性理解，即通过自己检验知识、技能的领会程度，能从多种角度或相对复杂的联系中阐明知识、技能的本质特点，来达到开放性转换的目标，即自行开放变式的范围与程式，识别有关联的知识与无关联的知识、可靠的依据与不可靠的依据之间的差别，独立发现和解决问题。

（三）有效教学的教学结构

为了发展学生的思维，让所有学生都有效地学习，大面积提高教学质量，顾泠沅通过"青浦数学教学改革实验研究"，以实验中提出的四条

---

① 上海市青浦县教师进修学校. 青浦县中学数学教学模式浅析 ［J］. 课程·教材·教法，1991（10）：32－36.

② 王本陆. 课程与教学论 ［M］. 北京：高等教育出版社，2004：164.

有效学习的基本原理，即情意原理、序进原理、活动原理和反馈原理为理论依托，总结出了具有层次性的教学结构的六个环节①：诱导—尝试—概括—变式—回授—调节。

1. 诱导：启发诱导，创设问题情境，把问题作为教学的出发点

诱导不以学生的直观感知为出发点，更不以告诉学生现成的知识结构为出发点。而是启发诱导，创设问题的情境，提出一些学生想解决而自己又不能很好解决的问题，形成认知上的冲突，诱发兴趣、求知欲，激发学习心向，使学生处于注意力最集中、思维最活跃的状态中，在迫切要求下，进行尝试学习。

2. 尝试：指导学生开展尝试活动

这种尝试最首要的是允许发挥学生的主动性，改变以往被动的、单纯听讲的学习方法。尝试活动的组织过程可概括为四个主要阶段：①引导学生思考某个问题；②借助于观察、实验、概括经验事实，进行归纳、类比，形成猜想或假设；③在已经掌握的概念和知识的基础上，演绎出问题的结论，从中获得新的概念，丰富原有的知识体系；④新概念和知识的应用。这种尝试指导的方法，关键是从教材出发，且应选择好尝试点。特别要注意尝试的难度，使学生思考一番能作出回答。

3. 概括：归纳结论，纳入知识系统

随时组织和指导学生归纳出有关知识和技能方面的一般结论，结合必要的讲解，使新知识与学生认知结构中已有的知识、经验建立合理的、实质的联系；揭示这些结论在整体中的相互关系和结构上的统一性，归纳整个教材所建立起来的知识系统。

4. 变式：组织变式训练，提高训练效率

对于一般结论，利用概念变式、背景复杂化和配置实际应用环境等条件，编制好按顺序排列的训练题，让学生进行变式练习方面的尝试。编制变式练习时必须注意：防止机械模仿，应使练习的思维性具有合适的梯度，逐渐增加创造性因素，提高训练效率。

5. 回授：回授尝试效果，进行针对性讲解

教师随时了解和评定学生尝试学习的效果，如观察、交谈、提问、分析、课内巡视等。通过及时回授评定，有针对性地进行讲解。

6. 调节：根据教学目标分类细目，及时回授调节

对学生必须掌握的知识和技能，制定出具体明确的标准，便于检测。

---

① 戴佳珉. 大面积提高数学教学质量的有效经验——上海青浦县数学教改经验简介 [J]. 江西教育科研，1991（4）：43－45.

教师要随时了解和评定学生的学习效果，有针对性地进行讲解；一个阶段后，应当给在该阶段掌握知识有困难的学生第二次学习机会，帮助他们"过关"，使各类学生在原有的基础上有所发展。同时，回授教学效果，调整教学计划和教学方法，改善教学系统的控制性能，优化教学结构，提高教学效率。

在实施这些教学结构时，应注意以下三个问题：第一，不能把前述六个环节当成教学的固定模式照搬套用。应当从学生的实际情况出发，根据教材的特点，有时用其全部、有时侧重于某些方面，灵活应用。第二，六个环节中"尝试环节"是中心环节；启发诱导、创设问题情境是为学生尝试学习创造条件；归纳结论、纳入知识系统则是把尝试学习所得的知识更加明确化和系统化；回授尝试效果，开展针对性讲解以及回授调节则是为了进一步强化学生学得的知识与技能，提高尝试学习的效果。第三，实施这种教学结构，还应根据各类学生的特点和能力，开展各种课外活动，将课内与课外结合起来。

（四）有效教学的基本原理

认知的全过程主要包括认知动因的激起、认知内容的组织、认知方法的安排和认知结果的处理四大要素，简要表述就是"动因、内容、方法、结果"。有效教学的经验系统恰巧也着眼于这四个方面，具体来说"让学生在迫切要求之下学习"是动因；"组织好课堂教学的层次序列"是内容；"在采用讲授法的同时，辅之以尝试指导的方法"是方法；"及时获取教学效果的信息，随时调节教学"是结果。可见经验的归纳和认知过程要素如此一致，于是，顾泠沅提出实施有效教学必须遵循以下四个基本原理[①]：

1. 情意原理

主体的中枢活动包含着互为前提、互相促进的认知结构和情意状态两个方面，激发学习者的学习动机、兴趣和追求的意向，加强教育者与学习者之间的感情交流，是促进认知发展的支柱和动力。教师在教学中应努力做到以充沛的感情、专注的精神、坚强的毅力、丰富的想象、生动的语言、高度的概括能力、娴熟的演算技巧等各个方面感染学生，以提高学生的学习兴趣，增强其情意意志。

2. 序进原理

来自环境的知识和经验可以相应地转化为学习者的认知结构、情意状态和行为结构，教育者根据不同对象的发展水平，有步骤地提高所呈

① 顾泠沅. 数学教学效率与学习理论研究 [J]. 课程·教材·教法，1994（5）：1-4.

现的知识与经验的结构化程度，组织好从简单到复杂的有序累积过程，是提高转化效率的基础。

3. 活动原理

学习者外周的行为结构与中枢的心理结构之间有直接的互化关系，教育者精心组织各类行为活动和认知活动，并使之合理结合，学习者充分发挥活动的自主性，是促成行为结构与心理结构迅速互化的有效途径。开展自主活动和认知活动应充分注意学习者的需要和兴趣，给他们创造生动活泼的学习环境和气氛，为学习者提供充分展示其才能的机会和条件。

4. 反馈原理

学习者的心理和行为向预期目标发展都需要依赖反馈调节，教育者及时地、有针对性地调节教学以及学习者进行自我评价，都可以大大地改善学习的进程。有效的反馈机制是目标达成的必要保障。

三、有效教学法的特点及影响

（一）有效教学法的特点

第一，有利于增强学生的主体意识、激发学习动机，调动学生的学习积极性、主动性和创造性，既培养了学生探究尝试自主活动的能力，又提高了其自我反馈、自我评价的能力。

第二，有利于教师传授的知识结构同学生原有的认知结构建立起实质的联系。同时，使学生主动从原有的知识结构中，提取最有联系的旧知识来"固定"或"类化"新知识。使学生比较迅速有效地掌握较多的"双基"知识。之后的研究性变式和理解性变式训练，不仅有利于巩固和强化"新知"，培养能力，而且有利于学生发散性思维和创造性思维的发展。

第三，有利于及时回授教学效果和学习动态信息，随时调整教学结构和教学方法。在面向全体的同时适应个别差异，使各类学生都获得有效学习，提高教学效率，达到大面积提高教学质量的实际效果。

（二）有效教学法的影响

1986 年，上海市教育局将青浦经验即有效教学法在全市进行推广。1992 年，国家教育委员会在上海召开了全国推广现场会，肯定了有效教学法是基础教育改革的一项重大成果，并由办公厅正式发文决定有计划、有步骤地在全国范围内推广。顾泠沅的研究成果同时也获得了全国首届苏步青数学教育一等奖。1996 年，青浦实验走上国际数学教育大会讲台。2003 年 1 月，教育部基础教育司领导决定由顾泠沅同志牵头，组成专家组，协调全国各省市自治区教研室和 14 所师范大学课程研究中心，在全国实施"以校本教研制度的建设和教研活动创新"的项目，推进全国新一轮的基础教育课程改革。顾泠沅主持制定《进入 21 世纪的中小学数学教育行动纲领（1997—2010)》。该纲领成为指导基础教育数学课程改革的纲领性文件，标志着上海市新一轮基础教育课程改革的全面启动。1997 年以来，他与华东师范大学王建磐联合指导培养了 15 位数学教育方向的博士生。他主持制定 21 世纪中小学数学教育行动纲领，获全国第二届教育科研成果二等奖。主编"21 世纪数学教育探索丛书"，对中国数学教育的理论与实践问题进行了系统总结与提炼。探索了专业引领下的教师行动教育模式，为国内外教师教育领域所公认。主持教育部"十五"重点课题"面向未来的基础学校研究"，以学校案例研究的形式，总结 40 多年来全国改革创新前沿的中小学办学的新模式，出版有《面向未来的基础学校：研究与实验》一书。2003 年 9 月 10 日他被评为"上海市教育功臣"。

　　1992 年，"尝试指导、效果回授"的方法大面积提高了教学质量，但时任青浦县教师进修学院校长的顾泠沅并没有因此而沉醉和满足。他依然战斗在教育改革一线上，将教改成果出版成书，并将其纳入教师培训课程，使中小学学科教师的培训有了依托。青浦县教师进修学院为教师的专业成长辅以理论引领，20 世纪 90 年代的青浦出版了具有本土经验、富有亲和力的三本专著——《学会教学》《教学实验论》和《青浦实验启示录》。1996 年，顾泠沅应邀首次代表我国出席在西班牙召开的国际数学教育大会，在会上进行了以"青浦经验——基于中国当代水平的数学教育改革报告"为题的系统讲演。1998—2001 年，与美国密歇根大学教育学院彭恩霖教授合作开展了"多国数学和科学新教师入职教育研究"活动。1999 年 6 月，与美国卡内基教学促进基金会的主席在上海共同主持了中美数学教育高级研讨会。顾泠沅提出的"寻找教育的中间地带"这一观点成为中美双方专家的共识。2004 年 7 月，顾泠沅出席在香港大学举办的国际教育教学委员会（ICET）2004 年大会，做主题报告"重视群体实践智慧：教师专业成长的范式革新"。这些学术交流让顾泠沅的有效教学思想获得了国际性关注。

第三节　郭思乐的生本教育改革

　　郭思乐，1944 年生，广东蕉岭人，生本教育的创导人。华南师范大学教授、博士生导师，1964 年毕业于广东师范学院，1989—1990 年作为高级访问学者访问苏联教育科学院。享受国务院特殊津贴。以生本教育理念为指导，在国内 100 多所中小学、职业中学、幼儿园等进行实验，成效显著，产生了意义深远的理论与实践成果。

一、生本教育的产生与发展

（一）生本教育的产生

20 世纪 80 年代以来，以学生为主体的教育观念在理论上已得到了学界的认可，但在实践中学生的主体性没有得到真正发挥，它与推进素质教育和培养具有创新精神、实践能力人才的时代要求不适应，成为影响基础教育质量和效益的最重要的因素之一。这种现象出现的根本原因是我们受历史、观念影响，在课程、教学、管理、评价等方面受原有的师本教育体系的束缚。① 要改变这种现状，提高教学质量，就应该建立生本教育体系，即以学生为中心的，为了学生好学而设计的教育教学。这样，生本教育的理念就产生了。从 1990 年开始，郭思乐在广州市、梅州市进行了教学改革实验。

生本教育产生的直接原因是对教学本质的思考。什么是教学？郭思乐举例说："如果你告诉学生，3 乘 5 等于 15，这不是教学。如果你问，3 乘 5 等于什么？这就有一点教学的意思了。""如果你有胆量说 3 乘 5 等于 14，那就更是教学了。这时候，打瞌睡的学生睁开了眼睛，玩橡皮泥的学生也不玩了：'什么什么？等于 14？'"

"然后他们就用各种方法，来论证等于 15 而不是 14。比如 4 个 3 是 12，再多加一个 3，是 15；数一数，5 个 3 是 15，等等。"

郭思乐教授说："儿童是大自然最美好的作品。""我们面对的每一个孩子，哪怕是数学才考了十多分，哪怕是还流着鼻涕，哪怕是字写得歪歪扭扭，他们都将居于今后所有事情的核心。儿童不可限量。""我们所做的，最后全都要通过儿童自己去完成。一旦我们醒悟这一过程的必然性，就会明白教育过程的主人和主力，原来是儿童自己，我们只不过是儿童自主发展的服务者和仆人。"由此，他提出了"生本教育"理论。其核心理念，就是高度尊重学生，全面依靠学生，把以往教学中主要依靠教师的"教"，转变为主要依靠学生的"学"。教师的作用和价值，体现

---

① 以教师好教而设计的体系，我们将这个体系称为师本教育体系。同理，以学生为中心的，为了学生好学而设计的体系，我们称之为生本教育体系。

在最大程度地调动学生的内在积极性，组织学生自主学习。①

（二）实验研究，初成理论体系

1999 年，在前期教学改革实验的基础上，"生本教育的观念和实践体系研究"被确立为广东省哲学社会科学"九五"重点课题，2001 年被批准为全国教育科学规划"十五"教育部重点课题。2005 年 12 月通过了全国教育科学规划领导小组办公室组织的专家鉴定。

这一时期，郭思乐在《教育研究》《课程·教材·教法》《现代教育论丛》等发表了一系列的文章，如《教育正在走向生本：教育走向生本系列之一》《正确认识学生　深化教育改革》《教育：从控制生命到激扬生命——论教育内部惯习评价导致的可视性教育亚文化向教育文化的回归》《以生为本的教学观：教皈依学》《德育的真正基础：学生的美好学习生活——论教学生态在德育中的地位》等，介绍了生本教育的实验与观点，初步形成了生本教育理论体系。提出了"生本教育"的概念和对"教育走向生本"进行判断，以及"一切为了学生"的价值观，"高度尊重学生"的伦理观，"全面依靠学生"的行为观。

实验研究发现，过去教师一些苦教无果的东西，在某种考虑儿童天性的教育条件下，儿童会对学习变得兴奋不已，从而轻易学会。每个事实都在彰显孩子们的无限潜能，都在呈现他们是天生的学习者，并由此带来极高的学习效率。实践证明，零敲碎打性的改革，已经不足以解决今天的问题了。基础教育的一切都是互相牵制的，如果想在教法改革的某一个阶段有所成就，就必须牵动教材、教法、教育管理及评价，进而指向人的观念的更新。

生本教育能取得成就，其原理是生命神奇的蕴含。教育的基本动力是依靠学习者的天性和潜能，教育的功能指向激扬生命，教育的本质是促进人自身的成长，教学的本质就是帮助人学习。教者不是拉动学生的纤夫，而是生命的牧者，提出了"教皈依学"的教学观。在此过程中，从 1999 年开始，提出了生本教学法，即在教师的帮助下，学生"课前先学，课上小组讨论，班级交流"的"教学三部曲"。

2001 年 5 月，人民教育出版社出版了《教育走向生本》一书，系统介绍了生本教育的思想。同年，生本教育体系研究课题组编写了包含中小学语文、数学、英语的生本教育体系实验教材，这些教材都依据生本教育的需求，所进行的改革大开大合，如语文把传统的"语文分析"策略；转向"语言文字实践"的策略；数学把知识点转向思维点的策略，

---

①　刘群. 郭思乐和他的"生本教育"［J］. 人民教育，2008（21）：7－15.

英语转向大活动的策略，等等。强烈建议落实义务教育阶段减少或消除短期统考，改变应试教育"绑架"整个教育的现象，走"素质好，何愁考""读和做，缓说破"的路线。

2002年，"生本教育"实验进入香港，2005年进入澳门。生本教育实验的影响越来越大。

（三）推广深化，进一步发展阶段

这一阶段，从2006年"以生本教育推进素质教育促进教育均衡研究"被批准为全国教育科学规划"十一五"教育部重点课题，及"以生本教育推进农村教育均衡发展研究"被批准为广东省哲学社会科学重点课题开始至今。

这一时期，郭思乐在前期研究的基础上，又在《教育研究》《课程·教材·教法》《人民教育》《幼儿教育》等上发表了一系列文章，如《生本教育的教师观：从"纤夫"到"牧者"》《以生本教育促素质教育的思考》《从主要依靠教到主要依靠学：基础教育的根本改革》《学校教学的动力分析》《静待花开的智慧：教育是效果之道还是结果之道：关于有效教学的讨论》《生本教育：人的培养模式的根本变革》《教改更需在区县层面着力》等，出版了《教育激扬生命——再论教育走向生本》《谛听教育的春天——郭思乐生本教育思想随笔》两本专著。从理论上更深刻地阐释了有关教育模式的根本改变，分析了教学的本质与动力，以及生本教育如何促进素质教育均衡发展的问题。

从2007年起，在广东省教育厅的直接推动下，生本教育实验开始在全省的中等职业技术学校及高等院校中开展，使实验由中小学逐步推广到中等职业教育和高等教育领域。2008年，"生本教育"被推广到江苏、江西、青海、北京等省市，一批实验学校相继涌现。

二、生本教育的主要内容

生本教育是为学生好学而设计的、以生命为本的教育，它既是一种方式，也是一种理念。其本质是一切为了学生，高度尊重学生，全面依靠学生，回归生命本体的教育。其主要内容可从以下几个方面来说。

（一）生本教育的基本观点

生本教育体系的基本观点是由生本教育的价值观、伦理观、行为观、德育观所组成的一系列观点。

"一切为了学生"是生本教育的价值观。学生是教育过程的终端，是教育的本体。真正认识和把握学生这个本体，把"一切为了学生"作为教育价值的最高原则是生本教育的特征之一。

　　"高度尊重学生"是生本教育的伦理观。"一切为了学生"首先要尊重学生，这是生本教育的本质和基本原则，其关键是从内部和外部了解学生。从内部了解学生，是使我们认识学生可以被尊重的理由；从外部认识学生，是了解学生所处的地位，认识学生必须被尊重的原理。①儿童的天性是活动的、创造的，儿童是天生的学习者。②儿童人人可以创新。儿童的创新是儿童学习的核心过程，相反，儿童也是在创新中进行学习的。③儿童潜能无限。人的潜能无限，在于人是一个可以进行"自我激励"的系统。如果你有了成功的表现，你又受到激励，你就会迈向更大的成功。而这种激励更多的不是来自外部，而是来自自己。④儿童的独立性。儿童的独立性既是社会规定的权益，也是由其生理和心理的规定性确定的，是一种生存状态。尊重儿童的独立性，就是保护他们最大化发展的可能性。

　　"全面依靠学生"是生本教育的行为观。生本教育的方法是全面依靠学生，其中具有根本性的认识有三点：①"资源论"，学生是教育教学活动的重要资源。②"生态论"，学生将在某种教育生态环境中蓬勃发展。③"现状论"，现今的学生状态发生了巨大变化。

　　"让儿童在健康美好的活动中发展品德"是生本教育的德育观。在学校教育中，德育地位不可动摇，而教学是核心。在师本教学中，学生厌学，受压抑，是产生德育问题的一个重大根源。反之，当学生对学习充满热情，意气风发，努力向上时，我们的德育工作就有了一个十分良好的基础。因而，生本教学对德育具有十分重要的意义。而就德育本身而言，也必须实行生本改革，缩小规定性，扩大选择性。只有学生自己进行选择，自己进行体验，才能提高人格道德的感悟，在德行方面得到真正的提高。多年的经验表明，说教式的德育是很不受儿童欢迎的，而在健康美好的活动中，儿童则得到了人际的、自我的各个方面的长进。在生本教育中，智慧的生成和人格的建树，其原理是一样的——都通过儿童的内化去实现。

　　在教育活动中，教师应从"拉动学生的纤夫"转变为"生命的牧者"。教师的核心能力是组织学生自主有效地学习生活，教师应在学生成长中获得自身的解放。

（二）生本课程观

　　"小立课程，大作功夫"是生本教育课程观的核心。"小立课程"指的是"教给学生的基础知识要尽可能精简"。但这些知识是学生必备的基础性、基本性、范例性等的第一层次知识。不具备这些知识，后继学习就会受阻。而"大作功夫"，就是要在课程"实施"上做文章，下"功夫"，要让学生和教师在课程的实施过程中经历大量的实践活动。"小立课程"是前提，只有小立课程才能腾出大量的时间和空间让学生在学习的过程中"大作功夫"，使整个教学过程体现"教少学多""以学定教"。

（三）生本教学模式

生本教学模式是以开发学生生命潜力，培养学生感悟为核心，通过"前置性学习、小组合作、班级交流"等环节进行的先学后教的教学方式。儿童学习的核心部分应是感悟，感悟不仅是学习的重要过程，而且是重要的结果，所有的学习最终归结为感悟。"读和做，缓说破"，通过这种方法促进儿童的感悟是教学的核心。"先做后学，先会后学，先学后教，不教而教"是生本教学观的本质。

依据生本教学观的基本精神，生本课堂具体表现形态可概括为"前置性学习—小组合作学习—班级交流—总结巩固（延伸拓展）"四个基本程序。

1. 前置性学习，学生先学

所谓前置性学习，就是引导学生在学习新知识前尝试自主学习，了解学习内容。一般是课前预习或做前置性作业，不固定，比较灵活。通过前置性学习，鼓励学生先学。

设计"前置性作业"的原则是"低入—多做—深思—高出"。"低入"的含义是简单、根本、开放（可拓展）。起点要低，要求简单，形式开放。"多做"的含义是人人可做，人人多做。"深思"的含义是通过学生自学，使知识扎根心灵，提高学生的智慧。"高出"的含义是例题自己做，难题自己想。

2. 小组合作学习

4~6人小组，交流讨论，要求教师放弃逐句逐段地讲解，而是抛出有价值的问题，让学生展开讨论。

分组的方法与注意事项。教师应根据学生的学习基础、能力、特长、性别等因素，按照"互补互助、协调发展，组内异质、组间同质"的原则，灵活分组。常用的分组形式有：

（1）两人互助式。同桌的两个人就是一个自然的互助学习小组。这种方式能迅速覆盖到每个学生，让每个学生都能获得学习和活动的机会。

（2）四人合作式。这种形式是相对固定的一种组织形式，也是教学活动中较常用的一种方式。通常由四人组成，尽量保证每个小组有一个优等生，两个中等生，一个后进生。

（3）大组竞争式。一般以纵向或横向的一排或两排为一大组，在教学实践中，经常把这种分组形式用于解决学习中的重点和难点问题。

（4）自由组合式。由学生根据自己的意愿自由组合。这样组成的小组，组内的成员大多兴趣爱好相投，感情相融，有利于激发学生的学习兴趣和培养学生的个性。可经常让学生们在课外利用这种方式来互学、互教，或者在课堂上，让学生们在相对固定的四人小组展示汇报之后，再自由组合进行拓展延伸。

教师在分组时要注意：①异质分组：好、中、差搭配；②选好组长，明确职责；③培训组员：学会分工，学会表达；④给小组个性化命名；⑤最好语、数、外等学科达成共识，组员固定，给学生学习提供方便。

3．班级交流，引导点拨

交流形式比较灵活，激发人人参与的兴趣。有小组代表交流，也有学生与学生、学生与教师的互动，教师在听的基础上引导点拨，让学生的思维进行碰撞，让智慧之火熊熊燃烧。

教师引导点拨的原则是"读和做，缓说破"，做到"以学定教"。即教师要先检查学生自学、预习的情况，在了解学生学习情况的基础上，再决定"教什么"和"怎么教"。那些大部分学生已经掌握的知识，不再需要教师反复地讲，而是可以放在小组合作学习时，在小组内互学互教，这就是"不教而教"。教学真正的难点和重点，应该放在大部分学生自学、预习时觉得困难的地方。而不是教师备课时自己认为困难的地方。

4．总结巩固

由教师和学生共同完成，延伸拓展，广义探究。

在教学中，教师要明确"学生会的不教，不会的教他们怎么学""先学后教、以学定教""汇报、质疑、讨论常规化"这几点。

在生本课堂教学中，教师应把握课前、课中、课后三个重要环节。

首先，课前教师要把握：①以课标为基准，以教材为学习内容，根据学生的具体情况进行教学案一体设计（即前置性作业）。②选择承担研究任务并主讲的学生小组，必要时先培训主讲学生。要运用先进的教育理念，又不能捆绑住教师的手脚，教师的主导作用要时刻牢记在心，要做好一个帮助者、引导者的角色。③预设学生可能出现或提出的问题，找到相应的解决方案。对于生成性的新问题不能置之不理，这不但是学生也是教师再学习的过程。④估计引领学生继续思考的切入点有哪些，以便在课堂上根据情况随机应变。⑤准备练习应用或反馈评价所需要的问题，设计一些能激发学生主动参与的能力发展评价项目。

其次，课中教师要把握：①仔细听研究小组的讲解思路，观察提问学生的动机，仔细做好记录，及时点评。否则不能及时反馈学生思路展示的优点与不足。②在学生错讲、漏讲、讲解不透、概念出现模糊时，要及时组织学生进行讨论。③要提倡学生之间、小组之间相互评价。以鼓励为主。在学生体验成功的同时要学会感受挫折，这是人生成长必不可少的两面。

最后，课后教师要把握：①整理、记录教学反思。对课堂上争执不下的一些问题，查阅资料、寻找思路。②准备练习应用专题训练资料，解答学生的质疑或单独培训主讲学生。

综上所述，生本教学模式具有突出学生、突出学习、突出合作、突出探究的特点。实现了教学中的三转变：变"教师灌输式教学"为"学生自主学习"，使学生获得学习动力；变"听懂了"为"学懂了""会学了"，使学生掌握学习方法；变"他律"为"自律"，使学生获得自信、自尊，激发内在的学习潜能。

（四）生本教育的评价观

教育需要评价。生本教育体系的评价带有很强的学术性而不是功利性，当儿童或教师感到他们需要对学习活动的效果做出评价时才进行评价，也就是说，评价附着于学生的主动发展的活动之中。这样，评价的直接的功能，就是获得学生发展的教学教育状况的信息，以给学习主体和教育者参考，有利于学生的主动发展。生本教育的评价与实体活动紧密联系，它不仅具有分析性，而且注重综合性评价，它摆脱了单纯为督促而评价的目的论，可以在评价方法上，不完全局限于硬性的书面评价，而更承认氛围性评价、自我评价等软评价的作用。在这样的评价体制下，评价结果有相当大的调节空间，使儿童可以自主调节。这样评价就会成为儿童自己的需要。评价不仅起到了督促作用，还起到了激励作用。

生本教育注意评价那些对人的发展最重要的因素，如学习态度，对第一层次的知识的掌握、基本技能和能力等。比如，检查学生的认字情况，如让同学互相检查认字的情况。标记出错得最多的字，然后由同学们讨论记忆这些难字的办法。在此，评价成为他们学习的必要环节。关于学生的阅读，可以采取给学生一篇有一定数量生字的文章，让学生在一两周内读它，之后回到课堂再读这篇文章，并请学生回答："你在读的时候遇到了哪些问题？""你是怎样解决的？"这种方式十分便于操作，又充分体现了生本精神。

（五）生本教育的管理观

一是学校的管理机构要加强校本管理；二是学校应对教师实行人本管理；三是教师应对学生实行生本管理。要给学校以改革的空间；要扩大校长依据自己的办学思想去处理学校事务的范围；实行更为和谐的管理，保留必要的管理指标，尽量减少硬指标。教师的工作不是生产产品，而是让学生自己生产自己，促使学生主动发展。教师的工作不能像车间工人那样完全被时间、计划或某种模式所规定。因此，我们对教师的教学，除了一些常规约束外，一般不要给予过多干预。要让教师在生本教育的实践中去体会以学生为主体的意义，加强交流和教研。学校管理的改革，最终应以实现学生的主动发展为目标。所有的工作，包括教务、后勤服务，都应以此为准绳。生本教育所形成的简单管理方式表现在以下六点：

第一，在生本教育的课堂上，教师"不见自我"地帮助学生自主学习，学生生动、活泼、主动、自由地学，提升他们的成长质量。这种"不见自我"，在一定的条件下，甚至可以达到简化教案、缩减考试的程度。教者以学生学习的起点为教学的起点，以学生学习的进度为教学的进度，以学生的资源为资源，以学生的发展为发展。

第二，在高度激扬学习者生命因素的前提下，从过去统一的、刚性的学生学业评价方式，回归到在人的成长期应采用的简约的、柔性的学业评价上来，使评价融入儿童的学习之中，成为其美好的教育生活中的一部分。这样就大大简化了所谓"日清月结"式的质量管理。

第三，德育以学生自身的美好的生活状态为基础，所有的课堂都借助学生对真善美的生命体验，自动地进行纯净、自然、朴素的道德教育，除此之外附加的"救火式"的德育行动即可大大简化。

第四，管理者对教师课堂教学的评价简单到可以只看学生的状态。

第五，对教育者的教育，从培训他们如何教，转变为帮助其学会信任和依靠学生，解决如何组织学生学、如何做到少教或不教等简单形态的管理问题上来。

第六，学校、班级和教师——教学管理的最基层要素的自主化，要求区域教育管理对学校教育管理放权，让学校实现自主管理。由此带动整个管理的简单无为，此无为必大有为。

三、生本教育的特点与影响

（一）生本教育的特点

首先，生本教育理论体系具有如下三个特点。一是它不仅仅在方向上强调以学生为主体，不满足于局部改革，还探讨落实学生的主体地位的整个体系问题，因而具有彻底性。二是它把过去的教育基本上看成是师本的，在此基调上揭示生本教育的存在和意义，因而较此前的相关研究有更多的根本性和鲜明性。三是它提出相应课程和教材的改革框架，因而具有可操作性。

其次，就生本教育来讲，其特点是：

第一，突出学生。从矛盾论的观点来分析，内因是事物发展的依据，外因是事物发展的条件，外因必须通过内因才能发挥作用。按照这个观点，在教与学这对矛盾关系之中，学是内因，是提高教学质量的依据；教是外因，必须通过"学"这个内因才能发挥作用，生本教育的课堂完全改变了传统教育中教师讲、学生听的局面，在教师的指导下，充分发挥学生的主体作用。规定每堂课教师的讲话时间不超过十分钟，其余时间都交给学生进行小组讨论、上台发言、交流体会、自主学习等。

第二，突出学习。任何事物都有其本身的基本过程、基本规律。生本教育的基本过程是：①课前的学习准备；②上课时的小组讨论，上台发言与质疑、探究等；③课后的追根究底，处处突出学生的学习，让学生学会学习比学到知识重要千万倍。比如上网查找相关资料，通过文字或图例表达自己的意见，课堂上学会听老师、同学的讲话，上讲台表达自己的意见，对别人的观点提出质疑，针对别人的质疑回答自己的见解……

第三，突出合作。学会合作是 21 世纪人才的重要素质之一。生本教育的第三个特点是强调学生的小组学习。全班分成若干小组，每小组 4～6 人，无论是课前准备还是上课时的学习，每位学生都必须在小组内充分发挥其应有的作用。

第四，突出探究。生本教育强调让学生自己主动地进行学习，低入口、大感受、深探究。让每个学生都有话说、让每个学生都有收获。老师在认真听学生讨论、发言的基础上进行"点火"，让学生的思维进行碰撞，让智慧之火熊熊燃烧，让学生的潜能得到发挥与提升。

（二）生本教育的影响

郭思乐从 1999 年开始进行生本教育实验，经过 14 年的探索，初步形成了独具特色的"生本教育理论"。生本教育研究和实验多次在全国教育科学优秀成果评选中获一、二等奖。2007 年作为实施素质教育的典型经验之一，入选教育部基础教育司组编的《新时期素质教育案例选编》。由《人民教育》刊登的《郭思乐和他的生本教育》，在全国引起了很大反响，受到有关领导和部门的关注。

从 1999 年开始，生本教育实验先后在国内 20 多个省市数百所学校进行，同时在香港、澳门的中小学也进行了相关实验。在生本教育学校，学生学习积极性被最大限度地调动起来，生动、热烈、快乐、高质、高效地学习，既有效提高了人的素质，又取得了终端考试的优异成绩，使素质教育形成了可运行的良好动力机制。郭思乐认为，我们进行实验的目的之一，是改变原有的带压抑性的教学方式和评价制度，而改变频考制度恰好又是实行以生为本教育的前提，两者相得益彰。在 100 多所中小学进行的实验，不断地使教育者看到了生本教育的本质、生命力和它的理论意义。儿童在生本教育中表现出来的全身心投入，以及积极、欢乐、高质、高效的课堂，促使教育者增强了探索的勇气，对教育的本体和教育的真正主体进行更多思考。

第四节　窦桂梅的小学语文主题教学改革

窦桂梅，1967 生，吉林省蛟河市人，语文特级教师，教授，博士生导师。清华附小校长，清华大学教育研究院基础教育研究所副所长。全国模范教师，全国教育系统劳动模范。教育部基础教育课程教材专家工作委员会委员。1995 年、1997 年两次参加全国小学语文教学比赛都获一等奖。2014 年"小学语文主题教学实践研究"获基础教育国家级教学成果奖一等奖。出版《为生命奠基》等专著，发表文章 1 000 多篇，建有"玫瑰小语——窦桂梅的个人博客"。窦桂梅的小学语文主题教学改革在全国小语界产生了广泛影响，被专家学者和同行誉为我国当代主要的教学流派之一。

一、小学语文主题教学改革的理论基础

小学语文主题教学改革是窦桂梅针对小学语文教学中单篇教学支离破碎、目标不清，教学方式僵化，工具性与人文性割裂等问题，根据教学内容和儿童身心发展的特点，在综合思维的指引下，以主题的方式，整合课内外资源，以语文立人为核心价值观，挖掘教学内容的原生价值以及教学价值，在语言文字的理解与运用中，引导儿童生成主题，促进儿童语言发展、思维提升、精神丰富，整体提升语文素养的一种小学语文教学模式。

（一）核心改革概念

窦桂梅的小学语文主题教学改革中的主题，是围绕小学阶段儿童发展特点以及生活经验、语言学习规律、优秀文化传统等确定的核心语词；是与儿童的生命成长编织起来，生发语文教育意义的立体的、动态的"意义"群；是语文教学所传承、创生、发展、传递的核心价值观。主题的表现形式通常是语词。有些主题侧重指向语言学习规律，包括如何进行语言积累以及如何理解、运用语言等；有些主题侧重指向思维品质包

括分析概括、对比思辨、想象创造等；还有些主题侧重指向学生精神品质，包括自由、平等、公正、法治，爱国、敬业、诚信、友善等社会主义核心价值观，勇敢、自强、谦卑、博爱、尊重、感恩、互助、责任等个体成长价值观。如窦桂梅执教《珍珠鸟》中烘托的"信赖"，《三打白骨精》中体现的"向善"。

主题选择的根本原则是突出体现学生的主体性。在主题教学的实践探索中，最初主题选择是静态的，即提取文本蕴含的关键词句作为主题。随着窦桂梅执教经验日渐丰富，主题选择发展为课堂的动态生成。学生在与文本、同伴、教师以及自我的对话中，自主选择、建构主题，充分激发了自身思维的创造力，教师尊重了学生的选择权。主题选择还要遵循阶段性、开放性的原则。不同维度的主题，伴随学生的语文学习，不断内化、深化，发展变化，搭建了儿童世界与成人世界沟通的桥梁，潜移默化地配合、呼应学生思维发展与生命成长的重要节点和节奏，烙成他们独特的文化"胎记"。

（二）理念与实施原则

语文教育在继承与弘扬民族优秀文化传统、增强民族认同感和发展创造力方面，具有不可替代的学科优势。小学语文主题教学改革主要基于以下理念：

（1）语文立人。聚焦于学生语文素养和核心价值观的培养，挖掘有利于学生生命成长的语文内容，在与主题的交融中形成学生成长的内核，为成就其聪慧与高尚的人生做奠基。

（2）整合思维。整合阅读资源、生活资源和文化资源，密切联系学生的社会生活和情感体验，实现课堂的整体构建。

（3）儿童立场。儿童是课堂的中心。主题由儿童生成，儿童质疑贯穿课堂，儿童反馈作为实践检验的标准。尊重儿童的独特感受，张扬个性，激发创造力，加强参与意识，让儿童真正成为课堂的主人。

主题教学指向儿童语文素养与价值观的综合提升，实施主题教学要从素质教育的高度去实现"双基"，但又不拘泥语文知识和语文技能的传授。课堂教学既包括听说读写等基本训练，也注重优秀文化对学生的熏陶感染，使学生情感、态度、价值观以及道德修养、审美情趣得到提升，良好个性与健全人格得到培养。主题教学的内涵契合核心价值观，既是一种思想，也是一种方法；既在理念上引领，又提供了可操作的实践体系。

二、小学语文主题教学改革的过程和方法

（一）探索阶段

窦桂梅通过小学一年级到六年级的"语文教学的民族化与现代化研究"课堂实践，与学生一起创生了新的课堂教学方式，冲破教科书内容的束缚，率先提出为学生生命奠基的"三个超越"。

"基于教材，超越教材"——用教材教，而不是教教材。教材是教学的核心资源，但不是唯一的资源。教材只是教学的一个抓手，一个样本。我们要在充分尊重教材的基础上，把教材看作一种可以改造的教学内容。没有一本教材具有普遍适用性，教师要根据学情审视和批判教材，科学地加工处理教材。对于语文学科，有意识地扩展阅读内容、自选课程资源尤为重要。

"立足课堂，超越课堂"——课堂小天地，天地大课堂。教育社会学者认为，课堂是浓缩的社会，是展望社会的一扇窗。语文教学不能拘泥于课堂的空间，教师要勇于带领学生"走出去"，用丰富的课程资源将学生引向自然，引向社会，引向生活。从生活中来，向生命里去，提升学生的实践和创新能力，培养他们的社会责任感。

"尊重教师，超越教师"——和学生一起幸福成长。教师是学生学习的引领者。教师不仅要教给学生知识，而且要教会他们学习。但是教学相长，学生与教师是教学中一对不可分离的矛盾体。如果不了解学生，教学将无从下手。教师要把学生当作自己学习成长中的伙伴，与学生一起探求语文学习的奥妙。

以"三个超越"使"语文教学着眼于人的发展"，这样的实践理念在当时是超前的。"三个超越"也为语文新课标的修订提供了借鉴。然而"超越"不能没有边界，"超越"需要整体布局，整合教学内容，实现教学结构化、序列化。由此，主题教学的雏形呼之欲出。

（二）形成阶段

2000年，窦桂梅又带一年级，跟随课改脚步，结合课标，借鉴西方课程统整理论，尝试将教材中单篇课文碎片化的教学内容，以主题加以统整，通过一系列课例研究，形成了一定的教学模式。

2001—2003年，窦桂梅执教《朋友》《再见了，亲人》，分别以"友情""伟大的友谊"为主题，一篇带多篇，牵主题之一发，带动听说读写之全身。在"窦桂梅专业成长思想"研讨会上，正式提出"主题教学"。著名语文教育家霍懋征现场听课完毕后做出高度评价：主题教学是一种创新模式，让教学内容集约化，充分体现了新课标精神，实现人文性与

工具性的统一。

2004—2005 年，继续以课例推动。从文本中提取主题，以主题优化整合多种课程资源。如窦桂梅执教《秋天的怀念》，从中提取"好好儿活"，读《我与地坛》《合欢树》等，引发学生对"珍惜生命"的深思，促进精神发展。而后加强对提升学生思维品质的研究。

2006—2007 年，开始实践不同文体的课例。经典诵读，如在古典诗词《村居》中体味"居安思危"主题，带动相同主题诗词的诵读，以及整本书阅读。如由《三打白骨精》导读《西游记》，由《丑小鸭》导读《安徒生童话》等。把阅读课纳入课程体系，实现了"课外阅读课内化，课内阅读教学化"。

通过这一个阶段的实践研究，主题教学改革内涵逐渐丰富，形成了以"情感·思辨"为主线，"体验·生成"为特征的小学语文主题教学实践模型。主题教学改革因其独特的主题内涵，已经从一种创新的教学模式，发展为一种教学思想。

（三）深化阶段

为了让思想烛照现实，更好地提升儿童语文综合素养和核心价值观，窦桂梅运用"主题·整合"思想，借鉴多种理论系统构建、完善教学体系。

依据课标、主题统领，将主题教学思想融入教学质量评价体系，以质量要求把控课堂教学。2003 年，她曾提炼出"三个一"的校本语文教学目标，即"一手好汉字、一副好口才、一篇好文章"。经过前后十余年的努力，进一步细化完善"三个一"，出版了 12 册《小学语文质量目标手册》。《小学语文质量目标手册》是给教师的教学做参考，但是课堂教学要基于学生的立场去构建，努力尝试将《小学语文质量目标手册》转化为儿童的学习过程。仍然是延续用主题单元整合学习内容的方法，其所在学校用三年多的时间出版了《小学语文乐学手册》，并将该手册作为载体改革课堂教学方式。

随着主题教学思想的日益成熟，利用主题教学中的整合思维，逐渐打破学科分立，实现学科有机融合。又经过六年多的实践研究，重建了课堂形态，形成目标、内容、实施、评价四位一休的主题教学系统，很好地解决了"教什么、怎么教、怎么评"的问题。以主题整合，优化各学科学习内容、方法及路径，使儿童在学科内、跨学科整合中，学有兴趣，学有方法，学有创新。2013 年，窦桂梅执教多学科整合课《皇帝的新装》获得众多专家的肯定。由此，主题教学思想进一步辐射到学校课程的整体实施，推动学校课程整合，构建"1＋X课程"育人模式。

从"三个超越"到"主题教学",再到"课程整合"的发展历程,是主题教学改革发展几十年探索的基本历程。窦桂梅在这一过程中始终以研究儿童为中心,是她与学生、教师共同成长的过程。

三、小学语文主题教学改革的主要内容

(一) 建构了"四位一体"的主题教学体系

1. 明确指向语文素养与核心价值观的教学目标

主题教学的目标,指向语文素养与核心价值观。在具体教学中,依据"三个一"质量目标,凭借12册《小学语文质量目标手册》细化到每个年级的教学课程。一手好汉字:正确、规范、美观;一副好口才:倾听、表达、应对;一篇好文章:读懂一篇好文章(理解、统整、评鉴),能写一篇好文章(积累、观察、应用)。"三个一"努力实现低年段,基础牢;中年段,腰杆硬;高年段,起点高。

"三个一"中的"好"是指形成基本的、稳定的、适应时代发展要求的,在听说读写能力以及语文方面表现出的文学修养和情趣等人格修养。儿童在达成"三个一"质量目标的过程中,思维的、精神的元素也表现出来,即获得"一流好人格、一种好思维"。

2. 重构语文课程内容

(1) 以主题整合教材,确定精、略读篇目,根据主题内涵的深刻与丰富程度、语言文字的典范性程度、历经时间淘洗而得到的认可性程度,将教材中的课文分为精读文和略读文。精读文教学,要重点落实课文的文学、文化内涵,以主题贯穿课堂,让学生与文本文字对话,与文字背后的思想交锋,在破和立的过程中,实现主题的意义创生。略读文,能粗知大意、了解主题、学会生字新词、突破重点难点即可,重点在于运用通过精读文章获得的阅读方法,广泛积累,表达运用,丰富对于主题内涵的理解。精读是主体,举一反三,侧重习得方法。略读是补充,举三反一,侧重运用实践,注重速读与浏览方法等。

(2) 主题统领,补充经典诵读内容及整本书阅读。回归基于经典阅读的人文教育,能够适应广义上从现代到后现代的时代需要、竞争需要、训练需要,是能够促进受教育者重新发现和思考"人"的内在意义的教育。主题教学倡导大量积累,选择古今经典诗词文赋,推荐必读选读书目,设置专门课时加以落实,并将学生的学习成效纳入分项测评。

内容选择一方面采用"主题·整合"的思维方式,配合所使用教材的主题单元,选择与主题单元相关联的诵读与阅读内容。另一方面考虑儿童的兴趣、需要,从拓宽儿童视野的角度,选择不同种类的经典内容。

如推荐必读选读书目中，有民族文化及世界经典，涵盖人文社科、科普、儿童文学等方面。这些推荐的经典诵读与阅读内容，根据学生年龄特点分级推进，并相应地研究了分级的评价方案。"窦桂梅推荐书目"在全国广为流传，给广大教师、学生、家长提供了借鉴。

3．实施"长、短、微"课时设置

为推进精读、略读教学，落实整本书阅读和经典诵读，以及语文创新与实践活动，使学生利用在校时间完成，提质不增负，将原来45分钟的一节课，调整为60、35、10分钟不等的长、短、微课时。

4．建立多元的评价体系

主题教学课堂评价主要通过四个维度进行，即兴趣值（主题是否促进学生的学习愿望）、方法值（学生是否从主题学习中得到启示并迁移）、容量值（是否由主题带动更丰富的学习）、意义值（主题是否促进学生语言、思维及精神发展）。

儿童语文素养和核心价值观，主要使用形成性（主题护照＋分项测评）和总结性（综合测评）评价。主题护照以"言行得体、协商互让、自律自强、诚实守信、勇于担当、尊重感恩"为系列主题，在护照中记录语文学习与实践过程。分项测评则在于日常教学中，依据年级不同选择测评"演讲、朗读、背诵、写字、习作、课外阅读"等专项技能，从不同侧面全面落实学生的语文能力，积累"一生有用的语文"。综合测评主要测评学生综合运用语文的能力，即"运用知识的知识"。

（二）创新教学模式

"四位一体"的体系是主题教学改革的整体框架，具体到每个"主题"的单元学习，以及每一节语文课怎样实施，建构了动态流程。

1．单元教学——"主题·整合"

以"主题·整合"的思维方式，改变传统教学逐篇教的僵化教学方式，以主题整合单元教学。

在单元教学中，学生首先概览整组文章，整体感悟主题；以精读一篇带动多篇略读，在比较阅读中体验主题；补充同主题的相关读物，丰富对主题的理解；围绕主题进行诗词歌赋积累、跨学科学习和综合实践活动，在实践中深悟、践行主题。单元主题整合使学生将各个领域的学习统整到主题之下，使原本的单篇学习得到整合、篇与篇之间建立联系，避免了知识的碎片化，同时对主题有了多元建构、理解。

2．课堂操作——"预学—共学—延学"

具体到单元中每节课的教学，将教学过程分为"预学—共学—延学"三个基本环节。

预学：学生初步自学、整理收获、发现不懂的问题，带着准备以及对主题的预期，走进课堂。

共学：层层落实主题。注重"合作探究"，师生共同将质疑整理成"主问题串"，学生小组合作研究。在解决质疑中逐步形成对文本的独立见解，初步"生成主题"。结合预期主题，以文本内容为支撑"体验与表达主题"。注重思辨，基于学生自主质疑、教师追问，通过分析、推理、判断等思维活动，多侧面、多角度地形成自己对于主题的独特见解，提升思维品质。最后"有效回应"，即对已有的体验与表达进行纠偏、引领、提升与延伸，促使其对主题深入理解，并产生对学习的新期待。

延学：学生带着对主题更深层次的问题和渴望继续探究，教师为学生提供丰富的学习素材、多条思考与提升的途径。

以上三个环节，主题由学生生成，学生质疑贯穿课堂，将学生反馈作为实践检验的标准。学生理解主题的过程，也是学习语文、发展思维的过程。学生为了理解与表达主题，必须深入文本、反复研读，进行丰富、深刻的思维活动，进而组织语言、梳理思路、合作交流、恰当展现，在这个过程中学生的听说读写能力自然而然获得了提高。三个环节看似简单，其中体现了学生的主体地位，学生自主、合作、探究，在语言的学习中发展思维、涵养精神，实现创生意义的语文学习。

（三）建立课程资源库

为了整体提升学生的语文素养，物化各项课程资源，需建立课程资源库。

1. 《小学语文质量目标手册》

《小学语文质量目标手册》按照"质量依据、质量目标、实施策略、质量评价、相关附件"五个方面，逐一回答了"一手好汉字、一副好口才、一篇好文章"这三大板块应当"教什么、怎么教、怎么评、以什么为媒介教"的问题。使用者拿到《小学语文质量目标手册》可以按图索骥。凭借《小学语文质量目标手册》，语文学科的教学，构成了贯穿六个年级、三大板块的经纬交错的质量目标体系。

其中"实施策略"具体介绍了教师在课堂上指导学生获取知识、提高能力的方法，阐明了如何落实知识点、如何教给方法、如何培养能力、如何养成习惯，突出了语文教学中的策略指导，体现了《小学语文质量目标手册》的核心价值——解决到达教学目标彼岸的"桥"和"船"的问题。凭借"实施策略"，即使是新任教师，也能够据此轻松找到达成"一手好汉字、一副好口才、一篇好文章"的实施途径。特别是如果能够联系起来，认真学习全套《小学语文质量目标手册》，教师更是能够在头脑中清晰地建立起小学语文教学的能力培养路线图，据此真正落实减负增效。

"相关附件"部分提供了大量可供教师、家长、学生使用的课程资源。"一手好汉字"板块中提供了基础字词表、拓展字词表、课外词语表、识字小窍门、常用字字理、写字小故事、书法小讲堂。"一副好口才"板块提供了倾听素材、朗读素材、表述素材、应对素材。"一篇好文章"板块提供了名家名篇推荐、必读选读书目推荐、影视作品推荐、必背古诗词、必背儿童诗及现代诗、必背古文经典、文学小常识、趣味语文、读写结合联系、写作指导范本、学生作文范文。

教师通过对"质量目标"的清晰定位，对教材的把握更准确、透彻，通过对"实施策略"的有效借鉴，教学设计能够做到游刃有余，于是就可以努力呈现容量大、密度高、效果好的课堂。特别是对于那些刚刚参加工作的教师，《小学语文质量目标手册》是快速进入教师角色、保证教学质量的一条"高速路"。

学生有了《小学语文质量目标手册》，对每一个学期应该掌握多少字词，应该学会哪些阅读方法，应该掌握哪种写作技巧等，能做到心中有数，学习的过程变得更主动、自如。《小学语文质量目标手册》中详细、清楚的拓展内容，为学生随时积累知识提供了可能。

《小学语文质量目标手册》就像一幅语文教与学的地图，为主题教学的实践者提供了教学实施的方向、策略。

2.《小学语文乐学手册》及其他

《小学语文质量目标手册》将课程标准清晰化后，如何实现这些目标呢？这些目标必须在课堂上落地开花。课堂必须由"教师主体"向"学生主体"转变，于是有了《小学语文乐学手册》。

《小学语文乐学手册》由"乐学目标""乐学单""乐读单""专题训练"和"乐学评价"五大部分构成。通过"乐学目标"，学生能够从一开始就清楚学习的目标和重点，并通过每一课的"乐学单"和整本书推荐的"乐读单"进行有效学习，再通过"专题训练"和"乐学评价"，巩固和检验自己的学习情况。

"乐读单"整合了多个主要版本的教材，形成了乐学篇目（包括单篇经典文章和整本书）。学生学语文不再是学一册课本，而是多种版本教材的整合。配合每学期的必读和选读书目，学生编制出读书报告单。

第七章　当代中国中小学主要教学方法改革（三）

> 在"六无"条件之下，奇迹般崛起的杜郎口中学，是一部中国教育革命的"史诗"！而杜郎口的课堂，激荡着思想，喷射着激情，闪烁着灵性，跳跃着浪漫，升腾着人性，氤氲着诗意，这样的课堂不值得学习吗？
>
> ——李炳亭

第一节　洋思中学教学改革

一、洋思中学教学改革的产生与发展

（一）洋思中学教学改革的产生

江苏洋思中学兴建于1980年。20世纪80年代，我国正处于改革开放初期，对内改革从农村开始，实行家庭联产承包责任制拉开了序幕。此后，政府不断稳固和完善家庭联产承包责任制，使广大农民迅速脱贫，逐步走上富裕的道路。当时，泰兴县天星镇6个村民为了解决子女就近上初中的问题，集资了近20 000元，买了7亩地，建了26间房，办起了洋思中学。从1981年开始正式招生，当时只有5个班，13名教师（其中公办2人、民办5人、代课6人），220名学生，设备几乎全无，课桌全是借的。学生没有一个能考上高中，参加中考也没有一个学生的数学能及格。处于困境的洋思中学面临巨大的挑战。

1982年底，蔡林森接任校长时，洋思中学正处在困难的境地中。秉持着"吃苦就是享福"这一观念的蔡林森，并没有被困难吓倒。他一方面不断学习，提高自己的学历水平，拿到了语文大专函授毕业证书；他不怕辛苦，教过初中物理、政治，当过体育、音乐、美术教师，还当过班主任、学校总务主任、教导主任，不断在实践中积累经验；另一方面，他大胆做出了改变洋思落后面貌的决定，他借鉴农村改革的成功经验，灵活、巧妙地把"包"字引进学校，引导教师"包"教学质量，"包"德育、体育，并制定了相应的岗位责任制。他还抓起了教育质量，并早

早地认识到了"应试教育"所搞的那套"满堂灌""填鸭式"以及"题海战术"的弊端，当时，洋思中学教师上课"满堂灌"的现象十分普遍，由于教师把作业放到课后做，学生相互抄袭的现象屡见不鲜。蔡林森明确要求各科教师做到"当堂教、当堂学、当堂巩固"，这就是后来提升为"先学后教，当堂训练"教学改革模式的雏形，如此一来，学校很快就成为先进学校、乡文明单位。校长蔡林森被评为"全国教育先进工作者"，是江苏省首批名校长，1996 年出席全国教育工作会议，受到江泽民总书记的接见。

（二）洋思中学教学改革的发展

回顾洋思中学教学改革的历程，可以分为三个阶段。

第一个阶段为 1981—1990 年，是"厚积"的十年。面对洋思中学落后的状况，洋思人艰苦创业。受农村家庭联产承包责任制的启发，蔡林森灵活巧妙地把"包"字引进学校、课堂，引导教师"包"教学质量，"包"德育、体育，并制定了相应的岗位责任制。洋思中学积贫积弱的局面很快得以改变。学校相继被评为先进学校、乡文明单位，多位教师的教学质量位全乡前列。

第二个阶段为 1991—2000 年，是"薄发"的十年。通过总结"先学后教，当堂训练"的课堂教学改革经验，不断丰富教育教学改革的内涵，洋思中学响亮地提出了"没有教不好的学生""让每一位家长满意"的响亮口号。在洋思中学，"没有教不好的学生"被赫然写在教学楼上，并表现在洋思中学教师的教育、教学行为上。为了使课堂教学改革再上台阶，蔡林森带领全体教师认真施行"明确素质教育课堂教学目标""当堂完成作业"等要求，提出辅导差生、抓大面积丰收以及如何培养新教师等过硬措施。秉着"做大、做强、做美、做优"的精神，洋思中学不断加强硬件设施建设，自 1998 年至 2000 年，短短三年，洋思校园就实现了"旧貌换新颜"。办学规模急剧膨胀，就可能使教学质量滑坡，在严峻的形势面前，洋思中学提出了"三个一"和"三个清"的法宝。自 1991 年以来，洋思中学每年的入学率、毕业率、合格率均达 100%，优秀率居全市之首。

第三个阶段为 2001—2010 年，是与时俱进、乘势而上的十年。在学校规模迅速扩张，外部环境日趋严峻，生源构成相对复杂的情况下，洋思中学不断完善教学模式，在 2002 年被评为"中国名校"。2006 年，广东省河源市连平县教育局设立学习"洋思经验"试点学校，掀起了全面学习和借鉴洋思中学的先进教育教学理念和课堂教学模式，全面推进素质教育的高潮。洋思中学现有教学班 69 个，教职工 250 名，学生 4 000

多名。有一流的教学楼、综合楼等。学校先后荣获"江苏省德育先进学校""江苏省模范学校""江苏省文明单位""江苏省先进集体""江苏省现代化示范初中"等称号。

二、洋思中学教学改革的主要内容

(一)洋思中学教学改革的基本概述

1. 洋思中学教学改革的理论来源

以布鲁纳为代表的结构主义教学理论认为,教学与课程改革的重点就是提高教育质量,发展儿童智力。其理论模式致力于解决核心问题,即教些什么?什么时候教?也就是如何选择教学内容?如何有效地使学生掌握教学内容,促进智力发展?而这些问题的答案集中体现在"以学生为主体,教师为主导,通过教学让学生学会"这样几个关键之处。洋思中学灵活运用这一理论,形成三级预习系统,回答了"教什么"的问题,还通过教育学系统掌握学科知识。

在以马斯洛和罗杰斯为代表的人本主义心理学的指导下,人本主义教育理论总体上体现的特征是强调教育教学以学生为中心,注重培养学生的人格,注重教学中学生的非智力因素作用,尊重学生的需要,等等。"面向全体,全面发展,从低年级抓起,从学习差的学生抓起"正是洋思中学对人本主义的运用。洋思中学"先学后教,当堂训练"的课堂教学模式,是把学生放在主体地位,教师成为课堂的导演,学生是演员,是学习的主人,突出了洋思中学具有人本主义色彩的教育教学思想特色。

自20世纪80年代中期起,洋思中学在蔡校长的带领下确立了"尊重主体,面向全体"的办学思想基础,紧紧抓住课堂教学这个主要阵地,创立了以"先学后教,当堂训练"为基本结构,以学生自主学习为中心的课堂教学模式。蔡林森坚信"没有差生,只有差异""没有教不好的学生,只有教不好的老师",他带领全体教师探索出以教师为主导,学生为主体的课堂教学模式,提高了教学质量和效益,形成了以教育提高全体学生的全面素质的基本格局。

2. "先学后教,当堂训练"教学模式的基本内涵

(1)先学。指学生在教师讲解学习目标、提出自学相关要求的指导下,带着思考在规定时间内自学相关内容,完成检测性的问题。自学的形式可以是:看例题、读课文、看注解、做实验、发现疑难做记号,做与习题类似的习题等。在"先学"的过程中,教师要鼓励、促进学生高效地完成自学任务,通常的做法是及时表扬速度快、效果好,特别是能进行创造性学习的学生;给"走错"或"迷路"的学生当"指南针"。

但教师的话不宜多，以免分散学生自学的注意力。教师还应通过课堂巡视、质疑问难、个别询问、板演、提问、讨论等形式进行调查，使学生自学中的疑难问题最大限度地暴露，并及时分析得出结论：是倾向性的还是个别问题，是旧知识方面的还是新知识方面的问题。同时，教师还应把主要的倾向性问题进行梳理、归类，为"后教"做好准备。这需要教师根据学生的实际情况及时修改课前的教案，或者叫作"第二次备课"。

（2）后教。在学生充分自学后，教师与学生、学生与学生之间互动式的学习。在这个环节，教师要注意三个方面：一是注意教的内容。教的内容应该是学生自学后还没掌握的知识，即"先学"过程中，学生未能掌握的倾向性的疑难问题，对学生已掌握的问题一律不教。二是注意教的方法。可以让会的学生教不会的学生，教师只评定对不对、完不完整。对"不对的"，教师要帮助更正，对"不完整的"，教师要帮助补充，促使学生之间相互合作、相互帮助。三是注意教的要求。教师不能提题讲题，只找出答案，而是要寻找出规律，让学生知其所以然。还要提醒学生在运用中可能出现的问题，这样就能让学生更轻松、更有效地掌握所学知识，少走弯路。

（3）当堂训练。是在"先学""后教"之后进行的，分必做题、选择题和思考题，着重让学生通过一定量的训练，应用所学的知识解决问题，从而对课堂上所学的重点和难点加深理解。在"当堂训练"这个环节，要做到"保证"三个到位：一是保证训练实践的时间到位，学生练习的时间在 20 分钟左右，不得少于 15 分钟，这样才能让学生把刚学到的知识转化为能力。二是保证训练实践的内容到位，学生练习的内容重在帮助其运用刚学到的知识解决实际问题，要求灵活运用，创造性地用，而不是死记硬背。三是保证训练的形式到位，学生做练习的形式要像竞赛、考试那样紧张，并让学生独立、快速地完成，不能抄袭，教师也不能辅导。这样才能真正体现学生的真实水平，体现课堂的教学效果，便于教师有针对性地进行课外指导，布置课外阅读、扩展型作业，让学生对所学知识进一步灵活运用。

（二）洋思课堂教学模式的基本要求

1999 年，江苏省教育委员会在《关于学习洋思初中改革课堂教学模式　全面提高课程实施水平的指导意见》中，提出了学习洋思中学"先学后教、当堂训练"课堂教学模式的基本要求。可以概括为课前、课内、课外三个方面：

1. 课前

课前的充分准备是课堂教学成功的基础。所以学生和教师都必须在课前做好充分准备，才能使课堂高效、顺利进行。①学生在教师的指导下主动进行三级预习，并进行适当扩展。而这里的课前并非仅指上课之前，可指每周之前，也可指新学期前。洋思中学的学生自初一寒假起，就在寒假作业中巩固已学知识和增设简单的预习新知，要求学生主动抽出假期时间预习下学期各文化学科的教材，这就是"大预习"；学期中的双休日，也要求学生用一定时间预习下周所学内容，初步找出疑难问题，这就是"中预习"；平时则要求学生在晚间用一定时间预习次日要学的内容，这就是"小预习"。②教师要认真开展三级备课，切实提高备课质量，保证课堂效率。首先，教师要钻研大纲、吃透教材、了解学生，教导处要在学期之初组织教师系统地研究和总体把握大纲要求和教材内容，确定本学期的教学目标，并深入了解学生的基础和学校状况，合理安排各阶段的进度和教学内容。其次，确定阶段或单元的教学目标，要面向全体，尊重差异。因此教师在备课时要严格控制教学内容，既不能随意拔高也不能随意降低要求，并在及时反馈和及时矫正的基础上使学生都能达到基本目标，掌握基础知识和基本技能。而对于掌握得较好的学生，应考虑适度拓宽知识面，发挥其特长，避免出现"吃不饱"的现象，从而使整个过程更加尊重学生差异。再次，要提前一周组织教师研究下周各课时的教学安排和方案。学校在每周安排时间，分年级组织执教同类课程的教师在掌握有关大纲、教材或活动课程纲要精神的基础上，根据教学的进度与得失情况、学生的学习情况，共同研究下周各课时的教学方案。可由骨干教师提出教学提纲，再由新教师和非骨干教师根据所教班级学生的实际情况，思考和充实每个环节的具体操作办法，还可提倡在集体研究的基础上轮流准备各课时的教案。

2. 课内

课内时间的合理分配是提高课时效率和效益的保证，因此教师要合理安排并从严把握"学""教""练"的时间，根据实际情况进行循环。每节课45分钟，课时的结构大体可以安排为："先学"和"后教"控制在30分钟内，"当堂训练"应不少于15分钟。而在"先学"和"后教"这两个环节里，完全由教师单独讲授的时间最好限于15分钟以内，其余15分钟则用于迅速、简明扼要地揭示教学目标和学生独立自学、相互讨论、质疑发问、回答教师问题及师生交流等，必要时应在开始上课时迅速扼要地向学生指明上一节课易出错之处及其产生的原因与解决办法，为学生过渡到新课扫除障碍。但这些环节不能僵化死套，要从学生的实际情况出发，根据教材，按照突出主题、讲求实效原则进行灵活安排，最大限度地提高教学质量。而且在每节课中，每一个步骤需要多长时间，都要随时告知学生，以便于学生合理安排时间，有效利用时间学习。

（1）让45分钟课时的各个环节顺利、紧凑、高效完成。

优化课内导学策略是关键，能有效促进学生自学和思考。为促进学生自觉主动而有效地完成任务，教师应根据教学目标的需要，从激发学生学习动机着眼，提出具体明确的自学要求（如看书范围、思考内容或实验内容，用多少时间，要达到什么目标，自学后教师如何检测）。同时还要指导学生自学的方法（如怎么看书，怎么练习，实验过程要注意的事项，思考必须是独立思考），并根据具体教学目标和内容需要，让学生在独立思考的前提下先行尝试，宜动口则动口，宜动手则动手，为教师了解学生遇到的疑难和点拨解疑打下基础。在学生自学时，教师要深入到学生之中，积极鼓励和指导，并特别注意观察自学有困难的中等生和后进生，全面掌握学生自学情况，最大限度地了解学生在自学过程中遇到的疑难问题。同时，教师也要针对学生遇到的疑难问题进行梳理和分类，做好"第二次备课"。

（2）优化课内解惑策略是提高教学质量的重点，可促进学生有效地质疑和释疑。

对于个别性问题课上可暂时不讲，留待课后辅导去解决；对倾向性问题则要及时抓住要害，做到心中有数。对于只有部分学生能解答的问题，先让学生讨论交流，之后教师要针对学生的讨论情况进行必要补充、更正、点评，表扬敢于质疑的学生。通过讨论即能解决的问题，教师则不必重复讲解。对学生不能解答的问题，可在典型的启发前提下进行讲解，教师不要急于告知现成答案，可根据师生讨论典型问题的启发进行讲解，再由典型问题上升到规律层面，让学生知其然也知其所以然。

（3）优化课内训练策略是提高教学质量的保证，可促进学生有效地巩固和运用所学知识。

"当堂训练"要有时间的保证和内容的保证。给学生较充分的时间进行巩固练习，是加强学生对基础知识理解、运用、分析和提高综合能力的必不可少的重要环节；"当堂训练"的内容也应有针对性、典型性，其中包括必做题和选做题，这样就更好地解决了优秀生"吃不饱"，中等生和后进生"吃不了"的问题，使不同程度的学生都能得到不同程度提高。内容要有代表性，针对重难点的训练题更要体现这一要求，使学生能举一反三，而不是死记硬背。当然，对学生易做错的题型或题目也要进行适当重复练习。学生在"当堂训练"中应做到独立和按时完成，训练时要像考试那样，不得抄袭，教师也不予指导。在学生当堂完成作业时，教师要勤于巡查，批改部分作业，同时要敏锐观察和了解学生关于这一节课的进一步反馈，便于课后及时准确地辅导解难。

3. 课外

课后对教学内容的进一步巩固，更能确保教学目标的落实。重视课后辅导，基本实现教学目标"堂堂清、天天清、周周清"，避免加班加点的行为。为此，教师针对学生的个别性问题，应及时主动地给予课后指导，包括"补差"和"培优"，让每一位学生的基础知识和基本技能都能一一过关，使教学目标及时落实。课后作业应从精务实，平均每天不得超过 1.5 小时，还要以教师能够及时批改为限。

（三）"先学后教，当堂训练"课堂教学模式在数学教学中的应用

具体教学程序如下：

1. 揭示教学目标（约 2 分钟）

（1）板书课题。

（2）讲述教学目标。

2. 指导学生自学（约 2 分钟）

（1）布置学生自学作业。

（2）出示思考题。

3. 先学（约 15 分钟）

（1）学生自学例题（约 5 分钟）。

a. 学生看例题。

b. 理解例题的解题方法步骤。

c. 思考与例题类似的题目的解法。

（2）检测自学效果（约 10 分钟）。

a. 请学生上黑板板演与例题类似的题目，其余学生在座位上做。

b. 教师中间巡视，了解座位上学生的解答情况。

4. 点拨矫正（约 10 分钟）

（1）判断学生板演的结果。

（2）针对学生的问题进行点拨、矫正。

5. 当堂训练（约 15 分钟）

（1）布置作业，明确作业要求。

（2）学生做作业。

（3）教师批改已完成学生的作业，布置思考题。

三、洋思中学教学改革的特点成就

（一）洋思中学教学改革的特点

"洋思奇迹"的诞生，至关重要的因素就在于有一位好校长。陶行知先生说过："校长是学校的灵魂。"蔡林森是一位具有敬业精神、以身作则、有远见又脚踏实地的校长。他明确提出"让每一位学生家长满意"。一个好校长便是一所好学校，校长的教育理想、教育信念与教育情怀，直接主导着一所学校的发展方向。蔡林森的人生哲学是：吃苦就是享福！不管在困难时，还是在辉煌时，他都在选择"吃苦"，他都在不停地学习，不停地追求……

洋思中学的教师主张"没有教不好的学生"，他们从最后一名学生抓起，相信每一位学生都能进步；他们坚信"以学定教"，根据学生的学情决定教学内容、教学策略，他们认为没有差生，只有差异，从不选择和挑剔学生。

洋思中学教学改革以激发学生自主学习为核心。洋思中学的教师倡导"教是为了不教"。在教学过程中，以学生为主体，教师为主导，尽量使学生自己发现问题，自己解决问题，学生不能发现和解决的问题，才由教师引导和帮助他们去发现和解决。把学生自主学习的积极性作为教学改革的核心，在教学实践中从根本上实现了"以学生为主体"的理念。

（二）洋思中学教学改革的成就及延伸

自1991年以来，洋思中学学生的入学率、毕业率、合格率均达100%，进而成为江苏省薄弱中学成功改变落后面貌的典型之一。昔日的洋思中学是一所"三流学校"，而如今其是一所"三多学校"。

2006年，64岁的蔡林森从洋思中学退休后，应邀到河南省沁阳永威学校当校长。永威学校是一所集幼儿园、小学、初中、高中为一体的寄宿制学校，全校约有5 000名学生。蔡校长每天认真学习，研究学校的管理体制和教学模式，不断发现问题、解决问题，初步形成了民办学校的管理新体制，而且使得"先学后教，当堂训练"的教学模式在高中、小学也能够灵活运用，得到了新的发展。从此，永威学校发生了巨大的变化，教学质量也大面积得到提高。永威学校的高中部被评为河南省示范性普通高中，幼儿园被评为河南省示范幼儿园。菲律宾一位教育学家曾说："我从来没有见过拙劣的校长能办成好学校，也没有见过好校长办出坏学校。"就在这位好校长的带领下，建成了"洋思名校"，开创了"永威奇迹"。

第二节　杜郎口中学教学改革

杜郎口教学模式是由位于山东省聊城市茌平县杜郎口中学教育改革者创立的。这一模式伴随着"杜郎口风暴"逐步在全国基础教育中传播与推广。

一、杜郎口教学改革的产生与发展

（一）杜郎口教学改革的产生

杜郎口教学改革是杜郎口中学教育改革的产物。改革前的杜郎口中学，概括地讲就是一所"六无"学校。即缺乏资金，没有好的师资，没有好的生源，缺乏专家引领，更没有现成经验可以借鉴，没有灵活的机制。1997年，"唯一带现代气息的电器就是电灯"，办学基础条件很差。

教师学历低。当时学校85位专任教师中有1/3不合格，有的学科教师整体教学能力薄弱，全校第一学历是本科的教师只有一个，有一半多的教师不是师范专业毕业的，相当一部分教师是从小学调过来的，还有学幼教的，专业水平非常有限。有人称这是一群教育"起义"的农民军团。

教学质量极差。1998年前连续10年中考成绩位于全县倒数（16个乡镇，23所初中），当时初三有60人，中考只剩21人，升入高中的不过10人，且全是回读生，唯一一名应届生还是高价生。学生厌学，辍学率高，教师厌教，教学秩序混乱，家长们普遍认为"孩子在学校混了三年，痛苦了三年，纯属'活受罪'"。学生认为"有的教师讲得还没有学生好"。学校的社会声誉极差。县里几次下决心想把这所学校撤并。

优质教育资源的匮乏程度可想而知。这也令所有熟知这所学校的人，为这所学校的明天产生深切忧虑。只有改革才能赢得新生。"置之死地而后生"，改革这所双差学校的历史重担正好落在了年轻的崔其升校长肩上。在那段艰难的岁月里，校长崔其升天天拎着凳子去每一个班听课、与教师沟通思想，商讨教改大计。崔校长通过调查，认为学校教学过程中存在的主要问题是：课堂上演的是教师独角戏，教师口讲、手写板书，学生耳听手录，被动地学习，这是导致学生厌学，甚至辍学的重要原因。

1999年秋，为解决"学生不爱学、学不懂"的问题，杜郎口中学在充分调查的基础上，对教师上课、备课、业务学习等方面有了以下新的规定。

（1）上课要求：

①课堂气氛：微笑授课；学生积极主动、情绪高涨、勇于自我表现。

②活动形式：形式多样、情趣浓厚、寓教于乐；能使学生动脑、动手、动耳、动口，培养学生的创新意识和实践能力。

③学生活动量：学生活动35分钟以上（优），30分钟以上（良），29分钟以下（一般）。

（2）教师基本功：板书条理，能把本节课的主要知识点归纳在黑板上，版面设计美观科学；讲普通话。

（3）备课要求：杜绝抄袭教学参考书及现成的教案，应把上课的主要措施显现出来；体现以学生为主体，活动的形式多样，反映出学生的创新意识和实践能力。

（4）业务理论学习要求：笔记每周一篇，不准抄袭，要写上课的心得体会、经验总结，写学生在课堂中的表现。为了改变传统课堂的面貌，使教师们掌握教改的内涵，校领导提出了学生课堂表现"生龙活虎，欢呼活跃，争问抢答，喜笑颜开"的课堂评价标准。

这些规定打破了教师一统课堂的局面，教师开始注意学生在课堂上的表现，学生的学习兴趣有所提高，高辍学率也有所扼制。一些学科骨干教师，积极探索新型的课堂教学模式，学校整体的教学效果有所提高。到2000年7月，在全县初中的综合评价中杜郎口中学已居中游。杜郎口中学就这样拉开了第一轮教学改革的序幕。此后的改革则是"大动干戈"，崔其升提出了"课堂时间采用'10＋35'模式"和"取消讲台，让学生动起来"的改革措施。到2002年第一轮改革结束时，这个曾连续10年考核全县倒数的学校，开始步入每年综合考评都在前3名的正轨，教学改革取得显著成效。

（二）杜郎口教学改革的进一步改革

2002年秋，崔其升在第一轮改革的基础上开始了第二轮改革，直到2005年夏第二届初三毕业生毕业。

这一时期，随着改革的深入，杜郎口教育改革取得了巨大成功，学校教育教学质量发生了翻天覆地的变化。教学成绩产生了质的飞跃。从2003年起，杜郎口中学的排名连续6年位居全县前列。2005年中考，该校486名毕业生中有268名报考了重点高中——茌平一中，267人被录取，占当年全校初中毕业生总数的55%。2006年在聊城市高中统考中，茌平县共有4名同学进入全市前十，而这4名学生全部是杜郎口中学毕业的。

学风发生了彻底转变，学生自信心得到充分提高。在杜郎口中学，你会发现，学生听，全神贯注，聚精会神；说，落落大方，侃侃而谈；读，铿锵有力，有滋有味；写，字体工整，笔道有力；演，角色投入，体验深刻。学生学得很起劲。他们脸上的自信，洋溢着学习的快乐和幸福。从此厌学、辍学变为愿学、会学、乐学。到过杜郎口中学的教师，都有这样一种感受，他们学校的学生个个都是出色的小老师，他们在课堂上无论是讲解还是回答，都表现得那么从容和自信。资深教育家王文湛认为："杜郎口中学的孩子们愿学、乐学，把学习看成是一种乐趣，师生互动，体现了学生的主体地位，这才是教育的本质。"

"我的课堂我主宰，我的命运我把握""我主宰，我精彩"——这是杜郎口中学学生自信的真实写照！

（三）杜郎口中学教学改革的推广深化

自 2006 年 3 月 15 日，《中国教师报》刊登《杜郎口中学的非典型教改》一文，杜郎口中学的教学改革经验迅速在全国传开，杜郎口中学一下名声大噪，全国各地一线教师、研究者纷纷前往参观学习。接着，《中国教育报》《当代教育科研》《山东教育》等媒体，也相继报道了杜郎口中学教学改革的一系列内容。正如《中国教师报》记者所说："2006 年 3 月 15 日，《中国教师报》首次发表本报记者'一访'杜郎口中学的成果——《杜郎口中学的非典型教改》，杜郎口中学异军突起，基础教育界瞬间刮起了杜郎口旋风；随着'再访'和'三访'的持续跟进，杜郎口中学始终站在打造高效课堂的'风口浪尖'上，成为中国教育的一大风景。""一所在'六无'条件之下，奇迹般崛起的杜郎口中学，是一部中国教育革命的'史诗'！而杜郎口的课堂，激荡着思想，喷射着激情，闪烁着灵性，跳跃着浪漫，升腾着人性，氤氲着诗意，这样的课堂不值得学习吗？"

为了便于推广，崔其升与杜郎口中学全体教师进一步从理论上总结与提升杜郎口中学教学改革的经验，促使了改革不断发展。这一时期，崔其升出版了《走进杜郎口自主学习教学模式》等专著，发表了《杜郎口中学：让农村孩子自信地学习》《杜郎口的改革，不仅在课堂》等文，从理论上对杜郎口中学教学改革进行了系统梳理。

近年来，许多全国性重大教育会议在杜郎口召开。每天来这里参观取经的全国各地的教育工作者络绎不绝，多者一天有几千人。

二、杜郎口中学教学改革的内涵

（一）杜郎口中学教学改革的含义与特点

杜郎口中学的教学改革也称为"三三六"自主学习模式，该模式在

"以人为本，关注生命"的教育理念指导下，以学生在课堂上的自主参与为特色，使学生的集体自学和学习成果展示取代了教师的"一言堂"，打造了高效的课堂教学，实现了"教为主导、学为主体、师生互动、共同发展"的立体式教学目标。

"三三六"自主学习模式中，第一个"三"是指这一教学方法的三大特点———立体式、大容量、快节奏。"立体式"，即围绕"情感、态度、价值观""双基""过程与方法"三大目标任务，采用多种形式的合作互动，充分调动学生的主动性和创造性，充分展示集体智慧，实现了课堂目标的多维化与师生共同发展的多赢，既应对了现实教育中对应试教育的要求，又实现了素质教育对学生全面发展素质的要求。"大容量"，指以教材为基础，拓展知识，演绎情感，提升品德，课堂活动多元，全体参与体验，以实施高效益教学。"快节奏"，指紧扣目标任务，周密安排，教师根据教学内容的特点和学生学习的进程，及时调整教学方式，师生互动，生生互动，促进学生高效率学习。

第二个"三"是自主学习的三大模块——预习、展示、反馈。其中，预习模块的主要任务是通过小组合作，让学生明确学习目标，在一定程度上了解和理解学习内容，把握学习的重点和难点。教师联系课文相关背景、场景、情感、过程与方法先进行集体备课，然后指导学生自学，学生统一用双色笔做预习笔记，通过自主学习与交流合作完成学习任务。展示模块的主要任务是展示和交流预习模块的学习成果，促进生生、师生之间的多向互动，在提问、质疑、讨论中进行思维的碰撞和激荡，以加深学生乃至教师对教学内容的理解。展示活动通常有个人在组内展示、小组代表在班上展示、个人自主适时展示等方式，教师及时给予引导、点拨。反馈模块的主要任务是学生对前面课的认知、体验、感受进行反思和总结，对预设的学习目标的达成情况进行检测，检查三维目标的落实情况。在该模块中，对学习困难的学生特别关注，尽量让他们说、谈、演、写，并采用学生间合作互助的教学方式——学生"教"学生，让学习困难者在合作过程中受到启发，让学习优秀者在合作中提升理解的层次，提高表达、交往能力，增进同学之间的交流和友情，健全其人格。

其中的"六"是指展示模块的六个环节，即预习交流、明确目标、分组合作、展示提升、穿插巩固、达标测评。预习交流、明确目标，即通过学生交流预习情况，明确本节课的学习目标。分组合作即教师将任务平均分配到小组，一般每组完成一项即可。展示提升即各小组根据组内讨论情况，对本组的学习任务进行讲解、分析。穿插巩固即各小组结合组别展示情况，对本组未能展现的学习任务进行巩固练习。达标测评即教师以试卷、纸条的形式检查学生对学习任务的掌握情况。

（二）杜郎口中学教学改革的基本内容

1. 确立"10＋35"的课堂教学模式（"10＋35"现象）

"10＋35"即一堂45分钟的课，10分钟属于教师，35分钟属于学生。这种课堂教学模式实际是创造条件把课堂话语权还给学生，在时间上保证"人人参与，个个展示"，即让每个学生在课堂上敢说、会说，充分展示自我。"10＋35"要求教师尽量减少知识性语言陈述，或者教师应该完全不涉及对教材内容的陈述，讲话时间不超过10分钟，其余时间完全交给学生。从表面上看，似乎只是把一节课的时间重新分配了一下，其实是教学理念的一个飞跃。这种模式真正实现了把课堂还给学生，鼓励学生自主学习，敢于提问和发表自己的观点。这要求教师敢于创新，开展多种形式的教学。

2. 撤掉讲台，搬走讲桌（"无讲台讲桌"现象）

从2003年开始，为了发挥学生的主体地位，让学生成为课堂的主人，让学生自己去发现规律，让学生去总结方法，让学生自己去探索思路，让学生自己去解决问题，杜郎口中学撤掉了象征几千年教育模式的讲台与讲桌，使教师从三尺讲台之上的传道者、权威者走下了教育的"神坛"，开始真正成为新课程所倡导的引导者、策划者、参与者、追问者、合作者、促进者。这大大促进了教学的民主化程度，学生与教师在同一个平台上共同探讨、学习、发展。在这样的教室里，学生变成了探究者、研讨者、体验者、展示者、创造者、成功者。

3. 小组合作的课堂组织形式（"方块式"座位格局）

杜郎口中学为了便于学生分组、交流、合作，将"秧田式"座位格局改为桌对桌、面对面的"方块式"格局，各个班级根据学生学习基础的不同，从学生不同的知识结构、学习成绩、学习风格等来优化组合。按照"组内异质，组间同质"的原则分成六个小组，每个小组的人数根据班上总人数来划分，有的班级是6~7人，有的是10人左右。小组内设小组长。小组长的主要职责是对本组成员进行任务分工，组织全组人员有序地开展讨论交流、动手操作和探究活动。教师应根据不同活动的需要设立不同的角色，并要求小组成员既要积极承担个人责任，又要相互支持、密切配合，发挥团队精神，有效地完成小组学习任务。杜郎口中学的小组合作学习，有基于尊重与信任基础上的倾听；有基于理解与沟通基础上的交流，有基于活动与竞争基础上的协作；有基于体验与反思基础上的分享。

4．创设黑板化的教室空间形式（"黑板化"现象）

杜郎口中学各班教室四周的墙壁除了有窗户的那堵墙外，其他三面墙壁均很长，教室里有前黑板、后黑板、北黑板，并且在走廊里还有黑板，有的学生还有小黑板。学校空间黑板化成为该教学法的又一重大举措。黑板是学生用笔来表达自己学习成果的平台，是建立自我反馈和知识训练及巩固的阵地，是产生自信、增强学习能力的"神板"。山东省教育厅原副厅长王积众说："不能把教室内外的'四面黑板'等同于学生的练习簿，它有三个作用，即第一通过黑板上的展示，学生基本上能够当堂完成作业，经过教师和学生的相互批改，做到了学习的及时反馈、知识的及时强化和巩固；第二，学生把自己的所见、所思、所想写到黑板上，起到了同学之间相互交流的作用，因而也就拓宽了学生彼此的知识面；第三，给学生提供了一个锻炼写字的机会。通过在黑板上书写，提高了学生的硬笔书法水平，有效地解决了人们普遍担心的计算机时代学生不会写汉字的问题。"

5．提高课堂效率，取消一切课下书面训练作业（"零作业"现象）

零作业教学是指去掉一切课下书面训练作业，让学生在课堂中完成作业。杜郎口中学的教师提倡课后给学生布置小实验、小调查、小制作等生活实践活动，并对新授内容进行预习，对课堂学习内容查缺补漏，从而培养学生主动学习、总结反思的良好学习习惯。

6．形式多样，自主发展（"动而活"现象）

在杜郎口中学的课堂上，只要有利于学生的学习，有利于学生的创造，有利于学生的发现，有利于学生的生成，教师们都给予鼓励与支持。多年来，他们坚持以相信学生、发动学生、依靠学生、发展学生为教学原则，在课堂上，学生各个自主发言，声音洪亮，争问抢答，讨论热烈，充分展现了学生学习的自主性。学生作业的方式多种多样：在课堂上，学生可以通过讲、析、问、辩、演、唱、画，可以编排课本剧、擂台赛、小对子、做智力游戏等方式来替代传统的单一的书面作业，以完成学习目标。一堂课，学生常常是你方唱罢我方登场，争先恐后，一浪胜过一浪，"生动""活泼""精彩"成为课堂的主旋律和关键词。杜郎口中学的课堂教学真正实现了动态的课堂、成果的课堂、情感的课堂、快乐的课堂、精品的课堂、深化的课堂。达到了学生动起来，课堂活起来，效果好起来的教学理想。

（三）"三三六"自主教学模式的价值解读

杜郎口中学的改革带有很强的原生性特点，是一种基于朴素教育理念的实践。而正是这一朴素的实践，回归了教育的本真：培养具有终生学习能力的、自主发展的人。也正是这一朴素的教育实践，实现了被很多人认为是"理想"的新课程理念，给了我们以启发、勇气与信心。也许杜郎口中学的改革者们并没有意识到，他们的实践集中地体现了课程改革的价值追求。

1. 关注生命、关注实践的教育观

在杜郎口中学的一间教室里，贴有这样一句话："我们是老百姓的孩子，我们的父母天天盼着我们成才，我们拿什么报答他们？争气！"像杜郎口这样的农村中学，关注学生的生命质量，"为一生发展奠基"，是一句再实在不过的话了。杜郎口中学的教师们常常站在这个角度上去教育孩子们："这个社会是靠能力吃饭的，没有能力，不能展现自我，就没有机会。""无论考不考得上学校，我们都要培养学生的综合素质，让他们适应社会的竞争。"在这种为学生生命质量负责的态度下，杜郎口中学摆脱了单纯追求掌握课本知识的课堂教学，使课堂成了提高学生社会生活能力、提高生命质量的操练场。

正是对生命、实践的关注，使得杜郎口中学的课堂充满生命的气息。有人说，从生命的高度来看，每一节课都是不可重复的激情与智慧综合生成的过程。走进杜郎口中学的课堂，我们就能够深刻地感受到这句话的内涵。这里的教学过程正在成为师生交往、积极互动、共同发展的过程。在这一过程中，教师和学生都是具有独立人格的人，两者在人格上是完全平等的。学生是有血有肉、有思想、有个性的人，教育是对人的生命存在及其发展的整体关怀，而不能将人桎梏在分数牢笼里、被"肢解"，课堂教学目标也应由知识本位转向发展本位，真正体现知识、能力、态度的有机整合。我们在杜郎口中学的课堂展示中所看到的一切，正是这些新理念在教育实践中的具体体现。民主、平等、和谐的师生关系，使得学生在课堂上真正体会到"语文无错"的含义，使得学生在数学课上自豪地宣称："你们的方法都挺好，但我的方法更好。"知识、能力、态度有机整合的教学目标，使得学生在课堂上用丰富多彩的手段表达自己对文本的理解；正是教育对人的生命存在及其发展的整体关怀，使得学生在课堂上表现得精神饱满、自信专注。

这里的课堂分明是人生的驿站、求知的天堂。课堂上，学生可以抒发亲情、友情、师生情，可以讨论家事、国事、天下事；课堂上，学生可以倾听、思索、争论，可以哭、可以笑、可以唱、可以跳；学生与学生、学生与教师之间仿佛是无话不说的朋友，生命相遇，心灵相约。置身其中的人很难不为这种课堂感染、感动。

2．主体自主发展的学生观

尽管新课程已实施多年，但我国义务教育目前的教与学的方式，仍然是以被动接受式为主。具体表现为：教学以教师讲授为主，而很少让学生通过自己的活动与实践来获得知识、得到发展；教师布置的作业多是书面习题与阅读教科书，而很少布置如观察、制作、实验、读课外书、社会调查等实践性作业。学生很少有根据自己的理解发表看法与意见的机会，课堂教学在一定程度上存在着"以课堂为中心，以教师为中心和以课本为中心"的情况，忽视了对学生创新精神和实践能力的培养。这一问题的存在是把学习建立在人的客体性、受动性和依赖性的基础上，忽略了人的主动性、能动性和独立性。

有研究表明：学生参与课堂教学的方式影响了学习效果，单纯的行为参与方式并不能促进学生高层次思维能力的发展，只有以积极的情感体验和深层次的认知参与为核心的学习方式，才能促进学生包括高层次思维在内的全面素质的提高。由此可知，学生的学习方式对学生的学习结果具有决定性的影响。杜郎口中学的学生在学习中的自主、合作、探究更是印证了这一结论。

为了落实课堂上教师的主导作用和学生的主体地位，杜郎口中学实现了课堂教学的"三个转变"，即学生学习态度要由"供应式"向"超市式"转变，充分发挥在知识学习中的自主选择性，学生要从哪些学习材料中学习，学习什么，自己要有主意，自己作主，这一转变改变了学生被动接受、教师教什么学生学什么的习惯；教师教学由"注入式"向"发动式"转变，教师在课堂上要"相信学生、利用学生、发展学生"，不能唱独角戏，要由"讲"到"动"，使课堂成为"快乐享受的地方"，要打造"艺术课堂"，让学生"享受快乐"；课堂内容由"纯知识"型向"能力、情感、价值观"转变，课堂学习要由知识生成能力，由知识生发情感，培养学生正确的人生观和价值观。

当学生的主体地位被确立的时候，当学生的主体作用被充分发挥的时候，学生学习的积极性、主动性和创造性就会被完全地激发和释放出来。杜郎口中学的教师在学生自主发展的课堂上，一次次地体验着"教学相长"，一次次地体会着与学生共同发展的幸福。不管是一题多解还是演示创意，不管是演绎延伸还是总结归纳，学生总能让教师吃惊地感到："我们的学生真厉害！"

3．建构主义的学习观

建构主义认为，学习是对所学知识掌握内化的过程，即对知识整合与建构的过程。杜郎口中学关注生命、关注实践的课堂和鼓励学生自主学习、主动参与的教学方式，为学生的个性化的建构学习创造了条件。从课堂预习模块开始，就十分注意根据学生已有的知识经验对新知识进行构建。学生的学习目标是在自学文本的基础上，由师生、生生共同讨论生成的，教师预设的教学目标常常因此而改变。在展示、反馈模块时，也常常因为学生的创造性学习，生成新的学习目标。

杜郎口中学还十分尊重学生的个性化的学习风格，鼓励学生在理解的基础上进行学习，反对死记硬背。因此，在课堂上，很少有统一的学习活动。同样是对文本的学习，学生可以大声朗读，可以不出声地默读，还可以抄写着读；学生可以自己独立学习，可以与同学讨论，也可以请教教师。同样是对学习的展示，学生可以手写口读，可以编成小品，可以创作诗歌，可以编排舞蹈……因为他们在"以参与求体验，以创新求发展"的教学中，在发展的过程中体验到了茅塞顿开、豁然开朗、怦然心动；体验到了浮想联翩、百感交集、妙不可言；体验到了心灵的共鸣和思维的共振；体验到了内心的澄明和敞亮。他们对课堂、对学习的沉醉与迷恋，以及由此激发出来的热情与释放出来的能量令人欣喜和兴奋。

4. 反传统的教师观

在杜郎口中学的课堂中，教师不再是一个权威者、控制者，而是一个与学生就某些问题进行讨论的对话者。教师把自己的"权威"巧妙地运用到调动学生的积极性和引导学生主动学习上。在教学中，教师或给学生当顾问，或与学生交换意见，或帮助学生发现问题，或鼓励学生，但绝不操纵课堂，不做武断评价，不把自己的观点强加于学生。同时，教师作为一个对话者，在课堂上维护学生的说话权，听取学生的心声。他们关心每一位学生，尊重学生的人格、学生的选择、学生的个性，对学生的点滴进步表示欣慰，学生遇到困难时教师会真诚帮助，学生出错时教师会给予指导点拨，给予其改正的机会。教师角色的转变使学生们感受到了爱，感受到了学习的乐趣，从而摆脱了以前重复教的厌烦感。并且教师与学生融为一体后真正了解了学生的心理，不断地完善自己的教育教学方式，不断地提升自己。这样，教师与学生一起学习，一起探讨，一起分享，一起成长，不仅是学生的良师，而且是学生的学友。

杜郎口中学的教师走下讲台，深入学生中间，师生关系在空间上已经不再有距离和隔阂，学生从视觉上不用再仰视教师，在心理上不会感受到任何压抑、束缚和畏惧的感觉，为建立新型师生关系创造了至关重要的条件。教师以饱满的热情，良好的情绪和真诚的微笑面对每一个学生。他们微笑着进课堂，多鼓励，不讽刺，让学生感到教师平易近人，和蔼可亲，从而乐于交往，主动地参与学习。在这种民主、和谐的师生关系中，每一位学生都感觉到自己的人格和尊严受到了充分尊重，这极大地调动了学生的自主性与创造性，激发了他们的学习热情和活力。他们用实际行动诠释了以民主与创造为本质的新型的师生关系。

三、杜郎口教学改革对我们的启示

（一）对"什么是真正的教育"，在实践上给予了最好的阐述

"教育是在一定社会背景下产生的促使个体社会化和社会个性化的实践活动。"传统教育强调教育活动的实践性、双耦性、动力性、文化性，但忽视了对个体人性的尊重与向善潜能的开发。且在实践中应该如何去贯彻这些要求，更是智者见智，仁者见仁，造成教育结果相差甚远的现实。杜郎口中学的教育者则用实践具体真实地解释了"什么是教育""什么是优质教育"的千古难题，不得不令人赞叹！

实践证明，努力创设教育教学情景，在教育过程中确立学生的主体地位，激发引导学生自主学习（学习的兴趣与动力），"以人为本，关注生命"，解放学生，促进学生全面发展就是教育教学的本质。要做到以下三点：

第一，要确立学生的主体地位，就要充分尊重学生，相信学生，必须学会赏识学生。杜郎口中学学生的学习热情是如何调动起来的？是不是有一种精神层面的东西去影响、感染学生呢？这是我们最期望得到答复的问题。崔其升对这个问题回答得很简单，那就是"从人格上去尊重每一个后进生"。虽然简单，但正中要害，道出了教育教学的真谛。教师不能歧视每一个后进生，而要让后进生本已自卑的心灵得到安慰。课堂教学的评价标准倾向于学生的参与度与精力流失率。教师备课时每一个环节都要首先考虑到学生如何参与进来。另外，积极找后进生谈心，帮助他们树立信心，坚定信念是每一位教师必须尽到的责任和义务。

第二，创设解放学生主体性的教育环境是教育工作者的根本任务。教育活动的核心是在一定教育目标的引导下，创设解放学生主体性（学习兴趣与动力）的教育环境，也可认为是优化促进学生全面发展的各种因素。简单地说，教育工作者的根本任务就是营造一个学生愿意参与学习的氛围与外部条件。这个氛围与外部条件应该包括课堂环境、课外环境、社会环境三个方面。

第三，把话语权交给学生，使其成为课堂的主人和学习的主体。这种理念，几乎为所有的教育者耳熟能详。然而，在教学实践中，学生却很少有主人的体验，更多的时候还是教师的配角，一切活动均在教师的支配之下，甚至成为教师表演的看客。好的理念为什么不能在实践的土

壤中生根、发芽并成长起来呢？固然有观念的因素在作祟，但话语权却是一个根本性的问题。杜郎口中学首先把话语权还给了学生，无论是"10＋35"模式还是"0＋45"模式，说到底都是一个话语权的问题，就是为了让学生在课堂上有说话的权利，让学生可以"我的课堂我主宰"，有一定的自由。如果想说而不敢说，想动而不敢动，一切看教师的脸色行事，谨言慎语，唯唯诺诺，不敢越雷池半步，哪里会有主人的体验？这恰恰是传统课堂上学生的写照。杜郎口中学坚定地、毫无保留地把话语权还给了学生，这是确立学生课堂主人地位的关键一步。

（二）明确教师的根本任务

教师的根本任务在于确定教学目标，创设教育教学环境，激发学生学习的积极性与兴趣。教师必须转变观念，树立新的教学生本化理念，实现角色转换：①由主演变为导演；②由经验变为科研；③由现成变为生成；④由师长变为朋友；⑤由教师变为学生。教师与学生打成一片，使过去高高在上、威严的教师变成学生的朋友，与学生建立和谐、民主、亲密的师生关系。

学生需要具有什么素质的教师？需要具有"激励性人格"，能与学生心心相连，能激发每一个学生的学习欲望，并想尽一切办法让学生学会的教师。

（三）开发优质教育资源的条件

一是校长的办学思想、教育理念的先进性。先进的教育管理，具有启发式的教学思想等软指标，是引领学校改革、发展，打造优质教育资源的顶层保障。优质教育资源应当依托什么是一个很值得深思的问题。

二是教育科研的推动力。"科研兴校"是近十年来基础教育领域中较具影响力的口号之一。然而，伴随着这句口号的还有刺耳的批评声，如有人认为许多中小学的教育科研是在做表面文章、形象文章、花瓶文章，虚假之风、浮躁之风盛行；更有人据此提出，这样的教育科研无以兴校，因此中小学不必开展教育科研。应当认为，在当前的教育科研中，确实存在着一些不健康的现象，但现象不代表本质，更无法忽视本质，教育科研终究是提升学校内涵发展力的关键因素。因此，问题不在于教育科研能否兴校，而在于中小学应开展什么样的科研活动。杜郎口中学切切实实地走出了一条"科研兴校"的路子，他们用行动和实践击碎了人们对教育科研的攻击。

（四）高效课堂的本质与理想教学模式

1. 杜郎口中学的教学实践确立了一堂好课的新的评价标准

教学是学校工作的中心，上课是教学的中心环节，课堂是师生学校生活最重要的阵地。因此，课堂教学的优劣客观上成为衡量师生教育生态的最关键的因素。那么，一堂好课的标准是什么呢？尽管说法很多，但概括起来，不外乎这几个方面，即目标明确，内容正确，方法得当，结构合理，环节紧凑，教师基本功好，课堂气氛活跃，教学效果好，等等。这些标准本身当然都是不错的，重要的问题在于，这些标准主要是围绕教师的"教"而不是学生的"学"展开的，评课最终还是要归结到教师个人素质上，就像许多业内人士所熟知的，无论是讲"目标教学"的课，还是讲"尝试教学"的课，抑或是讲"创新教育"的课，说到底是教师的素质最重要，所谓"名师都是讲出来的"，就是这个意思。如果依据这样的评价标准，我们可以想象一节教师讲得很少甚至不讲的课，无论如何是不能称之为好课的。然而，杜郎口中学颠覆了这个标准，他们认为一节好课就是教师少讲甚至不讲。或者说，评价一节课优劣的标准，不在于教师讲得多么好，关键要看学生，看学生是否大面积地动起来，看学生的动是否在主动的状态下进行，看学生的活动是否生成了新的发展。学生完全成了评价的核心。

杜郎口中学坚决推行这一评价标准。他们认为，如果教师没有把课堂完全地还给学生，无论教师讲得多么精彩，无论在考试中学生取得的成绩有多好，这样的课都不能被称为好课。这同样是具有革命性变化的，因为按照这样的标准，我们以往推崇的许多优质课、观摩课和公开课都会大为逊色，甚至需要推倒重来。评价标准是一种根本性的力量，是确保学生在课堂主人地位的最强大的力量。杜郎口中学确立的新的课堂教学评价标准，从根本上保证了学生作为课堂主人的地位，是推行"三三六"自主学习模式具有决定性意义的一种力量。当然，这一标准并不否定教师的素质，事实上，教师的素质越高越有利于该标准的实施，或者说，越是推行这样的评价标准，越需要教师具有高的素质，只不过它要求的是教师"一言一行见功夫"的真素质。所以，杜郎口中学新的课堂教学评价标准，不是对教师的素质要求降低了，而是对其提出了更高的要求。

2. 确立了"动而活"是现代课堂的灵魂

杜郎口中学的课堂不是"静听"课堂，是对传统"静思生慧，坐而论道"学习模式的一种挑战，是"动态的课堂、情感的课堂、成果的课堂"。"让学生动起来，让课堂活起来，让效果好起来"，这是他们追求的目标。一言以蔽之，"动而活"是杜郎口中学的课堂灵魂。真正让课堂"动而活"，并不是一件容易的事。1998年，杜威为一书写引言，是对风行半个多世纪的进步教育运动的一个世纪性评述，饱含丰富、深刻的思想内涵。他说："进步教育运动最广泛、最显著的成就就是引起课堂生活意义深长的变化。"杜威还认为，这种变化"主要是气氛上的改变"。杜威作为实用主义教育思想的创始人和进步教育运动的理论代言人，把进步教育运动的主要成就归结为课堂生活气氛的变化，并称之为"意义深长的变化"。由此可见，真正让课堂发生某种积极而有效的生活化的改变，是多么重要而艰难的事情。因此，当杜郎口中学让课堂变得"动而活"的时候，同样是"意义深长的变化"。变化的核心就是"让学生动起来，让课堂活起来"，"动而活"是变化的灵魂。"动"是因为学生成了课堂的主人，是学生生命力的进发；"活"是因为学生具备了必要的基础，是对新生命的追求。由动而活，由活而生成、发展，进而"让效果好起来"。他们应该得到高度评价，也完全可以称之为"哥白尼式的革命"。

3. 确立了"零作业"的教学管理制度，减轻了学生的负担

中小学课业负担过重问题，是长期以来困扰我国基础教育的一大顽症，且已经成为中小学生健康成长的杀手，引起了社会的普遍关注。中国青少年研究中心对城市少年儿童生活习惯进行的调查表明，我国有七成中小学生"睡不够"，小学生平均每天睡眠时间达不到规定时间的占66.6%，中学生达不到规定睡眠时间的占77.1%。多达49.5%的学生认为造成睡眠不足的原因，就在于作业太多。为解决学生作业过多问题，各级教育行政部门曾制定了多种规定，甚至规定了学生做家庭作业的时间，可问题并没有得到解决，而有愈演愈烈之势。在杜郎口中学，这个问题却得到了很好的解决，他们的学生课后无作业。"零作业"的教学管理制度为什么能够成功？答案就在于他们的课堂教学是以学为主的课堂，是"动而活"的课堂，是学生自主学习的课堂，归根到底，是高效的课堂。在课堂上学生就能自主地达成教学目标，作业已经失去了存在的意义。

4. 确立了预习在教学模式中的重要地位

预习、展示、反馈是"三三六"自主学习模式的三个模块，与其他教学模式相比，"三三六"模式的一个突出特点就是把预习提高到了前所未有的重要地位，由辅助性环节演变成为整个教学模式之本的独立教学环节。其实，在教育教学中，预习发挥着重要的作用。认知教育心理学家奥苏伯尔曾说："如果我不得不把教育心理学的所有内容简约成一条原理的话，我会说，影响学习的最重要的因素是学生已知的内容。"这句话被视为体现着奥苏伯尔整个理论体系的核心。因此，"学生已知的内容"是学生进行学习的必要基础。预习的重要价值就在于让学生在教师正式

讲授相关内容时具备必要的基础。在以往的教学中，我们对预习的价值显然认识不足，教师可以拿出时间精心备课，有备而教，学生却没有足够的时间精心备学，学而无备，致使教与学脱节，教师讲得口干舌燥，学生还是无精打采。这样，无论教师的课讲得多么精彩，因为没有引起学生积极而有效的思想和情感的反应，教师的努力付出变成了徒劳！杜郎口中学深刻认识到了这一点，即把课堂还给学生，让学生拥有话语权，首先应给学生提供必要的基础；否则，学生即使拥有了话语权，可能无话可说，或者说而不当，偏离了课堂教学的主航道。那么，所谓的自主学习也就流于空谈，因为学生没有建立起自主的基础，又谈何自主学习呢？自主学习的必要基础就是通过预习建立起来的。通过有组织、充分地预习，学生掌握了必要的知识和技能，明确了自己已经知道了什么，更清楚自己的疑问在哪里，为进一步学习做好了积极的心理准备。特别需要指出的是，在"三三六"模式中，预习不是由单个学生独立完成的，而是在小组合作中实施的，这就保证了预习的良好效果。因此，可以这样说，预习是"三三六"模式成败攸关的一个模块，没有预习就没有展示，没有预习就无法谈反馈，预习是"三三六"模式之本；甚至也可以这样说，预习模块的设置，在教学论上是一个重要的理论建树。

（五）校长是教育教学改革的关键

原国家教育委员会副主任柳斌曾说："一个好校长就是一所好学校。"苏霍姆林斯基是这样，魏书生是这样，李希贵是这样，杜郎口中学的崔其升也是这样。

校长是一校之魂，是学校工作的决策者、指挥者。校长的教育理念、工作态度、工作水平，直接决定着整个学校的发展水平。校长的责任心、事业心直接关系到教师对课程改革的态度，关系到一所学校推进课程改革的进程和实效。课程改革、教育创新，要依靠领导班子、广大教师集体的智慧和力量，但如果校长思想上不重视、行动上无措施，只是指挥别人干，自己袖手旁观，对课程改革精神似懂非懂，缺乏深刻理解，学校的课程改革就不可能有大的进展，教育创新就不可能有新的突破。

校长是一位教师，但更应该是学校教育教学工作的领导者和管理者。在课程改革中，校长面临着比教师更大的挑战，肩负着比教师更重的责任，不仅要在教育教学第一线研究和实践新课程，而且必须承担对本校课程改革规划、组织、管理、指导的职责，真正成为学校课程改革的组织者、管理者、指导者、领路者。

（六）教育教学改革具有无限的前景

今天的教育模式可以说是在物质极为匮乏，技术手段极为落后的条件下形成的原始学校教育的延续。即在人类学校教育出现之初，由于没有纸张与印刷技术，教材及教学内容等所有的教学信息只有通过教育者口耳相传才能传达给学习者，教学信息完全被教育者所垄断、控制。课堂上教师不讲，学生就无法获得教学信息，就学不到知识。如孔孟时代，孔子与孟子作为教师，由于没有教材（或像今天学校上课学生人手一册），在教学过程中教师不讲，学生就不知道学什么，也根本无法获得所要学的知识。从而形成了课堂教学必须依靠讲，甚至"满堂灌"式的教学现象。

因此，如果口耳相传的满堂灌教学模式是今天我们学校课堂教学的基本模式，那么也就可以说在人类社会各方面都出现创新发展的背景下，只有教育教学模式仍顽固地保存着其诞生以来的模式，成为人类社会进化发展史上保存到现在最古老、最完善的一块"活化石"。

随着物质条件的极大丰富，科学技术日新月异，计算机信息技术的发展更是突飞猛进。在计算机领域有一个人所共知的"摩尔定律"，它是英特尔公司创始人之一戈登·摩尔于 1965 年在总结存储器芯片性能的增长规律时提出的，即"微芯片上集成的晶体管数目每 12 个月翻一番"。当然这种表述没有经过什么论证，只是一种现象的归纳。但是后来的发展很好地验证了这一说法，使其享有了"定律"的美誉。后来表述为"集成电路的集成度每 18 个月翻一番"，或者说"三年翻两番"。"集成电路的集成度"的发展速度是这样，教育教学模式的发展速度如何？从上述可以得知，自古未变！也就是说在教育信息不再由教师独有时，学生可以广泛地从多种途径获得教学内容时，传统的口耳相传教学方法就应该到了彻底改变的时候。但应该如何变化呢？根据个体认知过程，可以有多种途径。这无疑是当我们打破传统教学模式的枷锁之后，教育改革的前景将无限广阔，并具有无限魅力。

"我不知道为什么今天我的生活完全激动了，一种狂欢的感觉穿过了我的心。"杜郎口中学为教育的明天打开了一扇明亮的天窗，让我们共同携手，去创造教育的美好明天吧！

第三节 东庐中学"讲学稿"教学改革

南京市溧水县东庐中学创办于 1958 年，位于百里秦淮源头的东庐山下，是一所典型的农村初中。这里交通便捷，环境优雅。从 1999 年开始，在校长陈康金的率领下，大胆尝试以"讲学稿"为载体的"以人为本、教学合一"的改革，积极探索提高教育教学质量的有效途径，努力寻求农村初中实施素质教育的最佳切入点和结合点，追求"合融教育"，积极打造合群、合作、合享的团队，倡导无形约束、有效劳动，崇尚"至博至淳"，着力培养学识广博、气质淳厚、可持续发展的师生。通过多年实验，现在该校已发展成为江苏省示范初中，先后获得"南京市教育教学突出贡献奖""南京市推进素质教育示范初中""江苏省文明学校""江苏省基础教育课程改革先进集体""国家级教育改革特色学校""全国初中教育改革创新示范学校""全国百强特色学校十佳示范学校"等 20 多项重要荣誉。

一、"讲学稿"教学改革的主要内容

东庐中学的教学改革主要包括改革备课模式，实行以"讲学稿"为载体的课堂教学改革；改革课外辅导方式，由课外转向课内，不使用辅导资料，停止补课，取消竞赛辅导班，实行"周周清"两部分。

（一）改革备课模式，推行"讲学稿"

"讲学稿"是东庐中学在新课改过程中首创并经过长期探索、完善而汇集成的有效课堂教学模式的一大特色和亮点，是集教案、学案、笔记、作业、测试和复习资料于一体的师生公用的教学文本。

"讲学稿"的编写形式有以下四个特点：

第一，"讲学稿"包含科目、课题、课型、讲学时间、学习目标、学习过程、课内训练题、课外训练题、执笔者、审核者等内容。

第二，"讲学稿"与一般教案和讲义有所区别，不能把"讲学稿"写成类似学习辅导用书的模式。

第三，不同学科、不同课型的"讲学稿"都应该有各自的特色。

第四，"讲学稿"的编写主要按课时进行，与教师上课、学生学习的进度同步，适合于不同课型的教学需要。

"讲学稿"的编写原则有以下五个：

第一，编写基本原则包括主体性原则、合作性原则、指导性原则、探究性原则、开放性原则、实践性原则、创新性原则。

第二，应该具备明确的学习目标。

第三，能帮助学生梳理知识结构体系。

第四，为学生提供适当的学习方法指导。

第五，应提供检测学习效果的适当材料，或注明该检测材料所在的资料。

"讲学稿"的编写过程中要体现"提前备课、轮流主备、集体研讨、

优化学案、师生共用"的精神。

（二）改革课堂教学模式，探索小组合作、师生互动的课堂教学

"讲学稿"设计的精细化只是东庐中学提高课堂教学效果的第一步。为了有效地在课堂教学中实施"讲学稿"，东庐中学对学生与教师分别提出了具体的使用要求。

学生使用"讲学稿"有以下三个要求：

第一，拿到"讲学稿"后应根据其内容进行认真预习，先解决基础题部分，再做提高题。碰到生疏的、难解决的问题要做好标记，以便第二天与同学交流或在课堂上向教师提问。

第二，在课堂学习中要适当做些关于学习方法、规律等内容的笔记，学完一课后，要在"讲学稿"的空白处记录学习心得。

第三，每隔一段时间（通常是一个月），应将各科"讲学稿"进行归类整理，装订成复习资料。

教师使用"讲学稿"有以下四个要求：

第一，应认真指导学生使用好"讲学稿"，并定时抽部分"讲学稿"（多少视情况而定，一般抽好、中、差三类学生各一份）检查，以了解学情，据此进行课前备课。

第二，在课堂教学中使用"讲学稿"，要努力做到：新知识，放手让学生主动探索；课本，放手让学生阅读；重点、难点和疑点，放手让学生讨论；问题，放手让学生思考解答；结论或中心思想等，放手让学生概括；规律，放手让学生寻找；知识结构体系，放手让学生构建。

第三，使用"讲学稿"进行教学时，一方面要引导学生通过思考获得知识，暴露思考过程中的困难、障碍和错误；另一方面要发现学生创造性思维的火花，及时给予鼓励和拓展。

第四，用"讲学稿"教学时要做到"四精四必"（精选、精讲、精练、精批；有发必收、有收必批、有批必评、有评必补）。

此外，"讲学稿"教学法还要求教师在教学中提高以下能力：一是提高备课中的"厨师能力"。精选材料，精选认知策略，精选反馈信息，精选教学手段，在抓"重点"、攻"难点"、解"疑点"上下功夫，在提高学生能力的"支撑点"及激发学生主体意识的"兴奋点"上下功夫。二是提高课堂上的"公关"能力。激励、唤醒学生的主体意识，使之由"要我学"变为"我要学"，主动接近学生，通过平等、民主的交往方式，了解学生的知识需要与情感渴求。三是提高教学中的"导演"能力。为学生创设表演的舞台，让课堂充满魅力，根据教材内容需要，恰当使用多种教学手段，做到寓教于需，寓教于乐，寓教于情，从而使学生始终处于学习的亢奋状态。

以"讲学稿"为依托的课堂教学，以学生的自学为主线，突出了学生的主体地位，优化了教学过程和学习过程，真正实现了"教学合一"。

（三）由课外转向课内，改革课外辅导方式

为防止"穿新鞋走老路"，防止教师囿于旧思维、老办法，为在动态中把教育观、教学观、学生观转变到位，东庐中学紧接着实施了配套改革措施：废除两项管理制度，确立一项新的课外辅导方式。

1. 停止补课、取消竞赛辅导班

从 2000 年起，东庐中学全课程开足课时，杜绝初一、初二双休日补课、初三周日补课以及寒暑假补课现象。那种"课内损失课外补"的思想没有了温床，迫使教师改变思路，探究如何在课内做文章；学生的手和脑被解放出来，许多课外活动得以全面开展。不设竞赛辅导班，竞赛辅导由课外转向课内，由集中辅导转向日常教学之中。

2. 采取"周周清"的课外辅导方式

"周周清"采取面批、个别辅导等弥补形式。其特点是以个别辅导为主，集中讲授为辅；以学生自我纠错为主，教师指导为辅。适用对象是当周学习内容不能过关的学生。

二、"讲学稿"教学改革的特点与影响

（一）"讲学稿"教学改革的本质与特征

东庐中学教学改革以"讲学稿"为载体，其核心是"教学合一"。

1. "教学合一"颠覆了"以教定学"的传统教学理念

兼教师的教案和学生的学案为一体的"讲学稿"，实现了教与学的统一，即"二元合一"。在传统教学中，只有教师给，学生才能有，就是"二传手"，教师把自己理解的、学到的知识教给学生，简单地说就是学生在学老师的知识和经验，根本没有自己的见解和想法。而进行"讲学稿"改革，从学生学习过程中的"预习"这一环节起步，其本质就是"学生带着教材走向教室"，即学生自己先自学教材，带着疑难问题走进课堂，然后师生共同探求，教师引导，让学生做课堂中的真正主人。

2. "教学合一"回归了教育教学的基本规律

"教学合一"，回归到了"'学'字的意义，是要让学生自己去学，不是坐而受教"这个基本而朴实的教育规律。然而，"灰色"的理论要转化为"绿色"的教育实践，困难重重，因为"教学生学"远远难以"灌输"，需要花费大力气学习、思考，更要花费精力去研究学生，研究教材，但东庐中学的师生坚持、完善、发展了这一做法，从而取得了成功。

3. "教学合一" 以合群、合作、合享，构成了 "合融教育" 理念

"讲学稿" 的 "教学合一"，就是以合作的方式培养合群的学生，实现了教学相长成果合享。合群、合作、合享构成了 "合融教育" 的理念。"合融教育" 理念是对 "以人为本，教学合一" 教学理念的提升，并扩展至学校教育的多元要素。

合群，即培养合群精神，就是要积极参与群体生活，乐于向他人学习。这是 "合融教育" 的第一境界。

合作，即培养合作意识，就是要与他人在生活上相互关心，在工作或学习中相互协作，共同提高。这是 "合融教育" 的第二境界。

合享，就是共同享有合作后的成果，共同分享努力的喜悦。合享是 "合融教育" 的第三境界。

在 "合融教育" 体系中，合群是基础，合作是手段，合享是目标，三者前后衔接，层层递进，每个层次在横面上都包括了学生、教师、家长、社区，在纵面上都包括了目标、内容、方法和评价。"合融教育" 理念是对 "以人为本，教学合一" 教学理念的提升，并扩展至学校教育的多元要素。

"合融教育" 是学校发展的新平台，它的提出，为东庐中学插上了一双腾飞的翅膀，使得东庐中学更加朝气蓬勃。东庐中学以 "合融" 理念突出了 "至博至淳" 的学校愿景，强化了 "弘扬东庐文化，以人文精神辐射乡里，树立办学榜样，以教改经验造福一方" 的学校使命，催生了 "无形约束，有效劳动" 的科学管理理念，优化了人际关系，形成了教研共同体。东庐中学的 "合融教育" 激活了应当发展、需要发展、也可以发展的人。全校学生虽来自乡村，但他们面容灿烂，灵气十足，找到了生活的自信；这里的教师并不来自知名学府，但他们不卑微，而是恪守信念，满怀激情地登上了一方价值实现的舞台。①

(二) "讲学稿" 教学改革产生的影响

1999 年，东庐中学的 "讲学稿" 教学改革就已推出。"讲学稿" 的创立对于改革传统教学弊端，提高教学质量，减轻学生负担，促进学生全面发展起了积极的推动作用。起初，"讲学稿" 只是应用在数学科目上，由于效果显著，后来才渐渐推广到了语文、英语、物理等学科中。

目前，全国有千余所学校在学习、借鉴东庐中学 "讲学稿" 教学模式，该模式不仅在初中广泛推广，而且在部分高中、小学也推广应用。全国各地借鉴东庐中学形成的 "导学稿" "研学稿" "学案" "导学案"

---

① 水边. 东庐——本色的学校　本真的教育 [J]. 溧水教育，2008 (1)：8.

等纷纷出炉。2005 年 1 月 2 日，《中国教育报》以 "减负增效靠的是'讲学稿'" 为题介绍了该校的教学改革经验。东庐中学已与全国各地三百多所学校建立了友好关系，并主导成立了一个全国范围的讲学稿研究会。

21 世纪初，东庐中学开始接受外校校长和教师挂职学习的方式。学校领导和教师多次应邀到省内外交流、研讨。前来东庐中学考察、参观的专家、学者已近二十万人次。

三、"讲学稿" 教学改革的经验和启示

东庐中学作为一所典型的农村学校，无论是硬件建设还是教师资源等都不占优势，但该校在 "以人为本" 理念的指导下，探索出提高课堂教学质量的最佳途径与实施素质教育的最佳切入点，取得了可喜的办学效果。对此，我们可以从中获得许多启示。

（一）先进的教育理念是学校发展的灵魂

东庐中学 "讲学稿" 教学改革将 "以人为本" 的理念转化为实实在在的教育实践，落实到教学中，这是对素质教育和新课程改革的准确解读，切合农村教育的实际，符合新时期教育的发展方向。实践也证明，这一理念指导下的教学改革突出了学生的主体地位，转变了学生的学习方式，在促进学生发展的同时促进了教师的专业成长，并大面积提高了教育质量，获得了社会的广泛赞誉。如果缺乏先进的教育理念指导，或只是表面认同而未能践行，必然使学校陷入 "应试教育" 的怪圈，在新课程改革浪潮中丧失机遇，难以发展。这说明，先进教育理念是学校发展的灵魂。①

（二）提高教师专业素质是学校发展的动力

教师是学校发展的第一生产力。毫无疑问，高素质的教师队伍是东庐中学教学改革取得成功的根本保障。该校为了实施 "讲学稿" 改革措施，首先做的是提高教师专业素质，学校从转变教学观念到备课、上课、课外辅导等方面对教师开展了全面培训，大大提高了教师编制高质量 "讲学稿" 的专业能力，确保了教学改革顺利实施。提高教师专业素质的基本做法是以改革备课方式入手，做到 "提前备课、轮流主备、集体研讨、建立师生发展共同体" 等。人人开展教学研究，做外来挂职学习的校长和教师的指导教师等。

---

① 郑向荣. 构建教学合一模式　探索改薄创优之路：东庐中学教学改革经验述评 [J]. 教育导刊，2008（8）：21.

（三）精细化的常规管理是学校发展的基础

东庐中学"讲学稿"教学改革的成功经验启迪我们，学校发展离不开精细化的常规管理。该校的教学改革并没有十分追求新奇，而是扎扎实实地抓常规管理，制定全方位的精细化管理目标，包括教师管理目标、学生管理目标和部门管理目标；优化可监控的精细化管理过程，在监控中反思、修正、提高；落实可操作的精细化管理措施，并注重这些环节的反馈和评价，从而使教学质量稳步提高。如数学、物理等学科，以大容量训练为主。教师将"讲学稿"发给学生后，一般收回两次，第一次是上课前检查预习的情况，第二次是检查课堂训练情况，并在课后培优补差的时间内进行辅导，实现"周周清"。每一个活动都有明确的目标和具体的要求，还有相应的评价制度加以规范。

（四）有特色的教学创新是学校发展的品牌

东庐中学既借鉴学习洋思中学的先进经验，又根据本校实际，研创出独具自身特色的课改模式。一份"讲学稿"，把以质量为核心的教学改革全盘激活，将集体备课、校本教研、课堂教学、课后辅导都落到实处，突出了学生的主体地位，转变了学生的学习方式，减轻了学生的负担，提升了教学效果，优化了学校管理。"讲学稿"已成为东庐中学教学改革的特色和品牌。

东庐中学的成功经验启迪我们，学习名校的经验，不能靠简单"移植"，一定要研究自身的条件与特点，找准突破口，立足教学常规，遵循教育教学规律，用发展的眼光认识常规，以改革的手段完善常规，以创新的思维超越常规，从而形成自己的特色，全面提高办学质量和效益。

附课例

东庐中学初三语文师生讲学稿

课题：《星星变奏曲》　课型：新授　执笔：向志燕
审核：初三语文备课组　时间：2005 年 9 月

学习目标：

1. 了解朦胧诗。
2. 理解变奏曲的含义。
3. 理解诗中一些比喻句的含义。

学习重点：理解诗中诗人所寄托的理想及朦胧诗的特点。

学习难点：理解诗中"星星""静夜""土地"等物象的象征意义。

学习过程：

课前热身：

一、资料链接：阅读下列资料，了解"朦胧诗"的有关知识。

朦胧诗人无疑是一群对光明世界有着强烈渴求的使者，他们善于通过一系列琐碎的意象来含蓄地表达出对社会阴暗面的不满与鄙弃，开拓了现代意象诗的新天地、新空间，是新时期的一个非常重要的文学流派，以舒婷、顾城、北岛等为先驱者的一群青年诗人，从 1979 年起，先后发表了一种新风格的诗。

这种诗有很多年没有出现在中国的文学报刊上了。最初他们的诗还仿佛是在继承现代派或后现代派的传统，但很快他们就开拓了新的疆域，走得更远了，自成一个王国。作者江河，是变革时代的中国新文学史上"朦胧诗"的运动主将之一。《星星变奏曲》体现了"朦胧诗"的一些典型的特征。

二、反复朗读诗歌，思考以下问题：

1. 诗中先后出现了哪些意象？你知道它们分别象征什么吗？
2. 这首诗表达了诗人怎样的渴望？
3. 两小节诗在结构和语言上分别有什么异同点？

课堂学习：

一、导入。
二、整体感知。

1. 朗读全诗，把握好字音和节奏。

2. 听范读，并谈谈听完全诗后的感受。

3. 再读全诗，感受诗的上下两部分所描绘出来的意境有什么不同？

三、合作探究：

1. 诗中的"星星"象征着什么？诗人反复咏叹它，表达了他怎样一种渴望？

2. 这首诗为什么题为"星星变奏曲"？

四、品味鉴赏：你认为诗中的哪些诗句最精彩？请找出来，并说说你的理由。

五、课后作业：完成课后练习二、三。

第八章 中小学教学改革与教师专业发展

具有教学改革创新能力的教师才是最优秀的教师，才是实施有效教学的教师，才是真正的卓越教师。

——题记

教师专业发展是指教师在整个专业生涯中，在特定环境内，依托专业组织，通过终身专业训练与学习，逐步提高专业道德、专业情怀、专业知识和专业能力，成为一个优秀的教育专业工作者的过程，是从"普通人"发展成为"教育者"的过程。专业道德、专业情怀、专业知识、专业能力等是教师专业发展的主要内容。其中具有教育情怀、教学改革创新意识和能力是教师专业发展的核心素养，是教学改革的智慧源泉。本章重点探讨教师专业发展和中小学教学改革的关系、教师专业发展的途径与方法、我国当代教学改革名师专业发展的基本素质，以及我国当代教学流派的发展与分类等问题。

第一节 教师专业发展是中小学教学改革的前提

中小学教学改革和教师专业发展是相互依存的，一方面中小学教学改革是以教师专业发展为前提，教学改革是教师教育教学创新的结果，凝聚着教师的教学智慧和艺术，是教师教育情怀的体现，是促进教师专业发展的有效途径；另一方面，教师专业发展是在教学改革行动中实现的，教学改革是培养教师教育情怀和教学改革创新意识与能力等核心素养的实践基础和广阔土壤。

一、教师专业发展是中小学教学改革的前提

（一）教师是中小学教学改革的根本力量

首先，教师是教学改革的设计者与实验者。教书育人是教师的天职和职业的本质特征，教师是否完成教书育人的任务，教学效率如何，教

学过程有哪些环节，如何调动学生学习的积极性，等等，这些具体的教育教学问题，教师只有在教学过程中才能发现和感悟。我们说教学改革离不开先进的理念、专家的指导，但到底应该如何进行教学改革，提高教学质量，做到以生为本，还必须依靠广大教师的教学实践和智慧，他们是教学改革的主力军。当代所有著名的教学改革者，如李吉林、邱学华、魏书生等无一不是身处教学一线的教师。

其次，教师又是教学改革的落实者与推广者。教学改革方案产生之后要推广某种教学改革成果，要实现预期的教学改革效果，提高教学效率，必须依靠广大教师将其落实到具体的教学过程，渗透到每一节课、每一教学内容和全部教学对象。没有广大教师的教学活动，再好的教学改革方案和教学改革成果都不会产生好的教学效果。只有广大教师具有改革意识，支持、参与教学改革，教学改革目标才能最终实现。

再次，教师教学改革创新素质是中小学教师改革的智慧源泉。我们知道，教学改革是在对当下教学现状认识的基础上，为了解决教学中存在的问题而展开的教学创新活动。教学要改革创新，教师首先要具有改革创新的素质。"教师是立教之本、兴教之源"，核心在于强调教师要有教学改革创新意识和能力。

最后，教师是深化课程改革的关键因素。当前，我国深化基础教育课程改革已进入"深水区"，改革的难度更大，遇到的问题更复杂，广大教师全力以赴、以大无畏的精神突破课程实验和实施的瓶颈，这是决定课程改革成败的关键。课程实施不是一个简单执行课改方案、教教材的过程，而是一个统一理念、理解标准、主动创新的过程。课改实施的关键是教学改革，教学的关键是教师，只有通过教学改革的实践，课改理念才能真正转化为教师的行动，才能深化课程改革，完成教学改革临门一脚的突破。教学改革和教师专业发展已经成为深化课程改革各方面所关注的焦点。

（二）教师专业发展是在教学改革的活动中实现的

教师专业发展是教师个体专业不断完善的历程，是教师不断接受新知识、增长专业技能的过程，是教师的职业理想、职业道德、职业情感、社会责任感不断成熟、不断提升、不断深化的过程。它是教师通过接受专业训练和自身主动学习，逐步成为一名专家型和学者型教师，不断提升自己专业水平的持续发展的过程。如前文所述，课堂教学是教师践行新理念、新方法、新技能，开展改革的主阵地，也是教师专业化成长的基本途径。通过这个途径，特别是教学改革可以激发教师的教学研究意识，促进教师在解决教学问题的过程中进行校本研究，有利于教师进一步认识教学规律，把握教学本质，使教学活动更加专业化；有利于教师不断从事教学探究和教学创新，养成教学反思的行为习惯，增加学习需要，促使教师加强自身学习，不断丰富专业知识，提高专业技能，催生教师的教育智慧，从而加快专业化成长；有利于进一步强化教师的从教意愿，培养关爱学生、献身教育事业的教育情怀；有利于教师提高教学管理能力，为教师专业发展提供教学改革管理实践的机会和经验。教学改革不仅是教师专业发展的基本途径和重要平台，也是衡量教师专业发展水平的试金石——具有教学改革创新能力的教师才是最优秀的教师，才是实施有效教学的教师，才是真正的卓越教师。

二、促进教师专业发展的基本途径与方法

（一）促进教师专业发展的基本途径

途径指人类解决问题的路径和渠道。教师专业发展的途径就是教师为了实现教师专业发展目标、解决自我专业发展问题所经由的路径或渠道。在不同学科语言背景下，对其的理解也不同：从课程角度看，可以将途径理解为教师专业发展的课程，可分为理论性教师专业发展课程和活动性教师专业发展课程；从教师专业发展的内外因素看，可以分为教师专业发展内部途径和教师专业发展外部途径；从教师专业发展的职业生涯角度看，教师专业发展途径可以分为师范教育、入职辅导、在职培训和自我教育。

基于教师专业发展的职业生涯角度来看，教师专业发展的途径主要包括：第一，师范教育，各类师范院校是培养教师的专业机构，是教师个体专业化的起点和基础，建立在教师的专业特性之上，为培养教师专业人才服务。现阶段，我国师范毕业生必须通过教师资格考试，取得教师资格证书才能获得从事教师职业的资格。第二，新教师的入职辅导，由有经验的教师进行现场指导和短期系统培训，目的是使之尽快转变角色，适应教学需要，胜任相应工作岗位。第三，在职培训，在职培训有很多方式，如校本培训、校本教研、建立教师专业发展学校等。第四，自我教育，即专业化自我建构。这是教师个体专业化发展最直接、最普遍的途径。自我教育的方式有经常性的系统自我反思、主动收集教改信息、研究教育教学中的各种关键事件、自学现代教育教学理论、积极感受教学的成功与失败。教师自我教育是专业理想、专业情感、专业技能、专业风格形成的关键。

（二）促进教师专业发展的方法

促进中小学教师专业发展的方法有很多，且在不同时期，主要方法

也会根据教师专业核心素养的变化和教学技术手段的更新而不同。目前，中小学教师专业发展最主要的方法包括终身学习、行动研究、教学反思、同伴互助、专业引领和课题研究。

1. 终身学习

为了适应知识迅猛更新和教学工作的复杂性，教师必须学会学习，养成终身学习的习惯，要不断更新自己的知识结构，使自己的课堂常教常新；要树立较强的教育科研意识，认真学习和掌握教育研究的基本方法和相关的理论知识，自觉地在研究中应用；要在教书育人的实践中学习积累，不断丰富自己的教学知识和经验。终身学习是教师专业发展的前提保证。

学习方式主要包括个体学习、互动学习、团队学习。

个体学习。指教师个体主动学习间接经验和积累实践经验。向书本学习，博览群书，学习教育教学理论著作、学科发展知识等，教师应该具有通识知识和著作；向周围其他同仁学习，学习他们教书育人的经验和方法，可以少走弯路；网络学习，不断提高自己的信息素养，熟练地运用计算机，通过计算机获取、传递和处理信息。要积极主动地积累实践经验，要多实践，实践出真知灼见，实践长才干。

互动学习。指师生之间在教学互动活动的过程中相互学习提高，做到教学相长。

团队学习。指教师同行在相互合作中不断超越自我，相互学习，取长补短，提高自己的专业能力，形成合作文化。这种学习方式是校本研究的基本途径与方式之一。我们的社会正从"学历化社会"走向"学习化社会"，若研究只停留在教师个体，显然不利于打造学习型学校。

2. 行动研究

著名社会心理学家勒温认为行动研究法的定义是："研究课题来自实际工作者的需要，研究在实际工作中进行，研究由实际工作者和研究者共同参与完成，研究成果为实际工作者理解、掌握和实施，研究以解决实际问题、改善社会行动为目的。"行动研究法的主要特性是：研究课题来源于实际工作者主动变革的需要；研究目的着眼于解决实际问题，改善现实；研究在实际工作中进行；研究的主体是教育实践者，以研究人员、教师、行政领导乃至学生家长间相互合作的方式进行研究；研究的动态性、发展性和螺旋式上升等。行动研究法一般包括以下三种类型：个别行动研究，如在个别班级中进行，围绕个别班级的问题开展；合作行动研究，在多个班级中进行，围绕共同的问题开展；校际行动研究，围绕学校的共性问题或学校的发展进行。近年来，行动研究已经成为教师专业成长、课程改革的重要手段之一。

行动研究是教师专业发展的基本方法。教师开展行动研究，可以转变传统的教育思想，构建新的教育理念，产生推动教育改革发展的动力。教师运用此法促进专业发展时应注意：

（1）掌握行动研究的步骤。

行动研究的基本步骤如下：

①对问题进行梳理，包括学校层面、学科教学层面（教研组、年级组）、教师个人层面。

②构建问题链或问题树，发现带有普遍意义的关键问题，或亟待解决的问题。

③确定校本行动研究的当前课题和后续课题。

④筛选和学习有关的理论和方法，制订行动计划。

⑤实施行动策略，进行教学观察和记录。

⑥总结和反思（小组协作讨论或个人反思），提出改进策略，撰写行动研究报告（如叙事研究报告、教学案例、研究论文等)[①]。

上述各步骤可简化成如图 8 - 1 所示：

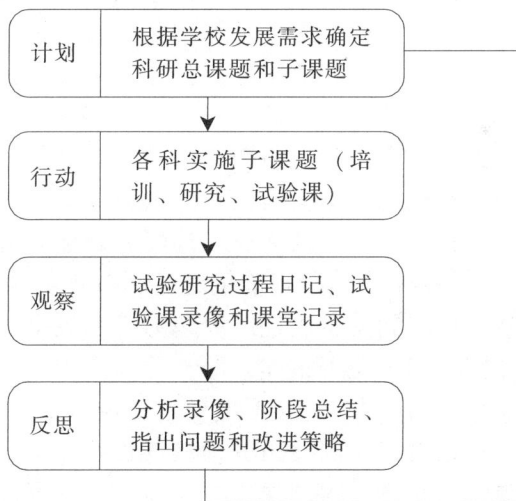

计划	根据学校发展需求确定科研总课题和子课题
行动	各科实施子课题（培训、研究、试验课）
观察	试验研究过程日记、试验课录像和课堂记录
反思	分析录像、阶段总结、指出问题和改进策略

图 8 - 1　行动研究法程序示意图

（2）让行动与合作、反思紧密结合。

行动是校本研究的出发点，教师的成长和发展的关键在于实践知识

---

① 叶平. 什么叫校本研究［EB/OL］.（2010 - 03 - 07）［2020 - 02 - 22］. http：// blog. sina. com. cn/s/blog_4bc83a7b0100fhuf. html.

的不断丰富和实践智慧的不断提升。校本研究就必须从研究"行动"开始，始终紧扣教育教学的"行动"进行研究，并且把落脚点放到提高教育教学行为的自觉性上，使校本行动研究由"行动"开始，通过"合作"与"反思"进入高一层次的新的行动。立足于教师教学行为的研究方法，更为注重教师对自己教育实践活动的反思，研究成果直接改善教育教学行为，以教师变化促进教学的变化，有效地促进教师的教学能力和教学水平的提高。

3. 教学反思

教学反思指教师借助行动研究，不断探讨与解决教学目的、教学工具和自身方面的问题，不断提升教学实践的合理性，使自己成为专家型教师。教学反思能促进教师积极主动地探究教学问题，有助于教师成为研究者，有助于改造和提升教师的教学经验。它是教师专业成长的必经之路。

教师运用此法促进专业发展的策略：在教学实践中，根据反思的源起，可以将反思策略分为两大类，即内省反思法和交流反思法。

内省反思法是指教师主动地对自己的教学实践进行反思的方法。根据反思对象及反思载体的不同，内省反思法又可分为以下几种具体的方法：一是反思总结法。反思总结法主要是指通过自己的记忆，对自己的教学实践予以总结、反思的方法，从而进一步使教学实践中的"灵感"内化，也使教学实践中出现的问题得以解决。二是录像反思法。录像反思法是通过录像再现自己的教学实践，教师以旁观者的身份反思自己的教学过程的方法。这种方法最大的优点就是能客观地对自己的教学过程进行评价，这样能更好地强化自己已有的经验，改正和弥补自己的不足。三是档案袋反思法。档案袋反思法是以专题为反思线索对教学实践进行反思，包括课堂提问的形式是否多样，课堂提问的内容是否为课堂的重点、难点，对学生提问的形式、难度是否符合学生的实际能力，等等。

交流反思法，可以就某一问题与其他教师进行交流，也可以是在听完某教师的一堂课以后，针对这堂课进行交流。这样可以反观自己的意识与行为，加深对自己的了解，并了解其他教师与自己不同的观念，进而取他人之长，补自己之短。

4. 同伴互助

同伴互助是指教师同行或团体成员之间用一种平等、合作互助的方式，以发现和解决教师现有的问题为基础，通过团队合作、经验分享、对话交流等方式促进教师专业发展的一种活动。孔子说"三人行必有我师焉"，虽然同伴间可能水平相当，但每位教师的思维方式、个性、特长、经历等各有差异，同伴间的交流合作定能碰撞出智慧的火花。同伴互助是教师专业成长的有效方法。

同伴互助的主要方式包括：磨课、沙龙和展示等。

磨课是对课堂教学研究的一种形象化说法，是课例研究的重要方式之一。磨课一般由集体开展的"备课—上课、听课—评课"组成。磨课的过程，就是一个完整的教学管理过程，从目标的制定到具体实施，再到最后的总结评价，正好构成了一个完整的流程。在"磨课"的每一个环节中，都是集体参与讨论、策划、修订和完善，它反映了集体的意志和智慧，充满了民主和谐的氛围，自动构成了一个能动的"磁场"，带动每一个成员自主地参与并自如地运行。在磨课过程中，主要有两种方法值得学习：第一种是"一课多师上"，即同一堂课由几位教师同时执教，而且执教者的地域跨度越大，执教风格和思路差异越大，研究探讨的价值也就越大，这样的磨课，往往能让执教者之间更好地进行取长补短、借鉴改进、优化整合，有利于教改的不断深入；第二种是"一课一师多上"，即一堂课由一位执教者上多次，每上完一次课，都有一个集体探讨和修改教学方案的过程，然后重新执教，纵向对比成败得失，并进一步修改完善，不断优化，不断超越。这两种磨课方法，都采用了"比较法"的研究策略。不管是横向比较还是纵向比较，都有利于将教学研究推向深入。

沙龙是指在教育工作者或教育研究者之间进行的主题性小型教育研讨活动。这样的研讨活动有五个特点：一是要有一个合适的主题；二是要有一定数量的教师或专家；三是要有一位主持人能起到穿针引线的作用；四是要围绕主题开展轻松自如且深刻的对话，参与者之间没有绝对的权威，大家各抒己见，时常有思想交流、智慧碰撞、观点交锋；五是最终应该形成对讨论主题的阶段性的看法或认同，这是众人观点和智慧的有机整合。

学校的"教育沙龙"有很多形式，按沙龙的途径可分成"场景式沙龙"和"网络式沙龙"。场景式沙龙是在一个现实的场景中开展的沙龙，它的优点是氛围好，互动频繁，信息传输快；而网络式沙龙是指参与者在网上同一个论坛或聊天室中开展的沙龙，它的优点是不受空间限制，文本形成迅速，传播范围广。

展示是指学校定期由教研组或课题组以研究小组为单位，向其他教研组或教师群体展示各自研究课题的阶段性的实践、思考和成果。教学研究的展示虽然是一时的、短期的，但展示前的准备工作却是大量的。以教研组为例，教研组长要对本组成员进行展示前的分工落实，明确各人展示的任务和内容，而且要形成一个整体和展示的序列。比如围绕研究的课题，安排好活动策划者、课堂执教者、活动主持者、活动发言者、媒体宣传者、问题讨论者、成果收集者等。在展示活动中，展示小组的所有成员各尽所能、各显神通，这样，每个人的专业能力会在展示的全过程中得到较好的培养和锻炼。

5. 专业引领

专业引领指在同伴之间横向互助的基础上，教师专业发展还必须向专业研究人员和成功人士学习，不断接受先进理论、技术、方法和经验的专业指导。提倡校本教研与大学牵手，各级中小学教研部门、教师进修学校和教育科研机构的专业研究人员与中小学教师共同研究，建立起平等交流、共同成长、互补互益的伙伴关系，人人平等，能者为师。专业引领的主要形式有师徒结对、建立教师专业发展学校（中心）、开展专题报告等。专业引领是教师专业成长的重要条件。

教师运用此法促进专业发展时应该注意以下两点：

（1）明确专业引领的基本要求。

对教师的专业引领要目标明确、内容正确、方法适当；在专业引领中，要充分发挥引领人员和教师双方的能动性和积极性；对教师的专业引领要到位而不越位。

（2）专业引领的主要内容和操作方法。

一是阐释教育教学理念。在教师的专业发展过程中，让教师掌握并形成新的教育教学思想理念是教师获得专业发展的首要任务。引领人员可采用讲座、学术专题报告、专题理论研讨、教学问题诊断、案例评析、教学专题座谈咨询和引导自学等形式，让教师全面掌握新的教育教学理论。二是共拟教育教学方案。引领人员要与教师就某种教育教学内容或现象在共同探讨的基础上，共同拟定出教育教学方案。三是指导教育教学实践尝试。在教育教学方案拟定好之后，引领人员要与教师一起将共同拟定的教育教学方案直接用于教育教学实践。以教学为例，引领人员要引领教师将拟定好的教学方案直接用于课堂教学之中，要让教师在教学实践中尝试实施教学方案，验证教学方案的可行性和有效性。四是引导反思教育教学行为。在教师拟定的教学方案进行教学实践尝试之后，引领人员要安排和组织教师对教学尝试情况进行反思和评议。引领人员和执教者首先要对自己的教学设计和行为进行自我反思，说明设计思路，找出教学预拟方案与教学行为的不和谐之处，分析原因，寻找解决方案；同时，引领人员要引导其他参与教学实践活动的教师，针对教学设计和执教教师的教学行为，充分发表自己的看法和意见，指出其优点和不足，提出修改建议。

6．课题研究

课题研究是教师为解决某一教育教学问题而进行的探究性活动，它需要教师拥有广博的知识和过硬的专业能力以及良好的心理品质。课题研究对教师专业发展起着强有力的推动作用，它可以激发教师自主寻求发展，促进教师内在的自我更新。因此，课题研究是促进教师专业发展的有效方法。

利用此法促进教师专业发展时应该注意以下三点：

（1）区分"课题"与"项目"之间的差异。

"课题"就是要尝试、探索、研究或讨论的问题。《现代汉语词典》（第7版）把"课题"解释为：研究或讨论的主要问题或亟待解决的重大事项。课题是指为解决一个相对独立且单一的问题，而确定的最基本的研究单元。现实中有的教师把"课题"称"项目"，实际上课题与项目既有联系又有区别。"课题"是科学研究的最基本单元，具有较为单一而又独立的特征；而"项目"是由若干个彼此有联系的课题所组成的一个较为复杂的、综合性的科研问题。

（2）教师要以开展小微课题和课例研究为主。

由于教师教学工作重，研究时间和基础有限，很难在一些规划课题中取得实质性的成果。而一线教师面临许多丰富的、具体的问题，完全依靠专家学者去解决这些具体的问题是不现实的，因此小微课题成为教师研究的一种重要形式。小微课题研究不同于传统的规划课题研究，它的特点是问题切口小，研究周期短，与课堂教学紧密联系，从备课到上课，从作业的设计、批改到课外辅导，都从培养学生的思维能力入手。小微课题研究始终与教师教学的每个细节紧密相连，它对教学中的问题有一定程度的提炼，有一定的研究意义，研究的成果在一定范围内具有推广价值，以此促进教师在理论修养、研究方法、合作意识等多方面素养的提升。小微课题能让教师体会到课题研究的价值，改变了以前"只会埋头干，不会思考"的习惯，真正促进教师的专业成长。

课例研究是教师课题研究的重要方式之一。课例是教师课堂教学"轨迹"的真实反映，以课例为载体的校本研究，是解决教师在教学上遇到的问题、矛盾和困惑的有效方式。实施课例研究时，要直接与教师的教学工作产生联系，不是着眼于改进某一节课的活动过程，而是一种以教师为导向的教学循环，让教师反观教学过程的全貌；所有教师要协同合作，发挥同伴互助作用，活动的选择与组织要围绕问题的解决而进行，活动中教师既是设计者，又是表演者，更是评价者。通过课例研究，教师不但分享了集体的智慧和知识，而且为参与活动的每位教师创造了值得回忆的学习经历，为教师相互之间提供了有意义的学习经验，这种研究让教师感到亲切、容易接受，且能够解决实际问题，实效性强，有利于改善教师自身的教育教学行为。

（3）掌握课题研究的程序。

课题研究基本程序主要包括制订课题研究方案、研究课题开题、实施课题研究和课题总结。每个阶段均具有特定的研究内容和任务，教师要做好课题研究，一定要树立严谨的科学态度、扎实的研究作风，认真实施和及时总结每个阶段研究任务完成的情况。

第二节　当代教学改革名师专业发展的基本素质

教学改革名师，是指教育界的高层次人才，教育工作者中的杰出代表，教育理论的创立者和教育实践的带头人，包括广大优秀教师在内的在教育界具有广泛影响的名家和大师。教学改革名师不仅遍及中华，而且代有人杰、源远流长：从万世师表的孔丘到理学巨子朱熹，从具有圣化之功的董仲舒到享誉"爱满天下"的陶行知，从初中毕业成为特级教师的魏书生到博览群书的博士教育家李镇西……形成了灿烂辉煌的教学改革名师文化。正如世上没有一片树叶是相同的，每一个教学改革名师成长的道路与模式也是不相同的。为了促进教师专业发展，本节以魏书生、窦桂梅、李镇西、崔其升，即我国当代四位教学改革名师的专业成长过程与发展模式为背景做些尝试性的探讨总结，供广大中小学教师在进行职业规划与专业发展时借鉴。

一、我国当代教学改革名师专业发展的基本元素

（一）爱心是根，育人为首是教学改革名师专业发展的根本动力

1. 热爱教育

爱是教育的基本要求，没有爱就没有教育。教学改革名师之所以成功，与普通教师最大的区别首先体现在他们对教育、对学生具有炽热的情感，有当教师的强烈欲望与心理需要。这种情感成为他们专业发展的根本动力。热爱教育是教师职业存在的客观基础，不热爱教育教学的人，就没有资格成为教师，更不可能成为教学改革名师。正如窦桂梅在叙述自己专业发展经历时所说："也许是从小受父亲曾有两年教书经历的影响，我从小就想当一名老师，这个朴素的理想一直占据着我小小的充满

幻想的心。1982 年 7 月，15 岁的我以优异成绩考入了吉林师范学校。我高兴得好几天都没睡着，我以为，离理想已越来越近了。中师毕业后……我的唯一的愿望就是当一个真正的老师，站在讲台上，站在孩子们的笑脸中间。我觉得，只有那种生活，才是属于我的真正的人生……"① 窦桂梅是这样，魏书生、李镇西等教学改革名师的成长也是这样。

"爱心是根"决定了教学名师必然热爱教育的对象——学生，把育人放在首位，必然把当好班主任作为常规工作，始终站在学生中间，是学生最亲密的朋友。魏书生、李镇西、窦桂梅等都是全国优秀班主任。由此可知教师不当班主任就成不了名师，名师的标志之一就是名生辈出。"创造出值得自己崇拜的学生。"

"爱心是根"决定了教学改革名师专业发展的根本之路在于"以教师自主发展为主，外界培养为辅"的自我发展观。教学名师专业发展的真正动力是对教育的大爱，自己有当教师的需要与欲望。"只有热爱才能产生全身心投入，只有全身心投入才能开发出自己的全部能力。"② 教学名师极为热爱教育事业，全身心地投入教书育人的工作，从而把自己在教育方面的才华与能力完全开发了出来，培育出他们枝繁叶茂的专业发展之树。

2. 有"做最好的老师"的理想

李镇西认为做教师首要的是要有"做最好的老师"的理想与追求。"我所谓的'做最好的老师'不是与我敬仰的于漪、钱梦龙、魏书生等老师相比……但我可以和自己比呀！也就是用今天的李镇西与昨天的李镇西相比。我今天备课是不是比昨天更认真？我今天上课是不是比昨天更精彩？我今天找学生谈心是不是比昨天更诚恳？……""每天都不是最好，甚至每天都有遗憾，但每天都这样自己和自己比，坚持不懈，我便不断地向'最好的老师'的境界靠拢。"③ 李镇西强调要不断地超越自己，便意味着要在自己的教育教学中达到自己力所能及的最好的程度与最佳的状态。

（二）科研是本，精于教研是教学改革名师专业发展的基本途径与标志

教学改革名师的价值就在于创造了属于自己时代的教育教学重大的

---

① 窦桂梅. 激情与思想：我一生的追求 [J]. 人民教育，2003（1）：42－43.

② 方洲. 中国当代名人成功素质分析报告 [M]. 北京：中国青年出版社，1998：300.

③ 李镇西. 做最好的老师　著名教育家李镇西 25 年教育教学精华 [M]. 桂林：漓江出版社，2006：97，134.

新成果，引领教育教学发展，拥有属于自己那个时代教育教学的最先进的理论与教学技术专利，是时代教学改革的旗帜。要达到这个层次，唯一的途径就是在做好教学的基础上，专心致志地从事教育科研，以科研促进自我专业发展，成为研究型教师。概括起来有以下四点：

一是教育科研为教学改革名师的发展提供了理论依据，为名师发展指明了方向，有利于教学改革名师按照教育教学规律进行教学与育人。如魏书生成功的关键词就是"科学""民主"，崔其升成功的关键是"充分尊重学生的主体性"，李吉林成功的关键是以传统文化"意境说"为基础发展的"情景"。

二是教育科研是教学改革名师专业发展与获得职业幸福感的基本途径。从自我教学做起，从解决小问题着手，以校本教研为主，来自学校、为了学校、依靠学校的研究方法，不仅使科研能够促进教育教学工作，也促使名师从不成熟走向成熟，从专家成为教学名师。苏霍姆林斯基说："如果你想让教师的劳动能够给教师带来乐趣，使天天上课不至于变成一种单调乏味的义务，那你就应当引导每一位教师走上从事一些研究的幸福的道路上来。"

三是教学改革名师的科研成果丰富，是研究型教师的代表，这是他们与普通教师不同的又一个鲜明特征。教学改革名师的科研成就与成名统计如表 8－1 所示。

表 8－1　教学改革名师的科研成就与成名统计表

名师	论文	著作	报告	成名年龄
魏书生	1 000余篇	《班主任工作漫谈》《教学工作漫谈》《魏书生文选》（第 1、2 卷）等	遍及国内外，做报告 1 500 多场	33 岁
窦桂梅	1 000余篇	《为生命奠基》《做一名有专业尊严的教师》等	先后到全国各地做专题报告和观摩教学近 1 000 场	30 岁
李镇西	1 000余篇	《青春期悄悄话　致中学生的 101 封信》《教育的初心》《教师的解放与超越》等	先后到全国各地做学术报告数百场	33 岁
崔其升	100余篇	《走进杜郎口自主学习教学模式》《崔其升与自主教育》等	先后到全国各地做专题报告数百场	41 岁

四是教学改革名师出成果早，成名在青年。成名年龄在 30～41 岁。其平均年龄约为 34.25 岁（依据表 8－1 "成名年龄"统计所得）。

（三）教学是生命，成效显著是教学改革名师专业发展实践价值的体现

教学改革名师的实践价值体现在他们能不能用教育科研促进教学改革，提高教学艺术与质量，最终促进学生全面发展，使学校英才辈出。

教学改革名师的教学是科学和艺术的有机统一。教学改革名师在长期深入教学实践中普遍地体验到了教学活动的艺术魅力，达成了共识，即教学不仅是一门科学，也是一门艺术。这门艺术的本质在于有效促进了学生的发展。在这方面，当代教学名师们都做出了非常自觉的努力，并且取得了可喜的成绩。可以说，每个教学名师都有自己的一套"绝技"，如魏书生的"语文知识树"等，这往往成为其教学艺术的重要标志，甚至成为其教学艺术整体中不可或缺的有机组成部分，使教学达到了理想境界。正如李镇西所言："'精湛的教学艺术是你的立身之本！'这句话我现在也常常拿来告诫年轻老师。"

教学质量高。魏书生的教学改革成效卓著，从 1983 年起，所带班级语文成绩在辽宁省始终位于前例。杜郎口中学在崔其升的领导下，学校教学质量发生了翻天覆地的变化。2000 年，第一批通过杜郎口模式培养出的学生参加了中考。这一年，该校排名达到历史新高。从 2003 年起，学校排名连续几年位居全县前列。

（四）酷爱读书，乐于反思是教学改革名师专业发展的基本方法

人们常说没有无缘无故的成功，又说条条道路通罗马。教学改革名师的成功都是有原因的，道路也很多，但每一个名师成功的基本方法就是：酷爱读书，乐于反思。

李镇西在总结自己的经验时说："从教 20 余年，我可以这样说，我一直在不停地阅读，这已经成了我的生存方式之一——或者干脆说，'阅读欲'就是我的'生存欲'！这种'阅读欲'源于自身的危机感。学问的功底，学识的功底，使我如饥似渴地阅读。"[①] 李镇西的专业发展之路无疑也给我们指出了一条提升教师专业水平的"捷径"。正如窦桂梅在《读书是我的"美容用品"》一文中写道："我每晚坐拥书城，甚至将所有的课余时间用来读书和记录。每每读书至深夜，甚至凌晨，我总感觉自己生命的花朵在黑夜中尽情地舒展绽放。"

---

① 李镇西. 做最好的老师　著名教育家李镇西 25 年教育教学精华 [M]. 桂林：漓江出版社，2008：97，134.

教学改革名师能够立足教学、学校实际开展始终如一的教学反思，这种反思不仅是提高教学质量、取得丰硕成果的手段，也是他们成长的基本方法。正如叶澜指出："一个教师写一辈子教案不一定成为名师，如果一个教师写三年的反思，就有可能成为名师。"

（五）思维品质优秀，能揭示教育教学规律是教学改革名师专业发展的条件

教学改革名师对教育教学问题具有敏锐的观察、分析与解决的能力，能通过教学现象揭示出教育教学的本质，把握教育规律。

二、我国当代教学改革名师专业发展的启示

（一）教学改革名师专业发展以"提升专业性"为核心

教学改革名师的成长经历，向我们彰显了教师专业发展的内涵：教师专业发展就是教师个体专业不断发展的历程，是教师不断接受新知识，坚持反思，增长专业技能的过程，是教师的职业理想、职业道德、职业情感、社会责任感不断成熟、不断提升、不断深化的过程。教师要成为一个成熟的专业人员，在热爱教育的基础上，还需要不断地学习反思和科研探究，以"提升专业性"为核心来拓展其专业内涵，提高专业水平，从而达到专业成熟的境界。学校不仅是教师培育一代新人的场所，也是造就自己成功人生的大舞台。概括起来有以下四点：

一是坚守专业自主，具有强大的教育定力。教学改革名师的专业发展不是外在的要求，而是自我实现的必然。这种专业自觉是他们对专业发展的一种自我追求，无论遭遇何种困难和挫折，他们始终热爱教育，坚守在教育教学第一线，追求优秀和卓越，永不言弃。魏书生、李镇西等无论是当教师，还是做领导，几十年如一日，始终没有离开讲台，坚持做班主任工作，坚持承担一名普通教师应该承担的基本职责。这就是专业自主的生动诠释，它是教学名师专业发展永不枯竭的动力源泉。

二是发展自我有效教学的专业能力。为了提高教学质量，促进学生全面发展，教学名师追求高超的专业技能，使教学工作达到精益求精，这种技能包括课堂教学技能和学科教学技能，它是教学改革名师专业发展的根基。如窦桂梅两次参加全国小学语文教学比赛都获一等奖，魏书生发明"语文知识树"等。

三是竭力提高教育专业研究能力，成为研究型教师。立足教学实际，专心致志地从事教育科研，以科研促进自我专业发展，是教学改革名师成长的基本途径之一。表现在他们具有强烈的问题意识、敏锐的观察力、严密的思维能力与研究创新能力，创造了属于自己时代的教育教学重大

新成果，引领当代教育教学发展，是时代教学改革的旗帜。

四是将工作之余的时间都用在了专业发展上。将一般人用在看电视、打麻将、网聊等闲暇时间，用在自学、读书、备课等专业发展上，选择了不同一般人的生活方式。正如美国教育家戴维·乔丹所说："没有正确的生活，就没有真正卓越的人生。不要像一般人一样生活，否则你只能成为一般人。"

（二）教学改革名师专业发展以高尚的人格修养为基础

当代教学改革名师的成长是一个自觉提高修养的过程，他们能够根据主观优势和客观条件对自己的成长进行自我职业战略规划（设计），并不断按照科学合理的成长目标完善和超越自我，从而使自然成长变成自觉成长。李镇西提出的"做最好的老师"与窦桂梅提出的"做一名有专业尊严的教师"等，无不是他们在自我发展中给自己设立了一个个超越自我的人生目标。

教师的成长是一种自觉追求，更是一个奋斗的过程。从教师成长和修养的人格境界看，可以分为三个层次：其一，教师的职业境界——经师。其特点是比学生先懂得某方面的知识或比学生懂得更多，这种知识属识记之学，教师所能做的就是把知识灌输给学生。其二，教师的专业境界——能师。即智慧型的教师。其特点是术业有专攻，对学术、专业有专门研究，不仅有学问，而且能真正做到启迪学生的智慧，以智育人，注重启发，游刃有余，指点有方，循循善诱。其三，教师的事业境界——人师。人师是教师人格修养的最高境界，不仅教书，而且育人，以其高尚的人格塑造学生健康的人格，用自己的心灵之光照亮学生的前进之路，对学生心灵产生深刻且久远的影响。人师是"名师"和"大师"，兼具教育实践家与教育理论家的双重角色。当代教学名师均达到了由"能师"进入"人师"的崇高境界。那种只会教书、不注重做人的教师，一生不存在真正的专业发展，也永远与教学名师无缘。

（三）教学改革名师专业发展的模式具有多样性，因人择式，优化发展

四位教学改革名师的成长历程，向我们揭示：每个教师要想促进自己的专业发展，就必须根据自身情况选择理想的成长道路与方式，即成长模式，缩短成长周期，从而防止自我成长中的潜能损耗并最大程度地发挥其作用。如窦桂梅在吉林市第一实验小学从事行政工作时，及早要求换到教学岗位，选择走教学之路——科研型的发展道路，大大缩短了其成长周期。

不同教学改革名师具有不同的成长模式。根据每个教学改革名师的成长过程与特征，以及各自成名的突破口为核心因素，下面将我国当代教学改革名师的成长模式概括为四种模式：

魏书生模式——以科研促教学，取得优异成绩的成长模式。我国当代教学名师，如斯霞、霍懋征、于漪、李吉林、孙维刚、丁有宽、吴正宪等，都是用这一成长模式促使其专业发展，使自己走向事业的巅峰的。

窦桂梅模式——以教学大赛为突破口，精于教学的成长模式。我国当代教学名师，如于永正、徐斌、刘可钦等，均是用这一成长模式促使其专业发展，使自己走向名师之列。

李镇西模式——以教学改革与学历提升相结合的成长模式。该模式为高学历人才在中小学成长树立了典范。1999 年中国人大附中刘彭芝校长率先聘用博士与博士后引起了广泛争议①，这之后不断有高学历人才到中小学任教，并且涌现了大批做出贡献的专家与教学名师，如许作良博士、王金战博士等，博士走进中小学从事教育教学将是今后基础教育发展的一个趋势，从这个意义上讲，李镇西成长模式将对今后更多中小学青年教师专业发展具有借鉴价值。

崔其升模式——以教学改革为突破口，促进学校整体改革的成长模式。我国当代教学名师，如刘彭芝、杨一清、李希贵、蔡林森、陈康金等一大批专家型校长，均以这种成长道路使自己走向事业的巅峰，它是学校教育管理者专业发展的主要方式。

其中，魏书生模式、窦桂梅模式、李镇西模式三种模式的内涵属于"教学—科研"型模式，崔其升模式的内涵属于"改革管理—科研"型模式。

教学改革名师的专业发展是一个连续的、长期积累的过程，它的成长周期分为知识储备期、素质磨合期、优势发挥期、成熟发展期，时间一般在 5~20 年，由于教学改革名师专业自主性强，因而他们完成这一历程的时间大大缩短，平均年龄约为 34. 25 岁；其成长途径可概括为学习提高与教育实践相结合、自我发展与组织培养相结合、政策导向与制度保证相结合等。四位教学改革名师的专业发展，就是以成长周期为横坐标，以成长途径为纵坐标，以成长模式为曲线所连接而成的人生轨迹。他们因人择式，优化发展，殊途同归。教学名师专业发展如图 8-2 所示。

---

① 刘彭芝. 人生为一大事来 [M]. 北京：高等教育出版社，2004：58-67.

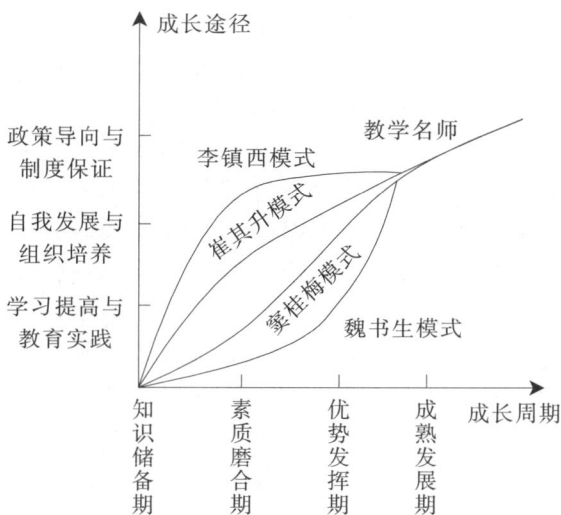

图 8-2 教学名师专业发展模式图

综上所述，教学改革名师专业发展成功之处可以概括为：爱心是根，立德树人；科研是本，勇于创新；教学是生命，专业精湛；终身学习，乐于反思；信念坚定，功到自然成。

第三节 当代中国教学流派的发展和分类

从 20 世纪 70 年代末至今，伴随我国中小学教学改革的不断深化，涌现出了许多教学流派。教学流派的出现是教学改革不断深化的表现，也是教学艺术繁荣兴盛的重要标志。一个真正倡导并实现了教学改革创新的时代，教学流派的出现和繁荣是必然。因此，研究教学流派是深化教学改革、推广教学改革成果的重要课题。

一、教学流派的概念及其本质

（一）教学流派的概念

教学流派是指一些教学主张相近、教学风格相似的教师，在教学改革和艺术实践中自觉或不自觉、正式或非正式地将一些理念结合在一起，并在一定范围内产生有影响的教学派别①。

认识教学流派。人们往往对"教学主张""教学风格""教学模式"等概念模糊不清，所以首先得辨析这几个相关概念。

（1）教学流派与教学主张的关系。鲜明的教学主张是教学流派的核心和灵魂，是教学流派的理论支撑和形成的重要因素。教学主张是教育思想的具体化，是在教育理论的指导下，在实践和研究中，逐渐形成的教育理念、教育价值、教育立场的"合金"②。鲜明的教学主张是教学是否成熟和教学是否优质的重要指标，同时是教学流派是否形成的重要标志。教学流派的差异性，主要表现在不同的教学主张上。不论是哪一个教学流派，鲜明的教学主张都是其教学实践的思想力量，都成为该教学流派的旗帜与标志，成为人们认识与辨识该流派的主要对象。但是，教学主张并不等同于教学流派，教学主张是个性化的，简言之，它是教育者或研究者理性思考的深度和教育理想追求的高度，而教学流派是一个整体，是由一个教师群体或研究群体具有相同的或相似的教学主张所构成的共同体。

（2）教学流派与教学风格。独特的教学风格是教学流派内在精华的一个重要元素。教学风格既是教学主张的外在表现和形象代表，也是教学流派形成的基础和先决条件。但是，教学风格往往是指个人教学的独特个性，比较侧重于隐性的艺术精神和内在的教学品格，往往是从教育理论研究下或教学实践中领悟运用。而教学流派更侧重于一个由具有相似、相同或相近的教学理论和教学主张构成的教学研究共同体。如果说，教学风格是属于教师个人的属性，那么教学流派就是属于教师群体的共性，是某种教学风格趋于成熟的"结晶"。教学风格突出教师个人的创造精神，教学流派则凝聚着教师群体的创造力。③

（3）教学流派与教学模式。教学模式，是指在一定教学思想指导下和丰富的教学经验基础上，为完成特定的教学目标和内容，围绕某一主题形成的稳定且简明的教学结构理论框架，及具体可操作的实践活动方式。当代的教学流派大都形成了一套或者多套体现教学流派代表人物教学思想、揭示教学规律、实践证明有效的教学模式。这些教学模式是各教学流派提高教学效率、教学质量的重要方式，也成为某教学流派的标

---

① 李如密. 教学流派形成与发展的理论探讨［J］. 江苏教育：教育管理版，2010（5）：11－14.

② 成尚荣. 当下教学改革发展的态势与教学流派产生的可能［J］. 教育研究，2008，29（3）：73－78.

③ 李如密. 教学风格论［M］. 北京：人民教育出版社，2002：122.

志性教学内容。如在语文教学流派中，就有钱梦龙的语文教学"四步法"、魏书生的"课堂教学六步法"等。但是，同一教学流派中的教师可能各有自己擅长的教学模式，而使用相同或者相似教学模式的教师也许分属不同的教学流派。

鲜明的教学主张、独特的教学风格、有效的教学模式是教学流派形成的内核，缺少了任何一方面，教学流派都难以形成。在分析教学流派的内涵时，应该对教学流派及相关近似概念进行辨析，理清教学流派与其的关系，才能从根本上理解并掌握教学流派。

（二）教学流派的本质

根据上述对教学流派的界定，我们认为教学流派是兼及教育家群体与特定教育思想两者的概念，既可指以共同教育思想为纽带结成的教育家群体，也可指某一教育家群体共同坚持的某种教育思想。换句话说，教学流派也可指以共同的教学主张为纽带结成的教师群体，且具有鲜明个性的教学风格，其形态通常是在研究和实践中逐步形成的教师团队或群体。

教学流派中的"派"，是指一个派别，一个团队。教师个人的教学无论主张多么先进、教学风格多么突出，也不能称为"派"。然而，强调教学流派的团队性，并不是否认教学流派中教师个人的作用。教学流派一般是由某个人或某些人创始的，这些人可以称为教学流派的创始人或者代表人物。正是这些代表人物的作用，才影响了他人变成代表人物的追随者，追随代表人物的教学主张，扩大了教学研究的范围，凝聚了某种教学主张的力量，形成了具有独特个性的教学风格的"派别"。

至于教学流派的"流"，这是教学流派得以发展的生命之源和智慧之本。教学流派应如同江流，是滔滔不绝、日夜奔流的。在教学流派形成和发展的过程中，应该用心实践流派的教学主张，丰富、完善和发展流派的内涵，扩大流派的影响，在一定的范围内产生实际的教学效果，并且被人们所接受，使得教学流派是可"流"的，即可延续、可持续发展的。

"派"而无"流"，只能是孤芳自赏，久之只能自行消亡。流，有流传、流行的意思，指能够生生不息发展为潮流。"流"的持续过程也可以是"派"的自然生成过程。一条小溪最终也能变成一条大河，潺潺流向更为浩瀚的大海。在教学流派中，"派"与"流"构成一个生命的共同体，难以截然分开。

二、我国当代教学流派的发展

教学流派不是天然生成的，而是从实践经验起步，经由理论指导逐步迈向科学化的一个长期的发展过程，它兼具理论与实践的双重属性。我国当代教学流派的发展大致可以划分为初创期和发展期两个阶段。

（一）教学流派的初创期

中华人民共和国成立之初，教育事业的发展肩负着培养社会主义新人的重任，呈现出一派朝气蓬勃的气象。我国教育领域以总结、推广教育实践经验为主流，教学改革实验呈局部发展状态[①]，尚未形成自成体系，且具有一定规模的教学流派，这个阶段是教学流派研究的酝酿期。"文革"时，教育事业受到严重冲击，教师地位直线下降，教学规律被无视，这个时期全国鲜有教学改革和教学流派研究。

1978 年，党的十一届三中全会在北京召开。在"解放思想，实事求是，团结一致向前看"思想的指导下，教育学科的发展迎来了生机勃勃的春天。1983 年，邓小平同志为北京景山学校题词"教育要面向现代化，面向世界，面向未来"。我国的教育事业要想获得发展，必须博采众长，借鉴国外的先进经验，把握世界教育的大趋势。这一时期，美国、苏联和德国的教学流派对我国当代教学流派的创立产生了深远的影响。赞可夫的发展性教学、布鲁纳的发现教学、布卢姆的掌握学习、瓦根舍因的范例教学等国外教学流派开始被大量引进。大规模的教学改革实验是孕育教学流派的摇篮。20 世纪 80 年代以来，我国教学改革实验如雨后春笋，有从情意因素入手的南通李吉林的"情境教学"、上海一师附小"愉快教育"、上海闸北八中"成功教育"等，有从认知能力培养入手的段力佩"读读、议议、练练、讲讲"八字教学法、邱学华的"尝试教学法"、黎世法的"异步教学法"等。教育实验与改革取得了一系列的研究成果，逐渐形成了我国当代一些富有影响力的教学流派。1986 年，上海市教育局正式命名"顾泠沅数学教改实验小组"，向全市推广青浦数学教改经验。20 世纪 80 年代末，上海青浦实验通过全面的数学学科课堂调查和大样本的教学目标主成分分析实验，得出了教学现状与实验结论十分吻合的三水平分类结果，从而建立起教学任务分类的三维结构模式。[②]

有学者在 20 世纪 90 年代初对教学法改革实验进行了不完全统计，发

① 李彦军，李洪珍. 中国当代教学流派 [M]. 济南：山东教育出版社，2006：10.

② 龚春燕，郑润洲，李秀玲. 顾泠沅与青浦实验 [M]. 北京：中国青年出版社，2001：89.

现教学改革项目超过 1 万项，从中选出了具有代表性的教学法实验 120 项，其中效果显著、操作性强、推广面积大的教学法实验有 18 项。主要是自学辅导法、异步教学法、情境教学法等。① 我们将这时期称为当代教学流派的初创期。

（二）教学流派的发展期

21 世纪以来，伴随着新一轮基础教育课程改革和教育学学科发展的内生需求，教学流派的发展受到越来越多研究者们的重视，我国当代教学流派发展进入崭新的发展阶段，呈现出多元化的特征。

其一，各地教学流派不断出现。2002 年，由李彦军和李洪珍主编的《中国当代教学流派》一书出版。该书分章节详细论述了目标教学流派、尝试教学流派、主体教育教学流派、诱思探究教学流派、情境教学流派等我国当代 19 个教学流派。② 2001 年 5 月，中国青年出版社出版了"中国当代著名教学流派"丛书，包括《李吉林与情境教育》《邱学华与尝试教学法》《顾泠沅与青浦实验》《魏书生与六步教学法》等。2003 年 8 月，在上述著述的基础上新增《于漪与语文教育》等 9 种图书，由国际文化出版公司出版，名为"为了希望的希望系列　中国当代著名教学流派"丛书，丛书一套 16 册，收集了 16 个教学流派。丛书的书名就是以作者和其教学流派命名，情况如下③：

（1）《丁有宽与读写结合法》。

（2）《于漪与语文教育》。

（3）《马承与英语三位一体教学法》。

（4）《王敏勤与和谐教育》。

（5）《包天仁与四位一体教学法》。

（6）《刘京海与成功教育》。

（7）《刘显国与反馈教学法》。

（8）《李吉林与情境教育》。

（9）《邱学华与尝试教育》。

（10）《张思中与十六字教学法》。

（11）《倪谷音与愉快教育》。

（12）《顾泠沅与青浦实验》。

---

① 苏春景. 关于我国教学法改革实验的统计分析 [J]. 教育研究与实验，1992（2）：55 – 62.

② 李彦军，李洪珍. 中国当代教学流派 [M]. 济南：山东教育出版社，2006：13.

③ 王敏勤. 中国基础教育当代名家名师分布情况综述 [J]. 天津市教科院学报，2009（4）：79.

（13）《钱梦龙与语文导读法》。

（14）《靳家彦与语文导读法》。

（15）《魏书生与六步教学法》。

（16）《蔡林森与洋思经验》。

其二，教学流派研究队伍不断壮大。教学流派研究群体趋向多元化，不仅包括中小学教师，还包括高校和科研院所的研究者以及教育学专业的硕士、博士研究生。研究教学流派的硕士、博士学位论文也从无到有，尤其是研究语文教学流派的论文明显增多。例如，周茹将我国当代语文教学流派划分为感悟型、引导型、开掘型三大类型，从形成和发展的角度研究各个流派；林曼对以王崧舟、董一菲、周益民为代表的"诗意语文"教学流派进行研究。

其三，研究成果不断涌现。一些学术出版物承担起搭建学术交流平台、传播学术科研成果的重任。20 世纪 80 年代已有学者开始关注教学流派。以"教学流派"作为主题在知网进行搜索，其中最早的是 1982 年福建南平教师进修学校曹振道发表的《创造个人的教学风格刍议》，该文率先对教学流派的概念进行了阐释。之后相关研究成果逐年增加①，直到 21 世纪初，教学论学者苏春景、李如密、成尚荣等先后在《教育研究》《课程·教材·教法》《江苏教育》等期刊发表了《当代中国特色教学流派的生成机制》《我国教学流派研究 70 年：进程、问题与前瞻》《苏派的教学风格》等文章，对教学流派的产生机制、教学流派的构成要素、主要教学流派分类等问题进行了深入研究，对当代教学流派的发展起到了推动作用。

三、我国当代主要教学流派的分类

如上所述，在深化教学改革的背景下我国当代教学流派众多。为了便于把握中国当代中小学教学流派的整体状况，我们依据构成教学流派的基本要素：具有杰出的教学改革带头人，形成鲜明的理论主张，提炼出高效的操作模式，产生了深广的社会影响，等等，将当代主要教学流派从学科、区域及核心观点等方面进行分类。

（一）当代主要教学流派学科分类

我国当代各学科教学流派的发展极不均衡。语文教学流派成果丰硕，英语和数学学科次之，其他学科的教学流派亟待理论与实践工作者的重

---

① 曹振道. 创造个人的教学风格刍议 ［J］. 小学教学研究，1982（3）：1-3.

点关注和大力挖掘，张正君将我国当代语文教学分为九大流派①（见表
8-2）。此外，以上海特级教师陆继椿为代表的"得得派"、以上海育才
中学校长段力佩为代表的"茶馆派"、以清华大学附属中学教师赵谦翔为
代表的"绿色语文派"等流派均产生了一定的影响。我国当代语文教学
流派众多，在此不一一列举。

表8-2　我国当代语文教学流派

流派	代表性人物	核心观点	地区	理论著作
情感派	于漪 欧阳代娜 程翔	"熏陶感染塑心灵"；语文教学要注意教学语言丰富优美，富有激情，力求再现课文中的"情景"	上海 辽宁	《语文教苑耕耘录》（于漪）
导读派	钱梦龙 黎见明 蔡澄清	把语文教学过程看成是能力训练的过程，强调教师指导下的学生训练	上海 重庆 安徽	《导读的艺术》（钱梦龙）
思维派	宁鸿彬	培养学生的创造性思维，不迷信前人、不迷信名家、不迷信教师，鼓励学生发表与教师不同的见解	北京 河南	《面向未来，改革语文教学》（宁鸿彬）
管理派	魏书生 张富	将控制论和管理学运用于语文教育，强调培养学生的自学能力和自我教育能力；"六步教学法"	辽宁 江西	《语文教学探索》《班主任工作漫谈》（魏书生）
语感派	洪镇涛	以语感训练为切入口，提高学生的母语理解和运用能力	湖北	《教海弄潮 洪镇涛语文教学改革历程描述》（马鹏举）
目标教学派	武镇北 王文延	以布卢姆的"教育目标分类学"为理论基础，强调语文教学应以达成一系列目标为重点	河南 山东 湖北 贵州	《语文教育学教程》（王文延）
快速写作派	杨初春	以人脑具有快速编码的巨大潜能为依据，提出运用科学手段，有步骤地训练学生的快速写作能力	湖南	《实用快速作文法》（杨初春）

① 朱永新. 中国当代教育思想史［M］. 4版. 北京：中国人民大学出版社，2012：51-62.

（续上表）

流派	代表性人物	核心观点	地区	理论著作
快速阅读派	程汉杰 晏茂心 王学贤 潘意敏	人脑具有调动视觉扫描辨识、摄取文字符号功能的巨大潜能，提出通过强化训练，提高学生的阅读速度、阅读效率和阅读能力	北京 四川 上海 黑龙江	《超快速阅读法》（程汉杰）
思维派	张孝纯 姚竹青	"一体两翼"，即"以课堂教学为主体，开辟第二语文学习渠道和优化语文学习环境""教大语文，育小能人"	河北 河南	《大语文教学法》（姚竹青）

数学教学流派方面，有以张宏伟为代表的全景式数学教育，其以培养"全人"为目标，通过项目化主题活动和综合性数学课程，全景复演数学创造的关键过程①，使得学生在数学学习中既能收获知识，又能感受到数学之美、数学之趣，同时有利于数学课程的建设，也有利于教师的专业成长。英语教学流派方面，马承的"三位一体"英语教学包括由字母、音素、音标组成的"小三位一体"和由词汇、语法、阅读组成的"大三位一体"。教学从小学英语开始，逐步发展并应用到中学英语教学中，为英语教学开辟了一条新路。

（二）当代主要教学流派地域分类

目前，地域性教学流派主要有"苏派""浙派""海派""京派""闽派""湘派"等，呈现出"从隐性到显性、从碎片化到系统化、从自发到自觉"的发展趋势。一个大的地域性教学流派可能会包含几个小的分支型流派，比如"苏派"又分为苏南教学流派、苏中教学流派和苏北教学流派等小的派别。还有研究者关注"南通教育现象"，提出"通派教育"，并将其视为我国地方教学流派的标本。李吉林的"情境教学"、李庾南的"自学·议论·引导"教学法等，既属于"通派"，也属于"苏派"。

山河之美，各异其秀。教学流派的独特性其实是地域文化的独特性在教学领域的显现。苏派教学具有季风性格、平原性格、吴文化性格，其中，苏南小学教学流派还呈现出"苏州园林的精致、太湖水的灵动、

---

① 龚春燕，郑润洲，李秀玲. 顾泠沅与青浦实验［M］. 北京：中国青年出版社，2001：89.

石头城的厚重、南学的清简"等特征。① 浙江开放较早，商品经济发达，浙派教学体现出开放、理性、实干的特征。北京作为首都，借力深厚的人文积淀，使京派教学扎实、稳健、厚重。上海是我国的经济中心，海派教学体现出灵动、鲜活、婉约的海派文化特色。② 在语文教学领域，"京派"和"海派"各有其学术刊物。《中学语文教学》来自北京，深受京派地域文化的影响，形成了厚重、深刻、大气、突出理论性和科学性的办刊风格；《语文学习》来自上海，离不开海派文化的熏染，其内容观点新颖，思想活跃。两份语文教学类学术刊物形成了"一南一北、双峰对峙"的格局，为我国地域性教学流派提供了学术交流的平台。闽派教学求实，强调兼容。闽派语文在全省语文教师的努力下逐渐发展壮大，"我即语文""模糊语文"等新的学术主张不断涌现。以马清泽为代表的湘派语文教学的特征可以用"原道、诗性、质朴、大气"③ 八个字来概括，这些特征与湖湘文化中"经世致用"的务实精神不无关系。

（三）当代主要教学流派核心观点分类

按照核心观点，我们可以从"重情意"和"重认知"两方面来划分教学流派。倪谷音的"愉快教育"、刘京海的"成功教育"、李吉林的"情境教学"、刘金玉的"阳光语文"等教学流派从情意因素入手，发展学生的自觉性，强调智育和怡情相统一、"会学"和"乐学"相统一。例如，上海一师附小在倪谷音校长的带领下，开展了"愉快教育"实验，这项具有前瞻性的教育实验在国内引起了普遍关注。愉快教育的四要素是爱、美、兴趣、创造，教学原则可以概括为实、广、活、新，提倡"三多三鼓励"，即多启发、多直观、多引导，鼓励学生提问、鼓励学生辩论、鼓励学生有主见。愉快教育强调情意因素，是从情感入手，"知、情、意"并重的一种教学流派。④ 以刘金玉为代表的阳光语文教学流派，在批判旧语文、虚语文、利语文、窄语文导致语文教学低效、无效甚至是负效的基础上，创新性地提出了语文教学应该运用"阳光"的思想、"阳光"的方法，尊重生命主体，让学生在平和、快乐的情感体验中充分发挥积极主动性，实现学生快乐学语文、教师轻松教语文，让师生尽情

① 傅小悌，许小平. 教学流派理论初探 [J]. 杭州师范学院学报，1998（4）：85－88.
② 张正君. 当代语文教学流派概观 [M]. 北京：中国社会科学出版社，2000：11.
③ 成尚荣. 当下教学改革发展的态势与教学流派产生的可能 [J]. 教育研究，2008，29（3）：73－78.
④ 苏春景. 当代中国特色教学流派的生成机制 [J]. 教育研究，2015，36（9）：104－110.

享受语文的"阳光"。①

黎世法的异步教学、段力佩的八字教学、邱学华的尝试教学等流派则从学生认知能力的培养入手,发展学生的主动性,实现由"教"向"学"的重心转移。例如,黎世法提出"最优化教学的实质是异步教学",异步教学旨在实现学生学习的全体化和教师指导的异步化。将教师的三种指导形式(个别指导、分类指导、全体指导)和学生的五种学习方式(独学、对学、群学、全体学和请教教师)有机统一起来,共同促进学生认知能力的提升。再如,段力佩的"读读、议议、练练、讲讲"八字教学法,"读"是基础,能培养学生读书的习惯;"议"是关键,有利于发展学生的思维;"练"是应用,引导学生运用所学到的知识;"讲"要贯穿始终,强调教师的主导作用。八字教学法又称"有领导的'茶馆式'教学法"。核心观点是某个教学流派区别于其他教学流派的本质和关键所在,它寄托着流派成员的教育理想,指导着流派成员的教育实践,凝聚着持有相同及相似观点的专家和教师不断壮大教学流派的力量。

四、我国当代教学流派的产生条件

任何教学流派都不是自然生成的,其产生和发展有着深刻的历史背景,是诸多主客观因素耦合的结果。

(一)良好的社会文化环境

教学流派是一定历史时期的产物,受该时期政治、经济、文化等诸多因素的全方位影响,从孕育之时起,就被打上了深深的时代烙印。从中华人民共和国成立初期的寥若晨星到"文革"时期的冰河滞流,从改革开放后的雨后春笋到21世纪的百花争艳,教学流派的发展态势是我国教育事业的风向标,也是衡量社会历史条件和文化基础的指标之一。例如,"文革"时期,教育事业受到巨大冲击,知识分子动辄得咎,教学规律被践踏,鲜有教学流派及其研究成果问世。改革开放以来,尤其是进入21世纪后,我国教育事业的发展迎来了春天,究其原因主要有:第一,政策鼓励与引导。《国家中长期教育改革和发展规划纲要(2010—2020年)》明确提出:加强教师队伍建设,"通过研修培训、学术交流、项目资助等方式,培养教育教学骨干、'双师型'教师、学术带头人和校长,造就一批教学名师和学科领军人才"②。教学流派正是在这些教学名

---

① 王栋生. 我的主张:慎言"苏派"[J]. 教育研究与评论(中学教育教学),2012(5):12-14.

② 李如密. 关于教学模式若干理论问题的探讨[J]. 课程·教材·教法,1996(4):25-29.

师和教学带头人的带动下不断发展壮大。第二，经济持续、稳定地增长。教育投入是一种基础性、战略性的投资，是我国教育事业发展的物质基础，也是国家财政的重要职能。各级政府加大对教育事业的支持力度，从经费上保障了教师参加进修培训、学校购置教学设备并开展教学实验的顺利进行。第三，宽松的社会文化氛围。经济、政治气象一新，社会文化氛围良好，教育事业蓬勃发展，唤醒了教师的创造理想，激发了教师的职业热情。教师勇于尝试、积极探索，各流派交流切磋、异彩纷呈。

（二）先进教学理论的引领

纵观国内外教学流派的产生，我们不难发现，任何教学流派的产生和发展都离不开教学理论的支撑。从赞可夫的发展性教学法、凯洛夫的五段教学法、布鲁纳的发现教学法、布卢姆的掌握学习理论、洛扎诺夫的暗示教学法、瓦根舍因的范例教学法，到非指导性教学、程序教学、支架式教学、抛锚式教学、翻转课堂，国外教学理论被大量引进[①]，对我国当代教学流派的创立与发展都产生了深远的影响。广大教学理论与实践工作者有的侧重于汲取西方先进理论之养分，有的重在从中国传统文化中获得体悟，更多的则是集中西方理论之精华为一体，创造出理论先进、特色鲜明的中国教学流派。例如，以徐斌为代表的"无痕教育"是一种将教育目的隐藏起来，通过间接、暗示的方式教育学生的教学流派。徐斌用苏霍姆林斯基和杜威的相关论述对"无痕"进行补充性解释，使得无痕教育不仅具有坚实的教育学理论基础，还富有丰富的哲学内涵和美学意蕴。春风化雨，润物无声，徐斌等人认为无痕是教育的至高境界。[②] 在先进教学理论的引领下，各流派逐步明确了自己的教学主张，避免了教学实践中的一些弯路，极大地促进了教学流派的茁壮成长。

（三）长期教学实验的积累

"教育科学的生命在于教育实验"[③]，乘着改革开放的东风，教学实验如火如荼地开展着。具有十年以上实验期限且实验效果显著、在全国大部分地区推广、具备较强的可操作性和一定的理论深度的教学流派有：卢仲衡的自学辅导教学、李吉林的情境教学、黎世法的六课型单元教学、邱学华的尝试教学等。教学实验体现了三个统一：研究性和教育性的统

① 李森，潘光文. 从美国教学论流派的创生看中国教学论的发展 [J]. 课程·教材·教法，2008（3）：18－23.

② 李燕. 国外教学论流派与我国教学论学科的发展 [J]. 西南民族大学学报（人文社科版），2007（5）：227－230.

③ 苏春景. 中国特色教学流派视角下尝试教学理论的生成机制及其启示 [J]. 课程·教材·教法，2016，36（5）：45－52.

一，经验研究和理论研究的统一，类型的多样性和实质的共同性的统一。教师教学的理念、方法、风格类型多样，借助教学实验，教学流派正是要透过表象，挖掘出实质上的共性，这种共性正是某个流派区别于其他流派的重要特征。教学实验是孕育教学流派的关键条件，建立在教学实验基础上的流派自主创新，能够尽可能地提高流派本身的系统性、成熟性和可操作性，进而提高教学效果。

（四）媒体宣传和活动推广

教学流派的形成与发展离不开媒体宣传和活动推广。教学流派的推广方式主要有个体模拟、民间协作、舆论宣传和行政推广等，无论采用何种方式，最终目的都是扩大教学流派的影响力。一些学术出版物为宣传教学流派提供了广阔平台。2016—2017 年，由北京师范大学主办的学术刊物《中国教师》开辟了"名师工作坊—教学流派"专栏，介绍我国当代教学流派，如王崧舟的"诗意语文"、程红兵的"语文人格教育"、孙双金的"情智语文"、王君的"青春语文"、李素香的"完美教育"、熊芳芳的"生命语文"、洪劬颉的"智慧教育"等；由教育部主办的《中国教育报》和中国教育报刊社主办的《中国教师报》对国内教学流派及带头人进行介绍宣传；江苏教育报刊总社主办的《江苏教育》大力扶持苏派教学及其研究。此外，丰富多样的教学流派展示、推广活动也办得热火朝天。江苏省中小学教学研究室与江苏教育报刊总社联合举办的"苏派青年教师课堂教学展评"活动，自 2006 年起，已经成功举办了超过 10 届，为苏派教学的宣传推广起到了巨大作用。各级政府加大了对优秀教师、教学带头人的表彰，不仅促进了教学流派的发展，而且有利于弘扬"尊师重道"的优秀传统文化和良好社会风尚。

第九章 当代中国中小学教学改革存在的问题与创新策略

只有科学且实事求是地省思教学改革，才能避免在运用时生搬硬套和强行入轨，彰显教学创新精神的本质，推动中小学教学改革科学发展。

——题记

在社会信息化迅猛发展的今天，随着国际竞争的加剧和人们对教育重要性认知的加深，教学改革的周期逐渐缩短，教学改革的频率日渐提高。通过改革，一些学校取得了典型性经验，涌现出一批令人印象深刻的成果，正在将素质教育深入推进。同时，教学改革对于课程改革的持续推进也有着重要意义。但是，在课堂教学变革的实践中，也确实存在着立场定位不准、形势研判不周、发展态势控制不当等问题。这些问题的存在，影响着课堂教学改革的深入。教学改革存在哪些问题？如何把握教学改革未来的走向？教师应该如何在前人教学改革的基础上进行创新，促进教学改革持续发展？这些问题是我们研究当代中小学教学改革的主要问题，其回答是研究取得成果的突破口。

第一节 当代中小学教学改革存在的问题

在当代教学改革的道路上，为了优化教学过程、提高教学质量、追求有效教学，广大教育工作者总是充满激情、充满希望，不畏艰难，从未停止探索的步伐。新课程实施后，中小学课堂教学改革日益深入，各地不同的教学改革方法更是如雨后春笋般不断涌现。这些改革体现了广大理论工作者和教育实践者对教学自身规律的深刻认识与大胆探索，呈现出科学化、系统化、理论化程度越来越高的趋势。教学改革在不断更新教育观念、切实推进教学方式变革、深入探索教学规律、全面提升教学质量、推动我国教育事业快速发展、大力强化科研意识、促进教师专业发展等方面取得了巨大的成就。从 2014 年开始颁发的基础教育国家级教学成果奖，每四年评选一次。各省级教育行政部门推荐的基础教育国家级教学成果奖候选项目共 2 687 项，获奖项目共 869 项（2014 年 417 项，2018 年 452 项），这些获奖项目就是当代中国中小学教学改革的成功案例。

在肯定当代中小学教学改革取得成就的同时，我们也应该理性认识到，由于不同时期教学改革要解决的问题及任务、教学理论基础、教学手段的变化及地区教育差异等因素，当代中小学教学改革都有其特殊性和一定范围的适应性，也存在局限性。只有科学且实事求是地省思教学改革，才能避免在运用时生搬硬套和强行入轨，彰显教学创新精神的本质，推动中小学教学改革科学发展。

一、当代中小学教学改革的局限性

（一）教学改革目的的功利性

教育的目的是培养人，教育具有功利性和非功利性价值。功利性价值主要是社会价值，非功利性价值主要是个人价值。教育的本质应该追求非功利性价值，但教学改革却日渐走向功利性。我们对一些中学教师进行调查后，发现在进行教学方法改革时他们最大的压力就是学生的升学率。只要升学率高，一切都好，如果升学率上不去，那么一切都是枉然。因此，论及教学改革他们首先想到的是通过改革能不能"立竿见影"地提高学生的升学率，如果不能提高升学率那就免谈、不实验。这样，在中小学教学改革中，就形成了没有升学压力的小学、初中对教学改革的热情高、实验成果及典型多，以升学率为主要评价依据的高中对教学改革热情低、实验成果及典型较少的局面。如尝试教学法、情境教学法、主题教学法是小学教学改革的典型，洋思中学、杜郎口中学、东庐中学等教学改革是初中教学改革的典型，高中教学改革中受大家认可的典型则很少。因此，教学改革应正确处理教育的功利性价值和非功利性价值之间的关系，促进教育改革和谐发展。

（二）教学改革实施过程中的局限性

由于当代中小学主要的教学改革实验都是在特定的背景、校情及改革创始人的自身教学理念等因素的综合作用下产生的，因而每一项教学改革在运用时均有其局限性。

一是学科的局限。各种教学改革均是某个特定学科教学改革的结果，不能适用于所有学科。例如，李吉林的情境教学法主要适用于小学语文教学，邱学华的尝试教学法主要适用于小学数学教学，王敏勤的和谐教学法主要适用于英语教学等。

二是条件的局限。各种教学改革实验的运用总是需要一定的条件。

如尝试教学法改革等的运用均需要学生具有较强的自学能力与知识基础。具体而言，杜郎口中学以"少教多学"为理念，构建和形成的以学生为主体、以学习为主线、以展示为特征的"三三六"自主教学模式，在加大课堂的开放程度，调动学生学习积极性等方面具有优势。但"少教多学"也存在弊端：①指令性规定"讲与学"，存在着把教与学的辩证统一、有机联系割裂开来的"线性思维"现象；②"兵教兵"导致课堂信息量减少，"萝卜炖萝卜"也使有效教学时间难以保障；③课程的"整体与系统性"体现不够到位。[1] 尝试教学法一般也不适用于初步概念的引入课及实践性较强的教材。情境教学法中情境的设置需要花费时间，特别是实景教学情境的设置，还涉及教学管理，如学生安全、经费等问题。

三是具有个性特征。教学改革经验在实际推广运用中，常常会出现"橘生淮南则为橘，生于淮北则为枳"的现象，离开教学改革原创学校，教学改革的作用就减弱。如魏书生的六步教学法，他本人使用十分有效，但当其他学校的语文教师学习使用时总是会遇到这样或那样的问题，并不像介绍时那么神奇，达不到之前所带班级的效果。同样，许多学校、教师了解杜郎口中学教学改革经验后，纷纷开始学习推广，结果大都是半途而废，无疾而终。因此，我们说教学改革经验不能简单复制。

（三）对教学改革理论认识缺乏深刻性

当代西方教学改革无论是人本主义教学改革、建构主义教学改革、多元智能教学改革，还是暗示教学法、结构教学法，等等，无不是建立在扎实的实验基础之上，以系统的理论为指导的。与西方相比，我国课堂教学改革基本是经验型的。由于缺乏对教学过程本质乃至教育本质的深刻揭示，因而产生的共同之处就是缺乏深刻的理论基础。一是教学改革理论从演绎中推导而来，如情境教学法的理论来源主要以我国古诗词"意境"为基本原理。"情以物迁，辞以情发"是一这原理的核心，这八个字把"情""物""辞"联系在一起，表明了客观世界对人的情感有影响，同时，人的情感又会触发语言的表达。李吉林在对这一传统文化理解的基础上，开始探索情境作文教学，"意境说"也就成了创立情境教学法的理论基础。洋思中学的"没有教不好的学生"体现出了"教育万能论"，即教育是万能的。二是教学改革理论从教学实践经验中总结得出，如尝试教学法产生的依据是"学生能在尝试中学习"，进一步又提出"学生能尝试，尝试能成功，成功能创新"。为什么？它是从实践经验中提炼

---

[1] 时晓玲，于维涛. 中小学课堂教学模式改革的省思与多元创新：基于洋思、杜郎口、东庐等校课堂教学实践的思考 [J]. 教育研究，2013，34（5）：129–133.

出来的。杜郎口中学的"三三六"自主教学法的产生，更是出于偶然，是对学生"认为教师讲得还没有学生好"的一个调查感悟。教学改革理论的浅显导致理论推广应用的局限性，因此，我国很多教学改革典型不能推广应用，就是这个原因。

（四）区域发展与学科发展的不均衡

我国经济、文化发展的不平衡，也带来了教育发展改革的不平衡。据天津市教育科学研究院研究员王敏勤在《中国基础教育当代名家名师分布情况综述》一文中所呈现的研究数据：中国基础教育界"成长中的教育家"分布在 8 个省市，主要集中在江苏、北京、上海；学科分布在中学语文、小学数学、小学语文、中学数学、中学英语 5 科；"中国当代著名教学流派"分布在 8 个省市，主要集中在江苏、上海、天津，从学科来看，既有各科通用的综合教学法，也有中学语文、中学英语、小学语文、小学数学、中学数学 5 科；"中国当代名师"分布在 13 个省市，主要集中在江苏、北京、上海，学科主要集中在中小学语文、小学数学两科。① 不难看出，江苏、北京、上海的教学改革成效显著，典型学校多。如北京中国人大附中、清华大学附小，上海闸北八中，江苏南通师范第二附属小学，等等。西北地区、西南地区、华南地区教改成果少。以广东省为例，"成长中的教育家"选有丁有宽"读写同步，一年起步，系列训练，整体结合"的综合训练型教学新体系与"黄爱华与智慧课堂"教学成果。丁有宽与其读写结合法被选为当代著名教学流派，黄爱华被评为中国当代名师。

（五）运动式推广的不良影响

几十年来，我国中小学教学改革成果丰富。从异步教学法到尝试教学法，从学习汨罗经验到后来的洋思中学改革，再到杜郎口中学改革，从"新基础教育实验"到"新教育实验"等，中小学教学方法改革的先进典型的学校层出不穷，它们是教学改革的样例，具有一定的借鉴效应，但是还没做到全面推广。

每次出现教学改革典型，相关教育行政部门就进行宣传推广，于是就出现了跟风学习、盲目模仿，一届领导一个典型，有的还推出多个典型，让教师无法真正领会某一教学改革的实质与精神，掌握其要领。长此以往，教学改革就出现了"改革典型年年出，教师学习岁岁苦。匆匆忙忙学异步，尝试情境新推出。汨罗现象刚兴起，洋思杜郎又上场。为

---

① 王敏勤. 中国基础教育当代名家名师分布情况综述 [J]. 天津市教科院学报，2009 (4)：77 - 80.

师一生重改革，教学到头皆不是"的不良现象，许多老师不禁发出"明天将流行什么教学方法？"的感叹。① 这样一来，跟风的结果则让教师无所适从。这种运动式推广教学改革的不良现象大大削弱了广大教师参与教学改革的积极性。

（六）教学改革的信息化程度不高

信息化技术是教育现代化的重要内容，可以认为，新的信息化技术的运用和推广就是教学改革。但是，我国的教育信息化水平不容乐观。关于我国教学改革的信息化水平问题，华东师范大学丁钢教授认为，当代我国中小学教学改革取得了不小的成绩，"但是整个教改并没有大的突破，主要问题在于，教改注重了传统意义上的内容、手段和方法的改革，而忽视了信息时代背景下的教学方式转变"②。说得尖锐一些，今天的许多教学改革，忽视信息技术的运用，其实，与二十世纪七八十年代的改革路数，只是五十步和百步的关系，没有体现出身处信息化时代的教学改革应该具有的信息化的特征。也有学者基于信息化视野，认为"从某种角度上来讲，3 000 年来的所有变革，没有任何新鲜内容，而信息载体的成本和主流需求，是影响教育思想变革的关键因素"③。

二、当代中小学教学改革策略

（一）把握教育本质，实现"教学的道德目标"

教学改革目的变得功利性的原因主要是应试教育忽视"教学的道德目标"及教学主体对教学改革的线性思维。"教学的道德目标"不完全等同于赫尔巴特的"教育性教学"，而是对复杂论倡导者富兰所提出的"教育具有一种道德上的目标"的引申，指不论学生的学习状况如何，课堂教学都要对学生当前以及将来生活产生影响，使学生发生积极变化，即对学生发展产生正能量。"教学道德目标意识"的缺失会使教学改革只重视"教材任务有没有完成""学生应考时能不能取得高分"等眼前目标，忽视课堂教学生活是学生学校生活的最基本构成，意识不到课堂教学作为一种社会形态整体对于学生现实人生的意义。所谓线性思维就是教学改革主体认识不到"影响课堂教学改革预期效果的因素是多种多样的，

---

① 王俊霞. 一名教师的困惑：明天将会流行什么教学方法 [N]. 中国教师报, 2008 - 04 - 18 (2).

② 丁钢. 新技术与教学方式的转变：学校变革的核心 [J]. 现代远距离教育, 2013 (1)：3 - 7.

③ 魏忠. 当改革无法触动教育，技术可以触动它 [EB/OL]. http：//blog. sina. com. cn/s/blog_537ef1730102va2j. html.

任何因素缺少或发生变化，都可能在某种程度上影响到改革的成效"①。

鉴于此，要克服教学改革目的功利性，首要任务就是教学改革主体要用整体动态的观点进一步深刻认识把握教育的本质——育人。要以培养全面发展的人为根本目的来统摄教学改革，就是要尊重教育规律，把学生看成一个整体的生命，促使学生在德、智、体等方面全面发展，尤其是突出"教学的道德目标"的实现。要加强高考制度改革，完善初高中学业水平考试和综合素质评价的标准，实施多元化教学评价机制。

(二) 革新教学管理方式，为教学改革提供保障机制

造成教学改革目的功利性等主要原因是教学管理的行政化。因而如何改变学校教学管理制度，能否为教学改革营造一个良好的生态环境，是教学改革取得成功的关键。

一是要营造宽松的教学改革氛围，鼓励教师积极参与教学改革。首先，要改变评价教学改革成效的标准，打破"唯分数论"的思想，把"一切为了学生发展"作为评价最高标准，赋予教学改革丰富的道德内涵。其次，要改革和完善现有不适合激励教师进行教学改革的规章制度，建立民主化的管理机制。学校不应当过分干涉教师的教学方式，应给教师进行教学创新的自由与空间，把教学权还给教师，激发教师教学改革的激情与智慧，避免行政命令式推广。再次，要以建立教学改革创新专业团队为目标，营造相互激励、坦诚合作的教师文化。最后，要认识教学改革的艰巨性，帮助教师解决教学改革中遇到的困难与问题，允许教师教学改革的暂时失败，做教学改革的理解者、支持者、推广者。

二是要尊重教育规律，改变教学管理中行政化模式。"教学是天下最尖端的科学"②，它具有自身的发展规律与特点，如教育性、周期性、双边性、艺术性、生态性等，教学改革必须遵循这些规律才能取得成效。既不能用行政化的思维来思考教学改革，搞运动式推广，也不能用经济学的模式来管理教学改革，急功近利，唯分是图。

三是教学管理者尤其是校长要做教学改革的先锋，率先进行教学改革。教学改革在本质上是对现有教学资源的再开发与再组合，对于一所学校来讲，教学管理者常常拥有比教师更多的教学资源，更容易调动各种资源来开展教学改革。国内外许多教学改革成果是由校长亲自率领开展的，如杜郎口中学、洋思中学等学校的教学改革都是由校长主持的。

① 孙翠香. 对当前中小学课堂教学改革的反思：基于复杂—动态理念的视角 [J]. 教育发展研究，2009 (20)：64 – 65.
② 王金发. 先学生之忧而忧、后学生之乐而乐 [J]. 微生物学通报，2008 (1)：126 – 130.

因此，校长要积极开展教学改革，做教学改革的专家，有所表率。

此外，随着教育管理的升级换代，教育治理必然重构教学改革生态，进一步促进教学改革和创新。

（三）提高教师教学改革素质，以提供人力资源

师资队伍是教学改革的第一资源，是决定教学改革成败的关键，也是克服局限性的关键。在具备合格的教师基本素质前提下，为了消解教学改革中的局限性，必须提高教师教学改革的素质，使之做教学改革的开拓者。

一是必须转变教师的教学观念，强化教学改革意识。教学改革关键在于观念改变。转变观念就是要充分认识教学改革的意义与价值，面对改革所带来的新的问题，教师一定要接受新观念、新行为、新方法，提高创新意识和进取精神，让教学改革成为推动教学发展与教师专业发展的动力与源泉。树立教学改革的自觉意识，认识到"问题即课题，行动即研究"，从自我教学活动中发现教学的不足与解决的方法，使自己的教学永远充满智慧的光芒与创新的快乐。还要改变传统的"分数唯上"的目标观、"师道尊严"的师生观，冲破应试教育的藩篱，对素质教育、创新教育的理念从内心认同，"用学生发展的思维代替以考试成绩为标准的思维，用相信学生能力的思维代替教师权威的思维，真正做到以学生为主体"[1]，建立自主、合作、探究的教学文化。

二是必须提高教师的教学研究能力与理论水平，催生教育智慧。教师要把教学当作"尖端科学"来从事，就必须要有大智慧，且具有很强的研究能力。能将组成教学活动中的各个因素，如课程设置、教学设计、教学方法、教学手段、教学评价、学生的特征等作为教学研究的对象，实施校本研究，在教学实践中发现新问题、揭示新规律、建立新学说、展开新思考。不断学习和研究与教学改革和学生全面发展有关的基础学科理论知识，如生理学、心理学、现代脑科学、学习学、教育技术学及生态学等的前沿发展理论，既不断提高自己的理论修养，又推动相关学科的发展。

三是必须提高教师的教育信息技术能力，做教学信息化专家。教学改革的信息化已是大势所趋。在国家基本完成教育信息基础设施建设之后，教师运用信息技术的能力十分关键。因此，教师必须尽早提高应用信息技术的水平，在开发与运用网络学习课程，建立教育资源公共服务平台，创新网络教学模式，如翻转课堂、混合教学法等方面成为专家。

---

[1] 顾明远. 教育改革关键在观念改变［N］. 中国教育报，2015－01－30（2）.

四是必须提高教师的心理素质，培养教师的抗压能力。任何改革都是对传统势力、习惯及利益的挑战与重构，总会受到来自方方面面的阻碍。教学改革也一样，不是一蹴而就、一帆风顺的。所以，教师在进行教学改革时，需要有坚定的教学信念及排除任何障碍的勇气，做到"任尔东西南北风，咬定'教改'不放松"。需要有面对教学改革可能失误甚至是暂时失败的心理承受力。

（四）加强基础学科理论研究，为教学改革奠定理论基石

造成教学改革理论缺乏深刻性的原因，笔者认为：首先，我国中小学教学改革初始一般从提高学科教学效率出发，以提高教学成绩为目标，功利性强。如洋思中学、杜郎口中学的教学改革及尝试教学法、情境教学法要解决的基本问题是大面积提高教学质量，其出发点不是在于解决"如何促进人的全面发展"的问题，因此就不会像建构主义教学改革、多元智能教学改革一样能够触及教学的本质，对人类教育教学改革产生广泛而深刻的影响。其次，有些人是以教学改革为手段创造从政业绩，实现人生为官的发展。官本位价值是我国大多数人的人生价值观。受这种思想的影响，一些教学改革的发起者，当教学改革稍有起色，就以改革为资本转入教学管理队伍，当校长、局长。当他们从事教学管理工作后，就无法保证有充足的时间与精力来从事教学改革实验与研究，使理论与实践都无法深入。最后，我国关于教育发展基础学科的学术发展水平有限，不能给中小学教学改革提供必要的理论指导。

列宁说："没有革命的理论，就不会有革命的运动。"没有科学的理论，就没有伟大的实践。教学理论是实施教学改革的指向灯。鉴于此，要产生深刻的教学改革理论，除了提高教师素质、冲破应试教育的牢笼及去除行政化教育管理的功利化外，还应在以下方面加强教学理论的研究：

首先，先进的教学理论是第一教学力量，要深化教学改革，就要适应学生天性和遵循教学规律，就必须学习借鉴多元智能理论、建构主义教学理论、人本主义教学理论、现代脑科学及学习学、教育技术学等最新研究理论的精华，指导我们开展教学改革。特别要以革新学生的学习方式为核心，推进相关理论成为教学改革新的关注点[①]。

其次，根据教学改革的需要，创新教学理论。教学的改革实践需要教学理论的创新来支持。《国家中长期教育改革和发展规划纲要（2010—

① 廖哲勋. 革新学生学习方式 推进高中教学改革 [J]. 课程·教材·教法，2014（5）：3–10.

2020 年)》明确了使每个学生都得到发展的素质教育基本理念,这实际上意味着教学理念和教育生产方式的转型:由精英教育转向大众教育。大众教育有哪些具体指标?如何准确解读?这就是未来中小学教学理论要研究的基本问题。随着我国课堂教学改革进入深化阶段,教学质量提升、教学公平、教学关爱和教学手段信息化问题进一步彰显,这些问题将成为当前教学改革的热点问题。①

最后,就是要改变传统的研究和思维方式,在教学改革实践中加大对教学理论的探讨,深化对教学理论的认识。做到教学研究必须"贴近学术前沿",与国际接轨;必须"贴近改革前沿",与实践接轨;必须"贴近传统文化",与本土接轨。深刻把握"先教后学、边教边学、先学后教、不教而教"的中小学课堂教学模式改革的本质及其不同阶段学生学习方式的区别。唯有如此,教学理论才能指导教学改革。

(五) 促进教育公平,使教学改革资源均衡发展

造成教学改革区域发展不均衡的主要原因是地区教育发展存在差距:江苏、北京、上海社会发展条件好,教育发展快,因而教学改革整体成果比较多。相反,西北、西南等地区社会发展条件较差,教育发展相对慢,教学改革的条件不足,因而教学改革整体成果较少;至于华南地区教学改革现状不乐观,这是由于教育发展与社会经济发展"剪刀差"而造成的。教学改革的学科主要集中在中学语文、小学数学、小学语文、中学数学、中学英语 5 科的主要原因是这些科目是应试教育必考科目和基础学科,是大学科,课时多,教师人数多,因而受到教师及教学管理者的重视,其他科学、艺术、体育等科目属于小学科,课时少,教师配备又少,得不到应有的重视。一个区域教学改革的水平及现状是一个区域教学发展的缩影与重要标志,其不足的出现是该区域教学发展多种因素共同作用的结果,需要综合治理。

基于上述原因分析,解决的基本对策:一是促进教育公平,"合理配置教育资源,向农村地区、边远贫困地区和民族地区倾斜,加快缩小教育差距"②。以教育均衡发展为基础,推进教学改革的均衡发展;二是必须全面实施素质教育,学校要开齐国家所设置的课程,克服应试教育所造成的"要考什么,教师就教什么,教学改革就改什么"的困难。目前,应该加强对中小学科学课程、艺术课程等教学改革的关注及支持。

① 卜玉华. 当前深化我国课程教学改革的三个问题 [J]. 教育科学研究,2013 (7):31 – 36.

② 顾明远、石中英. 国家中长期教育改革和发展规划纲要 (2010—2020 年) 解读 [M]. 北京:北京师范大学出版社,2010:14,58 – 60.

（六）加大教学信息化投资，提高教学改革信息化程度

教学改革现代化程度不高既有硬件方面的原因，也有软件方面的原因。硬件方面来讲就是学校应该备有教育信息基础设施，如计算机与网络设备。软件方面特指教学信息化的系统及程序、教学信息化资源（如教学视频、微课程等）、教师运用教育信息技术进行教学改革的能力等。这两个方面的条件，目前在我国中小学都比较缺乏，特别是农村中小学，需要国家从宏观上统筹安排，加大教学技术信息化投资。同时，5G 技术的出现，"互联网 + 教育"平台的建设，加速了信息化教育技术的应用和推广。

《国家中长期教育改革和发展规划纲要（2010—2020 年）》中就明确指出："信息技术对教育发展具有革命性影响，我们必须加快教育信息基础设施建设，加强优质教育资源开发与应用，尽快构建国家教育管理信息系统。"2019 年，中共中央、国务院印发《中国教育现代化 2035》《加快推进教育现代化实施方案（2018—2022 年）》两个文件，进一步加快信息时代教育变革，推进教育现代化。《中国教育现代化 2035》聚焦教育发展的突出问题和薄弱环节，立足当前，着眼长远，重点部署了面向教育现代化的十大战略任务，其中战略任务之一就是"加快信息化时代教育变革"。"建设智能化校园，统筹建设一体化智能化教学、管理与服务平台；利用现代技术加快推动人才培养模式改革，实现规模化教育与个性化培养的有机结合；创新教育服务业态，建立数字教育资源共建共享机制，完善利益分配机制、知识产权保护制度和新型教育服务监管制度；推进教育治理方式变革，加快形成现代化的教育管理与监测体系，推进管理精准化和决策科学化。"《加快推进教育现代化实施方案（2018—2022 年）》提出了推进教育现代化的十项重点任务，其中任务之一就是"大力推进教育信息化"。"着力构建基于信息技术的新型教育教学模式、教育服务供给方式以及教育治理新模式；促进信息技术与教育教学深度融合，支持学校充分利用信息技术开展人才培养模式和教学方法改革，逐步实现信息化教与学应用师生全覆盖；创新信息时代教育治理新模式，开展大数据支撑下的教育治理能力优化行动，推动以互联网等信息化手段服务教育教学全过程；加快推进智慧教育创新发展，设立'智慧教育示范区'，开展国家虚拟仿真实验教学项目等建设，实施人工智能助推教师队伍建设行动；构建'互联网 + 教育'支撑服务平台，深入推进'三通两平台'建设。"各级教育部门与全体教师要认真领会《国家中长期教育改革和发展规划纲要（2010—2020 年）》《中国教育现代化 2035》《加快推进教育现代化实施方案（2018—2022 年）》的精神，以实际行动落实加快推进教育信息化建设的各项任务与要求。

同时，国家必须加大对中小学教学改革政策的支持，在落实完善已有教学改革政策的基础上，努力推动教学政策的系统化、独立化、协调化、动态化等方面的不断发展，引领基础教育事业走向新征程、新愿景。

第二节　当代中小学教学改革的发展趋势

教学改革是一项系统的教育活动，涉及社会背景、文化传统、教育政策、教师素质、教育观念、教学方法和手段等多种因素。在知识经济和信息化的背景下，教学理念、教学目标及教学手段等方面的变化，会直接或间接对未来教学改革的发展趋势产生极大影响。

一、教学目标素养化

目标有培养目标、课程目标和教学目标之分。培养目标是某级某类学校人才培养的规定；课程目标是培养目标的课程化，体现为课程内容、任务和要求；教学目标是课程目标的教学化，体现为教学目标、内容和要求。其中，教学目标可分解为学期教学目标、单元教学目标和课时教学目标，对教学起着导向作用、激励作用和规范作用。我国教学目标经历了由"双基目标"到"三维目标"，再到"素养目标"的演进，目标内涵不断完善。"双基目标"主要包括基础知识和基本技能目标；"三维目标"包括知识与能力、过程与方法、情感态度与价值观目标。"素养目标"通常被理解为核心素养，是指学生应具备的适应终身发展和社会发展所需要的必备品格和关键能力，重在强调课程的育人功能，实现立德树人的根本任务。[1] 详而言之，核心素养是关于学生知识、技能、情感、态度、价值观等多方面要求的综合表现，是每一个学生获得成功生活、适应个人终身发展和社会需要的不可或缺的共同素养。核心素养是一个完整的体系，各素养之间相互联系、相互补充、相互促进。

核心素养的概念源于 20 世纪末经济发展与合作组织对其成员国的教育指导研究，该组织制订素养培养方案，指导成员国进行教育改革。21 世纪初，西方发达国家相继进入以核心素养为导向的基础教育课程教学改革。2014 年，教育部下发《关于全面深化课程改革　落实立德树人根本任务的意见》，提出要研制学生核心素养体系，强调这是全面贯彻党的

---

① 张华. 论核心素养的内涵 ［J］. 福建教育，2016（23）：6.

教育方针、落实立德树人根本任务的迫切需要；是适应世界教育改革发展趋势、提升我国教育国际竞争力的迫切需要；是全面推进素质教育、深化教育领域综合改革的迫切需要。2016 年，国家制定了《中国学生发展核心素养》，明确提出学生发展核心素养要以"全面发展的人"为核心，分为文化基础、自主发展、社会参与三个方面，具体包括六大素养和十八个基本要点。2017 年，以核心素养为导向的普通高中各学科课程标准发布，2018 年又修改发布，并于 2020 年实施教学改革，这标志着 21 世纪中国发展学生核心素养标准的确立和教育改革的开始。

核心素养教育既弥补了我国传统教育重视德性教育而忽视智性教育的不足，又扭转了我国近现代教育一直以来注重智育而忽视德性教育的弊端，充分体现了我国国情、学生发展的特点和实际需要。

二、教学内容"STEM +"

教学内容是实现教学目标的支撑。随着对发展学生核心素养的本质的认知，STEM 课程逐渐成为教学改革的内容。STEM 是科学（Science）、技术（Technology）、工程（Engineering）、数学（Mathematics）四门学科英文首字母的缩写，其中，科学课程在于认识世界、解释自然界的客观规律；技术和工程课程则是在尊重自然规律的基础上改造世界、实现对自然界的控制和利用、解决社会发展过程中遇到的难题；数学课程则作为技术与工程学科的基础工具。由于人的发展是全面的发展，STEM 课程虽然反映了核心素养的本质，但是还不能完全实现人的全面发展，因此，把"STEM +"理念融入全课程，能突出以人为本的核心素养的教育理念和实践。"STEM +"课程扩充了 STEM 教育的内涵，强调了社会价值、人文艺术、信息技术的相互融合，增加了学生智力因素和非智力因素的交叉互动，为创造种子的萌芽、生长提供了肥沃的土壤。

进入 21 世纪，我国实行的综合性学习课程实际上有核心素养的萌芽。美国 20 世纪中后期重视数学、科学、信息等课程，本质上就是 STEM 课程的缩影。目前，芬兰小学阶段以全科课程发展学生的核心素养，以"STEM +"为理念的课程设置和教育思想，将成为发展学生核心素养的主要趋势。

此外，随着信息技术的发展，教学内容也越来越数字化，替代了传统的教学呈现载体，既节约了资源，保护了环境，又十分便捷，利于师生课程资源的整合、重组与使用。

三、教学方法个性化

21 世纪是个体崛起的世纪，个体的崛起需要与之相匹配的教育教学，即个性化的教学。个性化和学本化必然成为未来教育教学的趋势。

1. 个性化

个性化包括两个方面。一是全面发展的个性化，二是发展方法的个性化。这里的个性化侧重教学目标、教学内容、教学方法和教学评价等的个性化，以满足学生个性化学习需要，激发以发展学生潜能为核心的教学改革设计灵感。如北京十一学校，其"选课走读教学"的初衷就是审视基础教育实践中的问题与困惑，结合对几次课程改革的总结与反思，逐步意识到基础教育的功能与价值。其内核主要表现在两个方面：一是学生发展的方向问题，即让学生知道我要到哪里去；二是学生发展的动力问题，即将外在的推动力转化为学生自主发展的内驱力，从而促进了学生的个性化发展。①

倡导个性化学习。联合国教科文组织在《反思教育：向"全球共同利益"的理念转变?》报告中指出，未来我们要重新定义教育、学习、知识，认为教育是人类共同的事业，学习不只是学生的事情，教师与教师之间、教师与学生之间都要互助式学习。"所以，我们提倡个性化学习，不等于是一个人孤立地学习。个性化学习是适合每个人学习的方式，但在实践中还要共同学习，与同伴共同学习，与教师共同学习。"②

2. 学本化

学本化是指以学生的"学"为本的教学改革设计。"学本课堂"就是要求教师在教学中尊重学生，以学生为本，以学习为本，以学情为本，以培养学生能力为本，做到"先学后导，以学为本；讲练结合，以练为主；激发兴趣，关注学情"③，把课堂还给学生，努力调动学生学习的积极性，培养学生主动学习的态度、习惯和能力，让课堂成为学生学习和成长的乐园。学本化教学改革设计更加注重对学生学习的生理、心理和思维本质的研究，以把握教学规律，科学教学、艺术教学。

---

① 李希贵，秦建云，郭学军. 普通高中育人模式创新及学校转型的实践研究——选择性课程体系的构建 [J]. 中国教育学刊，2016（1）：38 – 39.

② 顾明远. 从我国当前的教育来说，最根本的问题是从教到学的转变 [N]. 中国教师报，2016 – 02 – 19.

③ 王敬强. "学本课堂"教学模式探析 [J]. 教育，2015（41）：31.

四、教学手段现代化

教学手段现代化是教学改革的重要表现形式。随着信息技术的迅猛发展，特别是 5G 技术、AI 技术的应用推广，"互联网＋教育"的现代化教学手段日渐加速普及。

1. 教育信息技术与教学改革深度融合

融合的核心，不是用技术去强化传统教学，而是用技术去创新教学，引领教育体系变革，创设教学的新生态。如重庆市聚奎中学的翻转课堂，佛山市教育局胡铁生的"中小学微课的区域开发实践与创新应用"等教学实践，都是教育信息技术与教学改革融合的典型。其教育改革举措主要包括以下四点：

一是教学模式的改进。教学过程中运用教育信息技术，使学生、教师等各类主体高度互动、密切协同，彻底变革教与学的基本形态，逐步形成适应信息化条件下学习者认知规律和能力发展需求的新型教与学模式。

二是学习环境的创新。学校网络带宽接入水平、装备条件等，特别是 5G 技术的运用，都应逐步纳入学校校舍、教室等基础设施建设标准范围内。将教学所需的"资源空间、物理空间和社交空间"整合到一个环境中，为教学提供无缝支持服务，实现线上课堂教学和线下课堂教学一体化。

三是平台服务的整合。目前，我国绝大部分地区已经初步完成教育资源公共服务平台和教育管理公共服务平台建设，但整合不够，资源互通、技术应用、功能效率等方面还需要借助 5G 技术进一步调适提升。

四是师生能力的提升。包括教师的教学能力、学生的学习素养以及校长和各级领导的信息化领导力都有待进一步提升。

2. 人机智能协同化趋势越来越突出

随着认知研究的深入，人工智能越来越成为日常生活、工作和学习的重要助手。教师要充分利用人工智能的优势和自身优势协同教学改革，形成人工智能和人类智能协同的教学生态系统，为学生个性化学习创造优质的师资条件。

学习方式将发生深刻变革。如果说，工业革命使机器代替了个人的部分体力，那么信息革命使电脑代替了个人的部分脑力，而互联网则把不同个人的脑力联系起来，变成人类共有的大脑。学生可以通过互联网获取各种知识。正如联合国教科文组织《反思教育：向"全球共同利益"

的理念转变?》中所说，知识是人类的共同财富，可以人人共享①。

五、改革系统整体化

教学改革的整体化主要是指改革者将教学改革的理论、具体策略、自身及实施环境等各种因素看成一个有机的系统，进行全面革新与优化，为教学改革形成的生态系统。改革是一个系统工程，不仅包括学校内的生态系统，还涉及社会和家庭等方面的生态系统。这就需要教学改革相关系统形成联动生态系统，共同服务教学改革实践。同时，生态系统中的教学改革者、参与者和支持者等要形成不同类型、不同级别、不同性质的教学改革共同体，共同促进教学改革的变革。传统的教学改革往往只是教学系统局部因素的改革，由于其他因素没有产生共振反应，常常导致教学改革的低效或无效。而未来的教学改革，其系统的整体化将进一步加强，改变了过去只将目光关注教学本身的单一做法，逐步将制约教学的课程体系、教师素质和学校文化、社区环境等因素纳入影响教学改革的活动中，从过去注重显性的研究对象逐步转移到那些被人忽视的影响教学的隐性因素，如教学文化改革、教学组织形式改革及学生人格对教学的影响等，并且形成动态改革系统，通过联动效应，形成合力，促进教学改革实现。

六、改革方案中国化

教学改革方案是根据改革目标的实现和学生发展现状，依据教育教学规律设计实施的教学改革规划。由于教育受特定地域、特定文化、特定目标、对象和教育者等具体因素的制约，教学是具有地域文化特色的。因此，中国的问题需要中国方案来解决，中国的教学问题需要中国化的教学智慧来解决。

在教学改革方法中国化方面，一是我们要吸收中国传统文化的精髓，将其作为教学改革的核心理念和理论支撑。如李吉林"情境教育实践探索与理论研究"的成果，受中国传统古诗词"意境"的启发，形成了情境教育理论的核心理念；邱学华的"尝试教学法的实验研究与推广应用"，其中"尝试"的核心理念来自中国传统文化《周易》。又如，辽宁省瓦房店市教育局高仕恒承担的"国学经典吟唱校本课程的设计与实施"，就是全国教育科学"十二五"规划2012年度单位资助教育部规划课题"区域中小学生吟唱中华经典的德育模式研究"的阶段性成果。田家炳百岁不忘《朱柏庐治家格言》，是中国家庭教育成功的典范。

二是要立足中国建设"世界一流教育"的国情，大胆走教学自主创新之路。习近平总书记在参观深圳"大潮起珠江——广东改革开放 40 周年展览"时指出"改革意味着创新与超越，必须打破路径依赖，不走寻常路。当前，我们正经历着我国历史上最为广泛而深刻的社会变革，正在进行着人类历史上最为宏大而独特的实践创新。进行这样的社会变革和实践创新，尤其不能照搬其他国家的经验，重走其他国家的道路"①。中国社会主义事业改革如此，中小学教学改革也应该如此，这是由改革的本质所决定的。目前我国中小学教学改革，尤其是课程改革，已走入改革的深水区，每推进一步，改革的复杂和艰巨程度会更大，广大教师必须要有大无畏的精神，不因循守旧、畏缩不前，坚持科学方法，这是推动教学改革向前发展的历史必然。如第二届基础教育国家级教学成果奖获奖项目、上海市教育委员会教学研究室申报的"走向世界的中国数学教育——义务教育阶段数学课程改革的上海经验"，以顾泠沅等为首席专家的义务教育阶段数学课程改革从设计理念、目标、内容、措施等方面都立足上海义务教育阶段的实际，取得了世界一流的数学教育效果。

第三节　中小学教学改革创新策略

"教学有法"，中小学课堂教学改革有规律可循，有一定的法则和模式，有一定的基本方法，比如注重学生的知识基础、把握学生的认知规律等。但"教无定法"，任何教学模式、方法都不能是机械、教条的，而是灵活多变、富有个性、充满灵性的，必须根据学校条件、教师状况、教学内容来调整，更重要的是根据学情合理地选择适合学生的方法。这在一定程度上体现了教师的教学创新。其实，教师的教学创新远不止如此，教师的教学创新包括理论创新和实践创新，教学改革为教师的教学创新提供了多种契机。因此，应正确理解中小学教学改革，用历史、辩证、全面、发展的观点来认识和把握，这是教师开展教学改革的前提。

一、明确教学改革的对象、目标与任务

对象就是指要改什么，要解决教学中什么样的现实问题；目标就是指改革要达到的理想教学状态；任务就是为了达到这个目标需要完成的

---

① 孙来斌. 敢于走别人没有走过的路［N］. 人民日报，2018 – 12 – 06.

各项事务，包括方法、途径、过程、内容等，这是教学改革的前提。

所有教学改革的总目标应该以《中华人民共和国教育法》第六条规定的"教育应当坚持立德树人，对受教育者加强社会主义核心价值观教育，增强受教育者的社会责任感、创新精神和实践能力"，及新课程改革"以人为本、为了每个学生的发展"为核心价值，以《基础教育课程改革纲要（试行）》提出的六大改变为改革主要内容：

一是改变课程过于注重知识传授的倾向，强调形成积极主动的学习态度，使获得知识与技能的过程成为学会学习和形成正确价值观的过程。这是课程功能的转变，由重知识一维目标到重知识、方法、态度三维目标。

二是改变课程结构过于强调学科本位、科目过多和缺乏整合的现状，九年一贯整体设计课程门类和课时比例，设置综合课程，适应不同地区和学生发展的需求，体现课程结构的均衡性、综合性和选择性。这是课程结构的转变，由重学科本位、科目过多到九年一贯整体设计课程，以体现课程结构的均衡性、综合性和选择性。

三是改变课程内容繁、难、偏、旧和过于注重书本知识的现状，加强课程内容与学生生活以及现代社会、科技发展之间的联系，关注学生的学习兴趣和经验，精选终身学习必备的基础知识和技能。这是课程内容的转变，由重书本知识到加强学习紧跟社会发展的终身受用的必备知识技能。

四是改变过于强调接受学习、死记硬背、机械训练的现状，倡导学生主动参与、乐于探究、勤于动手，培养学生搜集和处理信息的能力、获取新知识的能力、分析和解决问题的能力，以及交流与合作的能力。这是课程实施的转变，由重接受学习、死记硬背、机械训练到自主、合作、探究学习教学方式的转变。

五是改变过分强调评价的甄别与选拔的功能，发挥评价促进学生发展、教师提高和改进教学实践的功能。这是课程评价的转变，由重评价的甄别与选拔的功能到强调多元评价、发展性评价。

六是改变课程管理过于集中的状况，实行国家、地方、学校三级课程管理，增强课程对地方、学校及学生的适应性。这是课程管理主体的转变，由重单一国家课程到实行国家、地方、学校三级课程三位一体的管理。

在此基础上，2014 年教育部发布《关于全面深化课程改革　落实立德树人根本任务的意见》文件。2017 年发布以核心素养为导向的普通高中课程改革方案和课程标准；2018 年又修订该文件，全面深化课程改革，落实立德树人的根本任务。具体变动如下：

（1）关于课程方案。

进一步明确了普通高中教育的定位。我国普通高中教育是在义务教育的基础上进一步提高国民素质、面向大众的基础教育，任务是促进学生全面而有个性地发展，为学生适应社会生活、高等教育和职业发展做准备，为学生的终身发展奠定基础。普通高中的培养目标是进一步提升学生的综合素质，着力发展核心素养，使学生具有理想信念和社会责任感，具有科学文化素养和终身学习能力，具有自主发展能力和沟通合作能力。

进一步优化了课程结构。一是保留原有学习科目，调整外语规划语种，在英语、日语、俄语的基础上，增加了德语、法语和西班牙语。二是将课程类别调整为必修课程、选择性必修课程和选修课程，在保证共同基础的前提下，为不同发展方向的学生提供可选择的课程。三是进一步明确各类课程的功能定位，与高考综合改革相衔接：必修课程根据学生全面发展的需要设置，全修全考；选择性必修课程根据实际情况统筹规划开设，学生自主选择修习，学而不考或学而备考，为学生就业和高校招生录取提供参考。四是合理确定各类课程的学分比例，在毕业总学分不变的情况下，对原必修课程学分进行重构，由必修课程学分、选择性必修课程学分组成，适当增加选修课程学分，既保证基础性，又兼顾选择性。

完善了课程有效实施的制度建设。进一步明确课程实施环节的责任主体和要求，从课程标准、教材、课程规划、教学管理，以及评价、资源建设等方面，学校分别提出了要求。增设"条件保障"部分，从师资队伍建设、教学设施和经费保障等方面提出具体要求；增设"管理与监督"部分，强化各级教育行政部门和学校课程实施的责任。

（2）关于学科课程标准。

凝练了学科核心素养。中国学生发展核心素养是党的教育方针的具体化、细化。为建立核心素养与课程教学的内在联系，充分挖掘各学科课程教学对全面贯彻党的教育方针、落实立德树人根本任务、发展素质教育的独特育人价值，各学科基于学科本质凝练了本学科的核心素养，明确了学生学习该学科课程后应达成的正确价值观、必备品格和关键能力，对知识与技能、过程与方法、情感态度价值观三维目标进行了整合。课程标准还围绕核心素养的落实，精选、重组课程内容，明确内容要求，指导教学设计，提出考试评价和教材编写建议。

更新了教学内容。进一步精选了学科内容，重视以学科大概念为核心，使课程内容结构化，以主题为引领，使课程内容情境化，促进学科核心素养的落实。结合学生年龄特点和学科特征，课程内容落实习近平新时代中国特色社会主义思想，有机融入社会主义核心价值观，以及中华优秀传统文化、革命文化和社会主义先进文化教育内容，努力呈现经济、政治、文化、科技、社会、生态等发展的新成就、新成果，培养学生社会责任感、创新精神、实践能力等相关内容。

研制了学业质量标准。各学科明确学生完成本学科学习任务后，学科核心素养应该达到的水平和各水平的关键表现，并构成评价学业质量的标准。引导教学更加关注育人的目的，更加注重培养学生的核心素养，更加强调提高学生综合运用知识解决实际问题的能力，帮助教师和学生把握教与学的深度和广度，为阶段性评价、学业水平考试和升学考试命题提供重要依据，促进教、学、考的有机衔接，形成育人合力。

增强了指导性。本着为编写教材服务、为教学服务、为考试评价服务的原则，突出课程标准的可操作性，切实加强对教材编写、教学实施、考试评价的指导。课程标准通俗易懂，逻辑更清晰，原则上每个模块或主题由"内容要求""教学提示""学业要求"组成，大部分学科增加了教学与评价案例，同时依据学业质量标准细化评价目标，增强了对教学和评价的指导性。

本次课程改革涉及教育理念、教育目标、课程结构、课程内容、评价体系以及教育治理等多个方面，并直接关系育人质量的提升，是此前教学改革的深化和发展。广大教育工作者将在过去十余年改革的基础上，在丰富而生动的教育教学实践中，不断提高课程实施水平，推动普通高中课程改革不断深化，共创普通高中教育的新辉煌，为实现国家教育现代化、建设教育强国做出新贡献。

教学改革需要具体情况具体分析，并且需要对教学相关因素进行研究。选择具体研究对象的原则：做到"敢探未发明的新理""敢入未开化的边疆"。只有想不到的事情，没有不可能发生的事情。在教学过程中挑战传统，如邱学华变"先教后学"为"先学后教"；杜郎口中学在教学改革之初，限制教师的课堂讲课时间以进行优质教学；东庐中学将传统的教案与作业合二为一，形成了"讲学稿"教学改革。美国小学教师雷夫·艾斯奎斯变传统分科制教学为综合教学，一人承担了小学五年级的所有课程，通过实验取得了优异的教学成果，成为美国最有趣、最具影响力的教师。当然，改革的重点是目标和内容的变革，要真正推进和落实核心素养教学改革，就要在课程目标和内容上下功夫。

二、借鉴以往教学改革模式的成功经验

（一）中小学教学改革模式不可以复制

课堂教学模式只是一种框架、一种结构，也是一种不断改良与发展的方法，是从不断重复出现的教学案例中发现、归纳和抽象出的课堂教学的一般规律。较为成功的课堂教学模式改革并不完全取决于它外显的课堂教学模式，而是对教育教学规律的深层认识与理解。如陶行知先生所言："教什么和怎么教，绝不是凭空可以规定的。他们都包含'人'的问题，人不同，则教的东西、教的方法、教的分量、教的次序都跟着不同了。"① "先教后学、边教边学、先学后教、不教而教"作为课堂教学组织方式，重点任务是培养学生的学习能力与思维习惯，促进学生社会化。正所谓"兵无常势，水无常形"，水在方杯里变方，在圆杯里变圆。用兵打仗没有固定不变的方式，教学也如同水一样没有固定的形态与模式。如果一种固有的模式要求不同学科、不同教师、不同课型、不同内容、不同学生都来使用，那就失去了课堂教学的精彩。教学不等于教与学的简单相加，是"相互依存、规定、建构活动的复合构成"②。教师不同、学生不同，教的内容有别，学的内容有异，教与学的过程必然也会有差异。如自然科学、数学、物理、化学的融合，生物、动物、植物的融合等问题，教师应当借助实验和讲授的模式来帮助学生理解科学进步的历史与方法，从而提高学生的认识能力。语言学科学习更是如此，读者不同，方法也就不同。"一把钥匙开一把锁"，一种模式只能在特定的环境下使用。所谓"橘生淮南则为橘，生于淮北则为枳"，即使是在其他学校获得成功的模式与方法，不代表用在自己的学校会见效。况且，所有的成功经验都是在漫长的实践探索过程中不断努力的结果，这样的成功经验是无法简单地模仿与复制的。

（二）中小学教学改革模式可以借鉴

"他山之石，可以攻玉"，但"学我者生，似我者死"。艺术如此，教学亦如此，古往今来，还从没有靠模仿就成为艺术大师的人。经验可以学习借鉴，但模式不可生搬硬套。学习借鉴当代中小学教学改革成功的经验与模式，可以发现课堂教学模式背后的教与学的规律和教学的真谛。在学习、借鉴、反思、实践的过程中要"不为浮云遮望眼""风物长宜放

---

① 转引自程丽. 以学定教 顺学而导：让小学语文课堂教学更精彩 [J]. 小学教学参考，2012（25）.

② 叶澜. 教育概论 [M]. 北京：人民教育出版社，1991：13.

眼量"，更要静心、沉心、潜心多问几个"为什么"，在原理思维层面对其成功的原因进行探究思考，处理好"形"和"神"之间的关系，不要一味地模仿与照搬模式，更不能将其简单化、整齐化、指令化。同时，要学习改革发起者、创立者进行改革的魄力、智慧与奉献精神。

学习的灵魂是"换脑"，转变我们的理念，"熔思想于一炉"，追求教学的关系性、内涵性、丰富性与思想性，兼采众家之长，进而生成自己的教学风格，探索出适合自身发展的独特路径，这样，才能学到"真谛"。因此，不必整齐划一地规定所选模式，要基于学生的学习基础、生活体验、认知和情感特点，基于学科属性和教师的教学风格进行选择。

新课改倡导的"自主、合作、探究"是对比"过于强调接受学习、死记硬背、机械训练"的弊端提出来的，优点是"做中学"，容易记忆，让学生亲历科学探究过程，形成思维能力，缺点是耗时多。因此，不能一味地完全按照"自主、合作、探究"的要求来做，教师该讲不讲，该总结不总结，也会带来学生学习效率不高等问题，即使在自主学习的课堂中，教师仍有不可替代的作用。

三、中小学教学改革创新策略

（一）认识教学的本质，掌握教学方法，进行理论创新

1. 树立多元创新的理念

中小学课堂教学改革的创新需要更新思想观念，重新定位改革方式的内涵、地位和作用以及对教师发展潜能的深入开发，需要改变过去教学模式的单一性价值取向，把教师、学生、内容、策略、技术等教学构成要素放置到一个多元、立体的教学系统中，建立多层次、多角度、全方位的教学生态新模式，激活教学过程中的每一个环节，实现育人与教书并重、教学与科研并行、主体与主导结合、课内与课外互补的态势。例如，山东省潍坊市在推动课堂教学改革的过程中，不是提出一种固化的模式，而是明确提出改革的方向——建设"自主互助学习型课堂"；不是提出一些僵化的要求，而是提出原则性的遵照——倡导"三讲三不讲"。"三讲"是指讲学生提出的问题，讲学生不理解且自行讨论也解决不了的问题，讲知识缺陷和易混、易错、易漏的知识；"三不讲"是指学生会的不讲，通过自学也能会的不讲，教师讲了也不会的不讲。最终只有知识的火花和教师对科学知识与事业的献身精神，才能点燃学生的智慧与建立起人生的灯塔。

2. 在基础理论方面进行创新

基础理论是教学改革的指导思想，教学创新往往来自理论创新。教

师深入思考和系统探究一个新想法，有可能会促使一个新理论的产生，因此要大胆培养教师的创新意识，尤其是基础理论的创新意识。如李吉林老师为了实现"在课堂上让每个孩子保持在课间休息时的热劲，热爱学习"，产生了情境教学法；美国学者加德纳关注对脑科学的发展与运用，产生了多元智能教学理论；萨尔曼·可汗关注教育信息技术带来的挑战与机遇，产生了翻转课堂、混合学习等新理论。理论的创新需要具有广阔的理论视野，并具有理论整合能力，从而实现基础理论创新；同时，要善于总结教学实践经验，不断形成新理论，如情景教学理论就是在教学实践中逐渐形成和发展起来的指导教学改革的新理论。

（二）从实际出发，在教学实践中创新

1. 教学模式多元化是教学方式改革的必然

"龙生九子，各不相同。"教学的过程是不断变化、发展的过程。教学的成功与否主要取决于人，取决于学生的认知基础、学习动机与风格，取决于教师是否具备深厚的学术背景、美丽的心灵与高尚的情操，甚至取决于与教学有关的人，而不是完全取决于教学模式。如果一味地强调采用一种固有的模式，在一定程度上破坏了"万类霜天竞自由"和"百花齐放春满园"的多元化发展，就不能帮助教师与学生形成自己的教学风格与学习特色，是不可取的，甚至是失败的。世界教育教学发展趋势是从一元主导到多元发展。"课程改革要实现从单一目标向多元目标转换，教与学的方式也需要从单一到多元。"① 理想的教学模式需要为所有的学生找到合适的位置，对不同认知水平的学生和善于动手、善于动脑的学生都应是公正的，都具有同等进步的条件与机会。

2. 生情、教情、校情不同，教学模式也不同

教学改革的起点要从分析本校、本人、本学科、本班学生的实际情况开始。学生的背景、天赋、兴趣与人生观多元，学业水平与学习能力也有较大差异，这就要求中小学教师在课堂教学的过程中，针对各种因素与条件灵活运用不同的理论设计与课堂教学模式。在课堂教学模式的创建中，也是"一花一世界，一叶一菩提"，适合的、多元创新的教学模式才是最好的。例如，山东临朐县基于这样的假设："虽然教师的教学水平有高低，但每位教师都是一座风景不同的高山，发现和点燃他们的亮点，就能使每个人获得属于自己的成功。从现实条件出发，提出了特色

---

① 刘京海. 增强师生教学主动性　关于学校课改的思考（下）［J］. 上海教育，2012（9）：54－55.

教师的朴素标准：有适合自身特点和个性的课堂教学方式。"① 任何一所学校应用教学模式指导教学实践，旨在教给教师在学科教学中的"基本套路"，而不是限制或扼杀教师的创造性。因为，有效教学在很大程度上依赖于教育者是否愿意使教育中恒定不变的主要目的适用于变动的观点。特别是在教学目标可能不准确、具体教学资源不充足和无法预计变化的课堂情境中，教师需要通过师生互动灵活调整，形成适合自己教学实际的"变式"。教学的关键在于教学模式的灵活操作、应用与多元创新。

3. 在实践中提炼，在提炼中升华，构建新的教学改革模式

教学模式涉及教育理念、目标、过程、方法和评价等多个因素。其关键就是教学过程和方法。教学方法无论从教师的角度还是从学生的角度都是有限的几种或几类。但是，有限的教学方法按不同的时序和异质的安排设计会产生无数种教学方法，为教学模式的框架建构奠定了基础。如"读读、讲讲、议议、练练"就是由简单的"教师的讲授和学生的讨论、练习"方法综合而成的。当然，教师还需要在具体的实践活动中不断思考、总结，提炼教学方法，形成教学模式。

其实，教学模式创新仅仅是教学创新的一个最突出的表现。除教育教学理论、教学模式创新外，教学创新还表现为教学内容的创新、教学过程的创新、教学方法的创新、教学评价的创新，以及教师教学风格等的形成。

（三）坚持改革，努力成长为创新型教师

十九大报告提出加快建设创新型国家的战略要求。2018 年，《中共中央国务院关于全面深化新时代教师队伍建设改革的意见》提出"到 2035年，教师综合素质、专业化水平和创新能力大幅度提升，培养造就数以百万计的骨干教师、数以十万计的卓越教师、数以万计的教育家型教师"的奋斗目标；《教师教育振兴行动计划（2018—2022 年）》提出创新教育模式，培育有教师责任感、创新精神和实践能力的卓越教师，"创新"成为教师教育的时代要求。

教学创新是教师以一定的教育目标实现为导向，对教学设计、教学实施、教学评价等教学要素产生新的设想并创造条件加以实施的心理状态或行为倾向。② 加德纳认为创新可以分为"小 C（创新单词英文缩写）"

---

① 钱丽欣，施久铭. 每位教师都是一座高山：来自山东临朐的"特色教师"发展报告[J]. 人民教育，2011（23）：37－42.

② 刘义民. 师范生创新能力培养：特点、内容及策略［J］. 教师教育论坛，2019（7）：33－37.

和"大 C"。① "小 C"是人们在日常生活中展现出来的创新和对日常惯例的微小偏离;"大 C"则是不是经常发生的、对人类进步产生巨大价值的创新。没有日常生活中的"小 C"就不会有积累转化的"大 C"。"小 C"和"大 C"是创新的两端。教师的教学创新表现在教学过程的各个方面,创新最终体现为教师的个性化教学风格和独特的教学理念的形成,即通过日常生活积累达到的对整个教学生活产生重大价值的创新,即"大 C",从宏观上可以划分为实践创新和理论创新。

创新是顺利完成任务的一种心理倾向或行为。创新的呈现与判断既要有既定的任务,又要有对任务的意识和完成任务的思维意向。没有"任务",能力就失去了培养依托;没有对任务的意识和完成任务的思维意向,能力就失去了评价判断的依据。就教学而言,"任务"是指教学目标和教学内容;"对任务的意识"是指实现教学目标的任务察觉和能动性,包括教学内容、教学方法、教学评价等方面;"完成任务的思维意向"是指对教学内容、教学方法和教学评价的选择、确定和使用的思维倾向,以及教学情境的创设思维倾向,包括思维的方式方法和技能等。因此,教师的教学创新能力培养涉及创新意识、创新技能和创新思维三个方面。创新意识是创新的发动机,没有创新意识,创新活动不可能真正启动,创新技能是创新思维的外化,创新思维则是创新技能的内隐形式,是创新的核心,创新技能和创新思维相互影响,都是创新意识的具体表现。总之,教师需要有意识地培养创新意识、创新技能和创新思维,并积极地进行教学实践,才能最终成长为创新型教师,为创新型人才培养和创新型国家建设做出贡献。

---

① 吕红艳. 博士研究生创新能力内涵及提升路径 [J]. 江苏高教, 2013 (5): 101 - 102.

参考文献

［1］改革开放以来的教育发展历史性成就和基本经验研究课题组. 改革开放 30 年中国教育重大理论成果［M］. 北京：教育科学出版社，2008.

［2］朱慕菊. 走进新课程：与课程实施者对话［M］. 北京：北京师范大学出版社，2002.

［3］叶澜."新基础教育"发展性研究报告集［M］. 北京：中国轻工业出版社，2004.

［4］潘仲茗. 当代中小学教育改革实验概说［M］. 成都：四川教育出版社，1998.

［5］艾斯奎斯. 成功无捷径：第 56 号教室的奇迹［M］. 天津：天津社会科学出版社，2009.

［6］罗伯森. 全球化：社会理论和全球文化［M］. 梁光严，译. 上海：上海人民出版社，2000.

［7］杨雪冬. 全球化：西方理论前沿［M］. 北京：社会科学文献出版社，2002.

［8］鲍宗豪. 全球化与当代社会［M］. 上海：上海三联书店，2002.

［9］叶澜."新基础教育"论：关于当代中国学校变革的探究与认识［M］. 北京：教育科学出版社，2006.

［10］富兰. 变革的力量：透视教育改革［M］. 中央教育科学研究所，加拿大多伦多国际学院组织，译. 北京：教育科学出版社，2004.

［11］高清海. 找回失去的"哲学自我"：哲学创新的生命本性［M］. 北京：北京师范大学出版社，2004.

［12］皮亚杰. 发生认识论原理［M］. 北京：商务印书馆，2009.

［13］加德纳. 多元智能［M］. 沈致隆，译. 北京：新华出版社，1999.

［14］雅斯贝尔斯. 什么是教育［M］. 邹进，译. 北京：生活·读书·新知三联书店，1991.

［15］瞿葆奎. 美国教育改革［M］. 北京：人民教育出版社，1990.

［16］佐藤学. 静悄悄的革命——课堂改变，学校就会改变［M］.

李季湄，译. 北京：教育科学出版社，2014.

［17］水原克敏. 现代日本教育课程改革［M］. 方明生，译. 北京：教育科学出版社，2005.

［18］田慧生，田中耕治. 21世纪的日本教育改革：中日学者的视点［M］. 北京：教育科学出版社，2009.

［19］朱永新，王智新. 当代日本教育改革［M］. 济南：山西教育出版社，2009.

［20］北京教育科学研究院基础教育课程教材发展中心. 芬兰教育体制与基础教育课程改革概况［M］. 北京：北京教育出版社，2003.

［21］萨尔伯格. 芬兰道路：世界可以从芬兰教育改革中学到什么［M］. 林晓钦，译. 南京：江苏科学技术出版社，2015.

［22］黎世法. 异步教学法［M］. 武汉：湖北教育出版社，1989.

［23］黎世法. 异步教育学［M］. 北京：当代中国出版社版，1994.

［24］李吉林. 情境教育的诗篇［M］. 北京：高等教育出版社，2004.

［25］邱学华. 尝试教学法［M］. 福州：福建教育出版社，1988.

［26］邱学华. 尝试　成功　发展［M］. 武汉：湖北人民出版社，1996.

［27］顾泠沅，郑润洲，李秀玲. 青浦实验启示录［M］. 上海：上海教育出版社，1999.

［28］顾泠沅. 教学改革的行动与诠释［M］. 北京：人民教育出版社，2003.

［29］郭思乐. 教育走向生本［M］. 北京：人民教育出版社，2001.

［30］郭思乐. 谛听教育的春天：郭思乐生本教育思想随笔［M］. 合肥：安徽教育出版社，2008.

［31］张荣伟. 新中国教育实验改革［M］. 天津：天津教育出版社，2010.

［32］李炳亭. 高效课堂九大"教学范式"［M］. 济南：山东文艺出版社，2010.

［33］崔其升，邱学华，谢金国. 崔其升与杜郎口经验［M］. 北京：首都师范大学出版社，2011.

［34］陈康金. 我与讲学稿：一个中学校长的创新之路［M］. 上海：文汇出版社，2009.

［35］李彦军，李洪珍. 中国当代教学流派［M］. 济南：山东教育出版社，2006.

［36］张正君. 当代语文教学流派概观［M］. 北京：中国社会科学出版社，2000.

［37］李其龙. 德国教学论流派［M］. 西安：陕西人民教育出版社，1993.

［38］龚春燕，郑润洲，李秀玲. 顾泠沅与青浦实验［M］. 北京：中国青年出版社，2001.

［39］李炳亭. 杜郎口"旋风"　［M］. 济南：山东文艺出版社，2006.

［40］窦桂梅. 窦桂梅与主题教学［M］. 北京：北京师范大学出版社，2006.

［41］戴荣. 洋思经验：素质教育的成功实践［M］. 南京：江苏教育出版社，2004.

［42］吴文侃. 比较教学论［M］. 北京：人民教育出版社，1999.

［43］李吉林. 为儿童学习探索30年［J］. 全球教育展望，2008（6）.

［44］李吉林. 情境教学的探索过程及其理论依据［J］. 江苏教育，1987（23）.

［45］李吉林. 行者的温暖与快乐［J］. 广西教育，2010（4）.

［46］邱学华. 尝试教学研究50年［J］. 课程·教材·教法，2013，33（4）.

［47］魏书生. "四遍八步"读书法［J］. 课外语文（初中），2004（4）.

［48］魏书生. 探索语文教学管理科学化的途径［J］. 课程·教材·教法，1994（12）.

［49］魏书生. 课堂教学激发学生兴趣十三法（上）［J］. 中学语文，1995（1）.

［50］魏书生. 培养科学民主治教的习惯［J］. 人民教育，2009（C2）.

［51］魏书生. 研究学生心理　提高语文教学效率［J］. 语文教学通讯，1984（1）.

［52］郭思乐. 以生为本的教学观：教皈依学［J］. 课程·教材·教法，2005（12）.

［53］郭思乐. 生本教育：人的培养模式的根本变革［J］. 基础教育论坛，2012（8）.

［54］全国教育科学规划领导小组办公室. 教育部重点课题"生本教育的观念和实践模式研究"研究成果述评［J］，当代教育论坛，2006（8）.

［55］窦桂梅. 小学语文主题教学实践研究［J］. 课程·教材·教法，2014（8）.

［56］蔡林森. 吃苦是福［J］. 人民教育，2010（21）.

［57］王敏勤. 每堂课只讲4分钟：洋思中学经验给我们的启示［N］. 中国教育报，2001 - 09 - 05（4）.

［58］田慧生，于泽元. 中小学教学改革30年进程、成就与经验［J］. 基础教育课程，2009（C1）.

［59］余文森. 杜郎口模式也需要完善与发展［N］. 中国教育报，2010 - 09 - 24.

［60］曾德琪. 罗杰斯的人本主义教育思想探索［J］. 四川师范大学学报（社会科学版），2003（1）.

［61］刘宣文. 罗杰斯人本主义教学观述评［J］. 浙江师大学报（社会科学版），1999（2）.

［62］赵晓玲. 罗杰斯教学思想的科学性与局限性［J］. 湖南教育（教育综合版），2008（7）.

［63］上海市青浦县教师进修学校. 青浦县中学数学教学模式浅析［J］. 课程·教材·教法，1991（10）.

［64］李建刚. 我国基础教育教学改革的20年回顾［J］. 山东教育科研，1998（6）.

［65］苏春景. 关于我国教学法改革实验的统计分析［J］. 教育研究与实验，1992（2）.

［66］姜俊和. 建构主义教学理论及其启示［J］. 沈阳教育学院学报，2005（7）.

［67］杨红孺，张文庆，雷冬飞. 建构主义教学理论与教学改革［J］. 黑龙江教育（高教研究与评估版），2006（1）.

［68］沈致隆. 多元智能理论的产生、发展和前景初探［J］. 江苏教育研究，2009（9）.

［69］加德纳，沈致隆. 我是怎样提出多元智能理论的——《智能的结构》出版25周年纪念［J］. 人民教育，2008（9）.

［70］曾宪波. 适合学生的教育才是优质教育：访著名教育改革家、湖北大学资深教育心理学教授黎世法［J］. 湖北教育，2012（9）.

［71］张荣伟. 论"教"与"学"的五种关系范型［J］. 教育发展研究，2012（10）.